四川省高等学校人文社会科学重点研究基地——基层司法能力研究中心重点项目"利益衡量视角下农业劳动者保护机制研究"（JCSF2024-01）阶段性成果

Protection Mechanisms for Agricultural Workers:
A Study from the Perspective of Interest Balancing

农业劳动者保护机制研究
以利益衡量为视角

邓旭 著

人民出版社

前　　言

在乡村振兴和农业强国的政策背景下,农业生产呈现规模化和产业化迅猛发展势头,新型农业经营主体异军突起,农业雇佣劳动渐呈规模化,农业劳动者适用劳动法保护的必要性日益凸显。然而,对农业劳动者的劳动法保护,在现行劳动法劳动者一体保护机制下,不仅缺乏现成的具体法律规则,而且理论研究也明显不足,难以为制度完善提供理论支撑。因此,基于农业用工的特殊性,有必要运用利益衡量理论,对产业化背景下农业劳动者保护机制进行深入研究,以实现农业领域劳动者利益的合理保护和劳资利益的相对平衡。这不仅有利于农业劳动力持续供给,推动农业生产方式改革,提高劳动生产效率,促进农业经济发展,而且有利于实现农业劳动者体面劳动,减少农村贫困,落实国家扶贫政策,实现社会的共同富裕。

本书除导论和结语外,分为六章:

第一章主要讨论了利益衡量理论及引入农业劳动者保护机制的正当性。利益衡量理论被广泛应用于司法领域与立法领域。立法利益衡量,是指法律制定过程中,对各种利益准确识别,并运用价值权衡、经济权衡与综合平衡等方法,对利益加以选择,以实现利益平衡的过程。农业产业化背景下,在农业劳动者保护机制中引入利益衡量理论的正当性基础在于:第一,利益衡量理论有利于劳动法中劳资利益平衡目标的实现。第二,利益衡量理论有利于识别农业产业化发展引发的农业用工关系的利益变迁;并基于利益的权衡,通过构建分类保护机制的方法,实现这种具有特殊性的劳资利益关系的规范。农业产业化进程中的这种利益变迁,一方面凸显出异于传统农业用工的新型劳资利益关系,亟需劳动法介入与整合;另一方面又显示出这种新型劳资利益关系与现行劳动法法益关系的疏离,彰显出引入利益衡量理论构建农业劳动者分类保护机制的必要性。

第二章主要分析了农业劳动者保护机制中的利益衡量。在农业劳动者保护机制中,依据利益衡量理论,准确识别农业劳动者保护中涉及的利益关系。依据利益衡量的方法,分析应然的利益选择路径,以实现农业劳动者利益恰当保护与劳资利益平衡的利益状态。第一,从利益识别看,在农业劳动者保护机制的立法中,主要涉及劳动者就业利益与用人单位经济利益两种具有冲突关系的利益。同时,劳动者就业利益又包含就业质量利益与就业数量利益两种具有冲突性的利益。这两组利益的冲突,也成为了农业劳动者保护中的内外部利益矛盾。第二,从利益选择与权衡看,首先,价值权衡分析法,要求立法者面对不同主体的法益诉求,依据其利益的价值位阶,权衡何种利益应得到优先保护。在农业劳资利益冲突中,源于农业劳动者就业利益的生存利益和社会利益属性,立法者应将其作为优势利益予以优先保护。其次,经济权衡分析法要求立法者在农业劳动者保护机制的构建中,尊重市场规律和"经济人"理性,合理考量用人单位的守法成本,确定立法制度的最优效益方案。再次,综合平衡分析法要求立法中遵循比例原则、整体利益最大化原则、合理差别原则,在保护农业劳动者就业利益时,对用人单位经济利益予以兼顾,以实现劳资利益的平衡。

第三章重点探讨了现行一体保护机制中农业劳资利益的失衡。本章以劳动者身份识别困境为切入点,考察现行劳动法中一体保护机制下农业劳资利益的实然状态,进而检视该机制的合理性。劳动法一体保护机制中,劳动关系认定是劳动者就业利益获得劳动法倾斜性保护的关键。循此,本章以农业劳动者劳动关系认定为视角,对其就业利益保护情况予以研究,进而对一体保护机制下农业劳资利益状况进行分析。通过对379个案件的839份判决书的统计分析表明,当前农业劳动者在劳动关系认定中存在较大障碍,农业行业灵活用工情况严重、劳动合同签订率低、事实劳动关系认定率低,这充分表明对农业劳动者整体就业利益保护的不足;同时,就业于不同性质用人单位的劳动者、不同用工形式下的劳动者之间,就业利益保护存有较大差异性。通过对农业劳动者劳动关系认定障碍原因的进一步挖掘,发现农业劳动者的身份识别障碍的直接原因在于其自身的特殊性,这表现在农业劳资利益主体特殊性而引致的主体资格认定障碍以及农业行业性特点引致的从属性认定障碍。其制度原因在于劳动法一体保护机制下利益保护的单一性规定。现行劳动法对"劳动者"身份的判断,仍然主要定位于传统"福特制"用工形式下的劳动者,几乎没有考虑农业劳动者的特殊性,因而导致现行保护机制规定的单一与僵化,难以实现农业劳动者的合理保护。其理论原因在于,现行劳动法一体保护机制对不同类型劳资利益关系的差异性欠缺考量,未能合理平衡农业领域中的劳资利益关系。

第四章着重分析了利益衡量视角下农业劳动者分类保护机制的证成。直面劳动法单一保护机制中农业劳资利益的失衡,立法者宜以利益分析为主线,依据利益衡量方法的指引,推动农业劳动者保护机制从一体保护机制向分类保护机制的转变,此乃劳动法立法的理性选择。首先,农业劳动者分类保护机制,符合利益衡量的价值分析法的要求,实现了农业劳动者就业利益优先保护的利益调整目标。其次,农业劳动者分类保护机制,符合利益衡量的经济分析法要求,尊重市场选择规律,在追求效率和公平价值之间寻求平衡;有助于促进劳动者就业利益效益的增长,减轻对用人单位经济利益的损害,符合卡尔多-希克斯效率标准对法律效率性的评估。最后,农业劳动者分类保护机制,符合综合平衡分析的要求,合理地适用比例原则,缓和了农业劳动者就业保护中的内外部利益冲突;遵循整体利益最大化原则,促进了国家经济发展,增进了劳资利益关系和谐,减少了对用人单位经济利益的损害;适用合理差异原则,对不同劳动者区分性保护,实现法治的正义性。

第五章重点梳理了农业劳动者分类保护机制中利益调整的逻辑思路。依据利益衡量分析,农业分类保护机制的利益调整制度,主要包括两个重要方面:一方面,利益主体区分制度。确定合理的农业劳动者分类标准,以实现各类利益主体的准确识别。首先,以劳资利益主体所属行业为分类标准,主张对农业劳动者进行专门性立法保护。其次,在农业劳动者内部,对具有主体特殊性的农业劳动者,如已领取社保的劳动者、就职于规模较小或性质特殊的用人单位的劳动者,适用例外性保护规定。最后,以劳资利益关系的从属性为分类标准,对农业劳动者进行分类保护。另一方面,利益保护标准的区分制度。对不同类型的利益主体,实施差异性的调整规则,构建层次化的利益保护标准。首先,在农业劳动者利益的专门性保护中,将满足劳动者获取劳动基准保护的利益诉求作为重要目标;同时,将劳动基准特殊性规定与劳动合同规则灵活性规定,作为农业劳资利益平衡的实现手段。其次,在部分特殊农业劳动者的例外性保护中,对已领取社保的劳动者采用"劳动关系回归说"的基础上,为其设置不同的利益保护标准,重点对其部分亟须保护利益予以保障;对就职于小微型农业公司、家庭农场、专业合作社的劳动者,设置部分劳动法例外性规定,为劳资自主协商留出更多的空间。最后,在从属性不同的农业劳动者分类保护中,转变典型劳动者就业利益保护重点,对就业数量的增长形成制度激励;加强非典型劳动者就业质量利益的保护,满足其安全性利益保护诉求。

第六章研究了农业劳动者分类保护机制中利益调整的规则构建。根据利益调整的既定思路,在农业劳动者分类保护机制中构建以下的利益调整规则:第一,在农业劳动者利益的专门化保护中,一方面,依据利益衡量价值分析法,着力于农业领域从属性认定标准的重构、劳动关系主体资格认定方式的重塑,构建有助于农业劳动者利益优先保护的规则;另一方面,依据经济权衡和综合平衡分析法,着力于农业劳动者工资利益、休息权益等劳动基准特殊性规定之制定,以增强法律保护的针对性;着力于农业领域部分劳动合同例外规定的构建,以增强法律保护的灵活性。第二,在部分特殊农业劳动者的例外性保护中,通过例外性保护规则合理平衡劳资利益关系,突出已领取社保金的农业劳动者享有的工资、休息、职业安全、工伤保险和部分解雇保护权益的保障;实现小微型农业公司、家庭农场、专业合作社等用工主体,在劳动合同形式、资方劳动合同解除权限制、社会保障等方面优惠性待遇的获得。第三,在从属性不同的农业劳动者利益保护中,侧重于农业领域典型劳动者就业数量的促进,强调精神利益的保护,改变现行立法仅强调物质利益保护的局面,并对其适用特殊性劳动基准规定和劳动合同期限分治法律规定。侧重于农业领域非典型劳动者就业质量利益的保护,以扩宽非全日制劳动者保护范围、增加经济依赖性劳动者保护规定、增加季节工法律保护规定等方式,拓宽劳动法在农业领域的保护范围。

本书可能的创新之处在于:第一,立足于中国农村场域和农业行业特殊性,对农业劳动者保护机制进行研究,为革新现行以调整工业"福特制"用工为主的劳动法规定,进而构建小农经济背景下,适合中国本土化农业生产的劳动法规则,提供可行性意见。同时,将研究对象聚焦于农业产业化进程中农业劳动者的保护,突破了学术研究壁垒,拓展了理论界对特殊性劳动者的关注视野,弥补了理论界对这一特殊劳动者研究的不足,有利于农业劳动者体面劳动的实现。第二,针对当前理论界对劳动者分类保护法理基础研究的不足,本书研究引入利益衡量理论,对农业劳动者分类保护机制构建的合理性及路径进行研究,为学界劳动者分类保护的研究,探索出一个新的视角,提供了一个新的理论依据和方法论依据。第三,作为法学基础理论的利益衡量理论,具有高度的抽象性,将利益衡量理论适用于中国农业领域的劳动法治建设,是理论的具体化、实践化与本土化的过程,而这一过程将推动利益衡量理论自身的发展与完善。

目 录

导 论 ……………………………………………………………… 1

第一章 利益衡量理论及引入农业劳动者保护机制的正当性 ……… 29
 第一节 利益衡量理论的解析 …………………………………… 29
  一、利益衡量理论的历史溯源 ………………………………… 29
  二、利益衡量的内涵与特点 …………………………………… 32
  三、利益衡量立法适用的必要性 ……………………………… 39
  四、利益衡量立法适用的衡量范围 …………………………… 43
  五、利益衡量立法适用的关键环节 …………………………… 45
 第二节 农业劳动者及其保护方式的概述 ……………………… 47
  一、农业劳动者的内涵阐释 …………………………………… 47
  二、中国农业劳动者法律保护方式的演进 …………………… 51
 第三节 农业劳动者法律保护机制的界定 ……………………… 58
  一、劳动者一体保护机制 ……………………………………… 59
  二、劳动者分类保护机制 ……………………………………… 62
 第四节 利益衡量理论引入农业劳动者保护机制的正当性基础 ………………………………………………………… 66
  一、劳资利益平衡:劳动者保护机制的重要制度目标 …… 66

二、劳资利益变化:产业化背景下农业用工领域的
　　　　新变化 ·· 69
　第五节　本章小结 ·· 80

第二章　农业劳动者保护机制中的利益衡量 ···················· 83
　第一节　农业劳动者保护机制中的利益识别 ···················· 83
　　一、劳动者的就业利益 ·· 83
　　二、用人单位的经济利益 ·· 85
　　三、农业劳动者保护机制中的内外部利益冲突 ············ 87
　第二节　农业劳动者保护机制中的利益选择 ···················· 89
　　一、价值权衡分析下的利益选择 ·································· 90
　　二、经济权衡分析下的利益选择 ·································· 95
　　三、综合平衡分析下的利益选择 ·································· 98
　第三节　本章小结 ·· 108

第三章　一体保护机制下农业劳资利益的失衡 ················ 112
　第一节　实证分析:一体保护机制下农业劳动者身份识别
　　　　　困境 ·· 113
　　一、研究方法与数据来源 ·· 113
　　二、农业与非农劳动者身份识别的行业差异 ·············· 117
　　三、农业劳动者身份识别的内部差异 ························ 124
　　四、启示:农业劳动者就业利益保护水平的低下与
　　　　不均衡 ·· 127
　第二节　直接原因:农业用工关系特殊性 ························ 129
　　一、农业用工关系主体特殊性引发的主体资格争议 ····· 129
　　二、农业用工方式特殊性引发的从属性争议 ·············· 136

第三节　制度原因:一体保护机制下利益保护的单一性规定 … 142
　　　　一、利益保护范围的狭窄性 …………………………… 142
　　　　二、利益保护标准的一体性 …………………………… 149
　　第四节　理论原因:一体保护机制下农业劳资利益的失衡 … 157
　　　　一、僵化机制与劳方利益保护的不足 ………………… 157
　　　　二、僵化机制与资方利益兼顾的缺失 ………………… 159
　　第五节　本章小结 ……………………………………………… 160

第四章　利益衡量分析下农业劳动者分类保护机制的证成 ……… 165
　　第一节　价值导向下劳方利益优先保护目标的实现 ………… 166
　　　　一、农业劳动者整体利益的合理保障 ………………… 166
　　　　二、不同类型农业劳动者利益的合理保障 …………… 171
　　第二节　经济导向下制度效率目标的实现 …………………… 174
　　第三节　平衡导向下劳资利益整合目标的实现 ……………… 176
　　　　一、符合比例原则的分类保护机制 …………………… 177
　　　　二、符合整体利益最大化原则的分类保护机制 ……… 182
　　　　三、符合合理差别原则的分类保护机制 ……………… 186
　　第四节　本章小结 ……………………………………………… 192

第五章　农业劳动者分类保护机制中利益调整的逻辑思路 ……… 195
　　第一节　利益主体的区分:农业劳动者分类标准的考量 …… 196
　　　　一、理论界既有劳动者分类保护标准的释评 ………… 196
　　　　二、利益衡量视角下农业劳动者分类标准的再界定 … 206
　　第二节　利益保护标准的区分:农业劳动者分类保护规定的
　　　　　　制定思路 …………………………………………… 228
　　　　一、专门性保护规定的利益保护逻辑 ………………… 229

二、例外性保护规定的利益保护逻辑 …………………… 232

三、内部分类保护规定的利益保护逻辑 …………………… 235

第三节 本章小结 ………………………………………………… 241

第六章 农业劳动者分类保护机制中利益调整的规则构建 ……… 246

第一节 农业劳动者专门化保护的利益调整规则 ……………… 246

一、优势利益保护的实现规则 …………………………… 247

二、劳资利益平衡的实现规则 …………………………… 261

第二节 特殊农业劳动者例外保护的利益调整规则 …………… 277

一、已领社保金的农业劳动者的例外规定 ……………… 278

二、小微型农业公司、家庭农场、专业合作社中劳动者的
例外规定 …………………………………………… 281

第三节 从属性不同的农业劳动者分类保护的利益调整
规则 …………………………………………………… 289

一、典型劳动者利益保护规定：从求质量到重均衡的
转变 ………………………………………………… 290

二、非典型劳动者利益保护规定：从促数量到提质量的
转变 ………………………………………………… 295

第四节 本章小结 ………………………………………………… 306

结　语 ……………………………………………………………… 311

参考文献 …………………………………………………………… 315

导 论

一、研究背景及意义

（一）研究背景

1. 农业产业化背景下农业劳动者就业利益适用劳动法保护的必要性

"务农重本，国之大纲"。农业作为国民经济的基础，是经济发展的重中之重。① 中国传统农业为自给自足的小农经济，一般依靠家庭劳动力进行劳动，较少雇佣劳动力进行生产。农业雇佣关系，一般依靠农业习惯法、民法进行平等调整，较少纳入劳动法的调整范围。

然而 21 世纪以来，伴随国家"农业强国"目标的提出，"乡村振兴"战略的推行，产业化、规模化、现代化农业发展方兴未艾。农村地区新型农业经营主体（如农业公司、农民合作社、家庭农场等）随着资本的下乡，而异军突起。农业生产与经营主体突破传统农业生产的藩篱，不再限于家庭农户，而呈现出一定的组织化特点。以专业合作社为例，第三次全国农业普查数据显示，截至 2016 年，有 179 万个专业合作社在国家

---

① 参见中国政府网：《农业发展永远都是重中之重》，https://www.gov.cn/xinwen/2015-03/19/content_2836192.htm。

工商机关登记注册,具有了市场主体资格。①

新型农业经营主体日新月异地发展,对劳动力的需求也与日俱增。据统计,新型农业经营主体中的78%从事雇佣经营,提供了8496.38万个左右的就业岗位。而平均每个新型农业主体雇佣37.11个农业劳动者进行劳动,其中25.66个劳动者与用工主体之间建立了较为长期的用工关系。② 如家庭农场,这一原本定位于依靠家庭劳动力进行生产的经营主体,早在2013年平均每家就具有长期雇工1.68人。③ 再如专业合作社,据2016年的数据显示,当年全国范围内,专业合作社用于雇工的成本高达66.95万元。④ 另一方面,依据《全国农产品成本收益资料汇编》(2013—2019)雇工数据显示,畜牧业雇工水平较高,大规模养殖年均雇工比例达到78.7%。其中,大规模养殖奶牛、生猪的雇工比例高达98.21%、88.85%。种植业中经济作物(尤其是蔬菜和水果),雇工比例也较高,并呈现逐渐递增的趋势。⑤ 随着农业领域用工主体组织化、产业化的发展及雇佣劳动者数量的增长,从事农业劳动的人不再局限于传统自给自足的农民,而包含了大量以劳动赚取工资收入的农业劳动者。农业产业化、市场化特点日渐凸显,同工业、服务业一样大量雇佣工人从事生产。这也使得农业劳动者就业利益具有了获取劳动法保护的诉求,农业领域劳资利益关系具有适用劳动法调整的必要性,农业领域的劳动

---

① 参见中国政府网:《第三次全国农业普查主要数据公报(第一号)》,https://www.gov.cn/xinwen/2017-12/14/content_5246817.htm。
② 参见新华网:《新型农业经营主体发展指数调查(二期)报告》,http://www.xinhuanet.com/food/2017-02/08/c_1120429231.htm。
③ 马洪伟:《试论中国家庭农场的法律规制》,《河南师范大学学报(哲学社会科学版)》2014年第3期。
④ 参见中国供销合作网:《2018中国新型农业经营主体发展分析报告:专业合作社》,http://www.chinacoop.gov.cn/HTML/2018/02/23/131211.html。
⑤ 通过对《全国农产品成本收益资料汇编》(2013—2019)的雇工时间和家庭用工时间的数据分析整理获得。

法适用问题进入人们的视野。

从理论界研究看,对农业产业化进程中劳资利益的新变化,及劳动法对农业劳动者就业利益保护的必要性,予以关注的学者不多。部分学者对农业用工的理解仍然停留于传统农业用工之中,抱守劳动法保护的劳动者仅限于第二产业、第三产业的劳动者,而并不包括第一产业的劳动者的认识。① 或落入农业雇佣应纳入到民法雇佣关系的调整范围,而非劳动法的调整范围的认识窠臼之中。② 仅极少数观点对新农业发展背景下农业雇佣的变化予以观照。如唐军指出目今农业雇佣领域的用工关系,不再如传统农业雇农与雇主一般,仅归属于民法调整,而具有适用劳动法统合与整饬的可能性。③ 郑雄飞认为现行劳动法中排除农村劳动者、农村承包经营户的雇工适用劳动法的规定,已经不能适应当前规模化、产业化农业发展背景下的用工规范需求。④ 王全兴也注意到近年来随着新型农业经营主体崛起而产生的农业工人的劳动者地位问题,认为虽然农业集体经济组织和农户经营中不存在劳动关系,但农业部门劳动关系可能存在于农场经营模式中。⑤ 针对学界研究的不足,具有对产业化进程中农业劳动者利益的劳动法保护问题,深入研究的必要性。

---

① 常凯:《劳动关系、劳动者、劳权——当代中国的劳动问题》,中国劳动出版社1995年版,第13页。程延园:《劳动关系》,中国人民大学出版社2016年版,第7页。覃有土、韩桂君:《略论对弱势群体的法律保护》,《法学评论》2004年第1期。李雄:《劳动者公平分享改革发展成果的困境与出路》,《河北法学》2008年第1期。郭捷:《劳动合同法适用范围解析》,《法学论坛》2008年第2期。黄昆:《劳动法主体体系研究》,湖南大学2008年博士学位论文,第16页。李斌峰:《劳动者法律人格研究》,湖南大学2011年博士学位论文,第23页。

② 郑尚元:《民法典制定中民事雇佣合同与劳动合同之功能与定位》,《法学家》2016年第6期。类似观点参见宋夏瀛洁、李西霞:《民法典编纂应回应现实关切——使雇佣合同与劳动合同规范化与体系化》,《河北法学》2017年第4期。

③ 唐军:《新型农业经营主体之法治思考:理念检视与路径选择》,《农村经济》2018年第1期。

④ 郑雄飞:《职业化与成员权:新型职业农民的社会利益关系及其协调路径优化》,《山东社会科学》2018年第5期。

⑤ 王全兴:《劳动法》,法律出版社2017年版,第114—115页。

2.农业劳动者劳动法保护中存在的劳资利益冲突

当前,农业产业化的发展使得农业劳动者与用工主体之间的利益关系成为劳动法调整的对象,但是对农业劳动者适用劳动法保护,势必增加用工主体的用工成本,损害其经济利益。这使得农业劳动者适用劳动法保护中,存在着劳资利益的冲突问题。

通过对中国裁判文书网的检索发现,在2011年之前农业劳动纠纷案件极少,从2011年至今10余年的时间,以农业公司为被告的劳动纠纷高达24590个,以"专业合作社"为被告的劳动纠纷达5643个,以"家庭农场"为被告的劳动纠纷420个,且农业劳动纠纷在2014年之后呈现井喷式发展。[①] 快速增长的诉讼案件,集中反映出农业规模化、产业化发展背景下,劳动者就业利益保护中凸显的劳资利益矛盾问题。

农业领域劳资利益冲突的合理消解,劳资利益关系的适当平衡,不仅影响农业领域的劳资关系和谐,影响农业经济发展,而且影响农业用工主体为劳动者提供的就业岗位数量,进而间接影响农业劳动者群体的就业数量。因此,需要劳动法在考量农业劳动者就业利益保护时,对劳资利益关系的平衡予以重点关注。

3.现行劳动法一体保护机制下农业用工关系利益调整具体规则的立法阙如

虽然司法实践中,农业劳动纠纷骤增,但是我国现行立法缺乏对农业用工关系利益调整的具体性规定,未能对农业劳资利益调整规则予以针对性地构建,未能有效解决农业劳资利益冲突,从而使得农业劳资利益关系的调整存在失范的问题。

---

① 在"中国裁判文书网"中搜索案由为"劳动争议",且当事人字段中,分别包含有"农业公司""专业合作社""家庭农场"的判决书而获得的数据,检索时间2023年2月14日。

导 论

从法律纬度看,国际劳工组织(ILO)先后出台了多个国际公约①对农业劳动者的劳动权益予以保护,如1921年《农业工人灾害赔偿公约》、1922年《儿童受雇于农业工作的最低年龄公约》、1927年《农业工人疾病保险公约》、1933年《农业受雇人员的强制性老年保险公约》和《农业受雇人员的强制性残废保险公约》、1951年《农业中确定最低工资办法公约》、1969年《农业劳工检查公约》、2001年《农业安全与健康公约》等等。考虑自身的国情,目前我国只参加了1921年《农业工人的集会结社权公约》。②

从国内立法看,当前我国劳动法对劳动者采取一体保护机制,对所有劳动者适用相同的保护规则,劳动法中较少对农业领域的劳动者保护作出单独规定。对于农业劳动者的保护规定,当前我国有且仅有1个部门规章和2个司法解释对其予以明确的规定:一是1995年劳动部颁发的《关于贯彻执行〈中华人民共和国劳动法〉若干问题的意见》规定"农村劳动者(乡镇企业职工和进城务工、经商的农民除外)不适用劳动法"。二是《最高人民法院关于审理劳动争议案件适用法律问题的解释(一)》(法释〔2020〕26号)第2条以及已失效的最高人民法院劳动争议《解释(二)》(法释〔2006〕6号)③第7条,明确规定"农村承包经营户与受雇人之间的纠纷"不属于劳动争议的规定。

劳动法中对农业用工关系利益调整的具体性规定的立法阙如,使得农业劳资利益关系在现行劳动法一体保护机制下,只能与其他劳资利益

---

① Maitland D.S.T. "Minimum Wages and Other Labor Standards in Agriculture Considered in Relation to Economic Growth in Underdeveloped Countries." Journal of Farm Economics, 38.2 (1956):529-539.
② 参见中华人民共和国条约数据库:《农业工人的集会结社权公约》,http://treaty.mfa.gov.cn/web/detail1.jsp?objid=1531876000410。
③ 即《最高人民法院关于审理劳动争议案件适用法律若干问题的解释(二)》。

关系一样,适用相同的劳动法调整规则。然而,农业用工具有特殊性,需要立法针对其特殊性,设立合理的利益调整规则。

第一,农业用工具有特殊性,亟需劳动法在设计劳动者保护规则时,更具针对性地设定劳动者保护规则,以实现农业劳动者就业利益的合理保护。一方面,农业生产易受气候的影响,而使得农业劳动存在临时性、季节性,劳动时间具有灵活性。这使得农业领域存在大量的季节性、临时性劳动者。对于这些劳动者,现行劳动法一体保护机制中缺乏灵活性的法律规定,无法实现其就业利益的恰当保护。另一方面,中国传统农业较少适用劳动法进行规范,雇佣劳动并非中国传统农业的主要劳动形式,即使产业化背景下农业劳动与工业劳动也存在较大的区别。因此,将规范工业用工为主的《劳动法》规定,直接适用于农业领域,其合理性值得反思。

第二,农业用工具有特殊性,亟盼劳动法在设计劳动者保护规则时,更加重视对用工主体经济利益的兼顾。一方面,从劳动者就业的行业看,农业行业经济效益低下,与其他经济效益好的行业适用相同的劳动法规则,有损用工主体的经济利益。另一方面,从农业领域的用工主体看,在中国小农经济背景下,其用工主体多为家庭农场、专业合作社等新型农业用工主体。这些用工主体,不仅规模小、人员少,在性质上还具有特殊性。家庭农场、专业合作社等用工主体并非如普通用工主体一般,仅以营利作为经营的目标,其存在的重要目的在于维持家庭成员生存或对成员进行互助。这些属于用工主体的新型农业经营主体,也是国家政策重点扶持的对象。故而,劳动法在构建农业领域劳资利益调整规则时,应对中国本土国情下农业用工主体的特殊性予以考量。劳动法一体保护机制中单一的"资强劳弱"的抽象认识,可能会遮蔽立法中劳动者保护程度的理性判断。

可见,现行劳动法并未对上述差异性予以观照,甚至并未对农业产业化发展引发的农业劳资利益变化情况予以关注。立法的疏失,也进一步引发了农业用工纠纷裁判中的司法困局。因农业用工上述特殊性的存在,司法机关在农业用工关系的性质认定上莫衷一是,在涉及劳动主体资格、从属性认定等方面,存在分歧。从司法判决的结果看,司法机关的裁判结果分为两种立场,一种是倾向于农业领域劳动者就业利益保护的立场。例如,在专业合作社用人单位资格的认定上,持"肯定说",进而认定劳动关系的存在。① 在临时性、季节性农业劳动者的劳动关系认定中,更倾向于持"从属性肯定论"。② 另一种是倾向于兼顾用工主体利益,减轻用工主体用工负担的立场。例如,在专业合作社用人单位资格的认定上,持"否定说",进而否认劳动关系的存在。③ 在临时性、季节性农业劳动者的劳动关系认定中,更倾向于持"从属性否定论"。④

4. 劳动法依据利益衡量重构农业劳动者保护机制的必要性

2023年党中央一号文件提出"农业强国"的目标。⑤ 为实现这一目标,法律与政策的制定应立足于"国情农情",体现中国农业本土化特

---

① 如(2021)黔03民终10713号、(2021)辽13民终2010号、(2020)川01民终17975号判决书等。

② 很多案件以临时性农业劳动者按日计酬为由,认定其劳动不具有稳定性,进而否认劳动关系的存在。然而,部分案件,如(2018)苏12民终3043号、(2020)川0121民初1279号、(2019)内22民终498号、(2019)新28民终344号等案件则持不同意见,作出了有利于劳动者利益保护的判决。正如(2018)苏12民终3043号案件判决书指出,劳动者即使按日计酬,但是工资也是按月发放,故二者属于劳动关系。

③ 如(2020)闽08民终1504号、(2021)黑81民终127号、(2021)沪02民终8592号、(2017)鲁06民终2295号案件等。(2017)鲁06民终2295号判决书就明确表示,否认专业合作社具有用人单位资格的原因,在于其属于新型农业用工主体,规模小,且属于政策扶持的对象,严格适用劳动法规定,将不利于其发展。

④ 这类案件数量较多,如(2021)鲁02民终14533号、(2018)川01民终14793号案件等。

⑤ 参见农业农村部官网:《农强国强 重在落实》,http://www.moa.gov.cn/hd/zbft_news/qmtjxczx/xgxw_29370/202302/t20230214_6420491.htm。

点。从根本上看,劳动法一体保护机制未针对农业劳动者,制定具体的、专门性保护规则,就源于现行劳动法未能根植于中国农业本土化国情,准确识别中国农业产业化进程中用工领域的利益关系,正确对待农业领域的利益冲突,深度关注农业劳动者就业利益保护的特殊性,合理整合农业劳资利益关系。是故,为消弭现行劳动法一体保护机制的不足,立法改革中,唯有正本清源,着眼于中国农业劳动的特殊性,以利益分析为主线,对如何构建农业劳动者保护机制进行研究。进而基于利益衡量的分析,推动农业劳动者保护机制的转型,合理分配与矫正劳动者保护机制中的劳资利益关系。这不仅有利于实现农业劳动者就业利益的恰切保护,也有利于农业领域劳资利益关系的合理平衡,最终实现中国农业经济发展与共同富裕的目标。

(二) 研究意义

1. 研究的理论意义

第一,中国的劳动法作为舶来品,起源于西方工业革命,以规制工业领域的"福特制"用工形式为主,很难直接适用于小农经济背景的中国农业领域。如何构建适合中国本土化农业生产的劳动法规则是本书的终极理论关怀之所在。基于中国小农经济的本土国情,本书运用利益衡量的分析方法,对劳动法中农业劳动者保护机制进行研究,推动保护机制从一体向分类的转变,既加强了农业劳动者就业质量的保护,促进了其体面劳动的实现,又合理平衡了农业领域劳资利益关系。这有利于推动中国本土化语境下劳动法规则的构建,也有利于促进农业经济发展,推进农业产业化、现代化进程。

第二,当前既有理论界成果对劳动者分类保护机制的研究中,着眼于制度构建,但对分类保护的理论基础与学术机理缺乏深入的研究。本书运用利益衡量理论,为农业领域劳动者分类保护机制的构建提供了合理性论证与可行性路径,奠定了理论基础并搭建了分析框架。推进了学界关于劳动者差异化保护的研究进程,丰富了劳动者分类保护机制的理论研究。质言之,从利益衡量理论的视角,为劳动者分类调整机制提供理论支撑和法理依据,并对进一步的制度构建提供了分析框架。

第三,在农业产业化发展的背景下,为实现农业劳动者的体面劳动,本书将关注视角集中于农业劳动者利益保护之上,分析与阐述了农业劳动者具有的特殊性。加强劳动法领域学者对农业劳动者就业利益保护的关注,拓展了理论界对特殊性劳动者的关注视野。[①]

2. 研究的现实意义

第一,基于劳动法社会法的属性以及利益衡量中价值位阶的分析,强调农业劳动者就业利益保护的加强,对于推动现代化农业发展、解决农业劳动力供给、实现共同富裕具有重要作用。

首先,乡村振兴的出发点和落脚点在"人"这一主体上。为推动乡村振兴战略的实施和新农村建设的开展,必须要建立一支懂农业、爱农村、爱农民的"三农"队伍。农业劳动者作为新型农业中"专业技能型职业农民"的主要组成部分,是这支"三农"队伍的重要生力军,是新农村和现代化农业的重要建设者。故而,有效维护农业劳动者的就业利益,构建合理平衡农业领域劳资利益关系的农业劳动者保护制度,对促进农业就业,实现农业现代化至关重要。

其次,加强农业劳动者的就业利益保护,有利于纾解当前农业雇工难问题。当前劳动者一体保护机制下,大量农业劳动者难以获得劳动法

---

① 传统理论认为,农业雇佣中双方利益关系一般通过民法予以平等调整。但在现今规模化、现代化农业发展的背景下,随着农业雇佣数量的增加,及用工主体出现组织化,农业劳动者呈现一定的职业化特点,农业领域劳动者与用工主体之间的利益关系具有了从属性。进而需要思量如何构建劳动法在农业领域的适用规则。

倾斜性保护,导致劳动法对其就业利益保护不足。这也是当前大量农业劳动者,从农村转移到城市的非农领域,从而导致农业领域出现了雇工难的重要因由之一。若农业领域继续不重视劳动者就业利益保护问题,农业雇工难问题可能会持续,乃至愈演愈烈。

最后,对农业劳动者就业利益的保护,是实施就业扶贫与实现共同富裕的重要内容。当前相对贫困人口,从分布的地域看,大部分在农村地区;从分布的行业看,大部分在农业领域。从国家的扶贫政策看,推动贫困人员在农业基地的就业,也是当前实现就业扶贫的六大路径之一。① 将贫困人员安置到农业基地就业,成为农业劳动者,仅仅为其提供了就业机会。而要促进共同富裕的实现,尚需对其工资水平与体面劳动予以关注。因此,加强农业领域劳动者就业利益的保护,有利于增加劳动者收入,减少农村贫困。

第二,通过利益衡量构建农业劳动者保护机制,有利于实现各种利益之间的整合与平衡,进而实现农业领域的劳资关系和谐。强调农业领域劳动者就业质量保护的同时,对用工主体经济利益的兼顾,不仅有利于促进农业经济的发展,也有利于促进就业岗位的增加,促进劳动者就业数量的增长。这一举措,一方面,有利于推动国家对农民工就近就业政策的落实;另一方面,也有利于缓解经济下行背景下城市紧张的就业形势,促进劳动力向乡村的回流,为农业产业化、现代化的发展,提供新生力量。②

---

① 蔡小慎等:《可持续生计视角下我国就业扶贫模式及接续推进乡村振兴对策》,《学习与实践》2021 第 5 期。

② 在当前经济下行时期,城市就业形势严峻,一些青年和大学生就业困难。然而,引导劳动者到农业行业就业是一条可以缓解当前就业困境的路径。农业行业就业人数的增长,在缓解城市就业压力的同时,也使农业行业吸纳了大量青年力量。

二、文献综述

(一) 农业劳动者就业利益保护的研究综述

1. 农业劳动者就业利益保护现状的研究

对于农业劳动者就业利益的保护,国外学者进行了深入的研究。其研究反映了当前各国农业劳动者劳动保护水平参差不齐的现实状况。虽然部分农业较发达的国家,农业劳动者立法保护相对完善,但是,仍然有大量发展中国家,农业劳动者就业利益保护存在不足。当前农业劳动者的保护主要存在以下状况:

第一,部分研究表明,农业部门是一个相较于其他行业更具危险性的部门,当前农业劳动者的劳动安全保护不足。如 IUF[①]2002 年的报告显示,每年至少有 17 万农业工人死于工伤事故,其中约 4 万人死于接触农药;300 万至 400 万人受到有害杀虫剂的影响,并遭受严重中毒、与工作有关的癌症或生殖障碍。[②]

第二,部分学者认为农业劳动者的工资水平极低。如学者赫斯特等指出,很多国家,农业工人的工资往往很低,远远低于工业工人的工资。他们经常生活在贫困线以下,是世界上许多地区贫困人口的重要组成部分。[③] 国际劳动组织工人活动局相关报告指出商业性农业中,工资劳动者的贫困率最高。通过对多国有薪农业劳动者的工资情况的考察(如肯

---

① 全称为 International Union of Food, Agricultural, Hotel, Restaurant, Catering, Tobacco and Allied Workers。
② IUF. "The WTO and the World Food System: A trade union approach." (2002): 3.
③ Hurst P., TermineP. & Karl M. "Agricultural workers and their contribution to sustainable agriculture and rural development." Organization of the United Nations/International Labour Organization/International Union of Food, Agricultural, Hotel, Restaurant, Catering, Tobacco, and Allied Workers Associations, 1(2011):50-87.

尼亚、摩尔多瓦、印度、巴西、危地马拉、洪都拉斯等国),发现农业劳动者工资水平很低。①

第三,部分学者指出临时性、季节性农业劳动者就业利益保护情况尤其不容乐观。如卡斯特罗②认为农业的季节性导致了农忙时节雇临时工成为农业工作的一个特点。不可预测的天气状况、不稳定的市场对农产品的需求以及全球化下出现的农业移民雇员,都导致了农业领域全职劳动力的减少,短期临时工人数的增加。而相较于全职农业工人,临时性、季节性农业工人更难以获得政府和法律的保护。还有的则认为临时性、季节性农业劳动者的劳动环境更为恶劣,工资薪酬更低,参加工会的比例更低。③ 贝尔德等认为临时性、季节性将导致农业雇员的工作不安全感,工资水平的低下,工作条件的恶劣,贫困程度的增高。④ 赫伯特等指出工作的临时性增加了被解雇的风险,以及社会保障和福利的缺乏。长期性雇员向临时性雇员的转变成为雇主剥夺工人就业的权利和

---

① 在2000年,肯尼亚农业工人的平均工资收入仅为建筑部门工人平均收入的43%。而摩尔多瓦共和国农业平均工资从1995年占整个经济平均工资的72.3%下降到2001年的58%,而该国生活在贫困线以下的人中有一半从事农业,所有农业工薪阶层生活在贫困线以下。此外,根据国际劳工组织的报告,印度、巴西、危地马拉、洪都拉斯,在20世纪80年代末90年代初,有薪农业劳动者贫困率分别为45%、48.5%、70.1%、74.6%。See Activities B.F.W. "Background paper of the International Workers' Symposium on Decent Work in Agriculture." (2003). http://www.ilo.org/actrav/events/WCMS_112419/lang--en。

② Castro M. "Changing patterns of agricultural production, employment and working conditions in the Ugandan sugar industry." IUF/ILC, Geneva-Rome, (2003):3-20. 相同观点See Activities B.F.W. "Background paper of the International Workers' Symposium on Decent Work in Agriculture." (2003). http://www.ilo.org/actrav/events/WCMS_112419/lang--en/.

③ Activities B.F.W. "Background paper of the International Workers' Symposium on Decent Work in Agriculture." (2003). http://www.ilo.org/actrav/events/WCMS_112419/lang--en/.

④ Bernd Mueller & Man-Kwun Chan. "Wage Labor, Agriculture-Based Economies, and Pathways out of Poverty." United States Agency for International Development, Monday, March 9, (2015):56-61.

福利的一种手段。①

第四，部分研究表明移民农业劳动者就业利益保护存在不足。有研究报告认为当前很多国家的农业领域大量使用移民，这些移民农业劳动者往往集中在最艰苦和工资最低的工作岗位上；与当地工人相比，工资更低，经常加班；并面临着被严重侵犯劳动权利的重大风险。而移民农业劳动者权益被侵害的归因逻辑在于：囿于文化和语言障碍，他们对法律权利的认识和寻求官方援助或补救的能力受到了掣肘；缺乏或仅拥有薄弱的当地社会支持网络，增加了他们的脆弱性，削弱了他们的谈判能力。②

相较于国外农业劳动者保护研究成果的繁荣，中国国内学者对农业劳动者保护问题的研究不多。但是，既有研究大多反映出当前中国农业领域劳动者就业利益保护有待加强。有学者指出农业雇佣中雇主与农业劳动者之间大都未签订劳动合同，雇佣程序十分简单，只就工资和工作时间口头约定，劳动报酬通常也按日计酬，因此农业劳动者的利益得不到保障。③ 纪晓岚等学者认为中国现阶段农业雇佣劳动者具有雇佣关系的临时性、收入的不稳定、雇佣行为的自发性等特征。当前农业雇佣中临时性农业劳动者报酬支付形式一般为按日计酬，按照年龄和身体状况有所差异，从每日报酬60元至100元不等。④ 于丽等学者则从农业

---

① Fashoyin T., A. Herbert & P. Pinoargote."Uganda: multinational enterprises in the plantation sector: labour relations, employment, working conditions and welfare facilities."Ilo Working Papers（2003）:1-83.

② Activities B.F.W. "Background paper of the International Workers' Symposium on Decent Work in Agriculture." (2003). http://www.ilo.org/actrav/events/WCMS_112419/lang--en/.

③ 鲁先凤:《中国现阶段农业雇工的特征与成因简析》,《理论月刊》2008年第12期。向倩雯:《农村空心化背景下的农业雇工现状与特征简析》,《中国农业资源与区划》2016年第11期。

④ 纪晓岚、程秋萍:《职业分化视角下"有地居民"的身份认同——基于NL村的调研》,《理论月刊》2015年第12期。

劳动者劳动过程中的职业健康与安全角度,指出当前农业生产环境恶劣,委托代理理论视角下,农业生产工人在采取防护措施以保护健康时,存在道德风险的问题。[①] 马洪伟认为在工伤保险方面,部分农场劳动条件较差,缺乏劳动安全保护设备与设施,农业劳动者在劳动中受伤的事故时有发生,但是农场却未为劳动者购买保险。[②]

2. 农业劳动者就业利益保护重要性的研究

农业劳动者对农业经济的发展至关重要。伯克利[③]、皮埃尔等[④]对欧盟各国农业政策进行研究时发现,推动农业雇佣的发展,是实现欧盟地区可持续发展的就业方式之一,对提高农业收入和促进经济增长具有积极作用。而在我国,农业雇佣生产的发展,农业劳动者的存在与壮大,对于我国农业的发展也具有重要的意义。如鲁先凤就指出农业雇佣劳动者的存在和流动,为农业生产提供了必要的劳动供给,解决了农业劳动力地域分布不均的问题。同时,雇佣劳动也提高了劳动者素质,提高了这些农业劳动者的生产技能。[⑤] 纪晓岚、程秋萍则认为,农业劳动者有利于推动中国传统农业向现代农业的发展,也有利于实现城乡一体化。[⑥] 王颜齐则认为,一方面,农业雇佣促进了农村地区的就业;另一方面,农业劳动者也在一定程度上满足了规模化、产业化农业对劳动力的

---

① 于丽等:《委托——代理关系下农业工人的劳动防护问题研究》,《中央财经大学学报》2016年第7期。
② 马洪伟:《试论中国家庭农场的法律规制》,《河南师范大学学报(哲学社会科学版)》2014年第3期。
③ Berkeley Hill & Sophia Davidova. Understanding the common agricultural policy. London: Earthscan, (2011):6.
④ Pierre Dupraz & Laure Latruffe."Trends in family labour, hired labour and contract work on french field crop farms: The role of the common agricultural policy". *Food Policy*, 51(2015): 104-118.
⑤ 鲁先凤:《中国现阶段农业雇工的特征及成因简析》,《理论月刊》2008年第12期。
⑥ 纪晓岚、程秋萍:《职业分化视角下"有地居民"的身份认同——基于NL村的调研》,《理论月刊》2015年第12期。

旺盛需求。①

鉴于农业劳动者的重要性,加强农业劳动者体面劳动的保护,具有十分重要的意义。相关报告就指出,加强农业劳动者的保护,一方面有利于保障人权,让劳动者享有普遍和基本的劳动权;另一方面也对促进可持续农业的发展和减少贫困具有重要意义。②

3.农业劳动者就业利益法律保护方式的研究

关于农业劳动者就业利益法律保护方式,域内域外的相关法律规定,也存在较大的差异。

(1)域外农业法律就业利益法律保护方式的研究

第一,很多学者对国际劳工组织(ILO)制定的农业劳动者保护公约和域外其他国家对农业劳动者的劳动法保护情况进行了研究。如麦特兰等就关注到,国际劳工组织自1919年成立至今已经制定了多个国际公约对农业劳动者的劳动权益予以保护,涉及最低工资、休假、社会保障、集体权利、童工保护、职业培训、劳动安全与健康、劳动监察等方面。他认为这些公约对农业雇员的劳动保护起到了重要的作用。③ 而对各国涉及农业劳动者保护的劳动法规定,部分学者从最低工资、社会保障等方面展开了探讨。首先,在农业劳动者的最低工资保护方面,傅端香对美国1938年《公平劳动标准法》中农业劳动者最低工资保护的规定进行了研究。④ 麦特兰对英国第一部专门适用于农业雇员的最低工资保

---

① 王颜齐等:《土地规模化流转背景下农业雇工受雇意愿及影响因素分析》,《农业现代化研究》2017年第3期。
② Activities B.F.W. "Background paper of the International Workers' Symposium on Decent Work in Agriculture." (2003). http://www.ilo.org/actrav/events/WCMS_112419/lang--en/.
③ Maitland D.S.T." Minimum Wages and Other Labor Standards in Agriculture Considered in Relation to Economic Growth in Underdeveloped Countries" Journal of Farm Economics, 38.2 (1956):529-539.
④ 傅端香:《美国最低工资标准行业就业效应分析》,《统计与决策》2019年第13期。

护法,即1917年的《玉米生产法》进行分析。① 王中文等学者,又对英国1924年、1948年制定的《农业工资法》,授权农业工资委员会确定农业工人最低周工资的立法情况进行了考察。② 谢增毅则对英国综合性最低工资保护的开端——1998年《英国最低工资法》进行了研究,认为该部法规实现了将最低工资覆盖于绝大多数雇员的目标。③ 其次,在农业劳动者的社会保障方面,曹斌认为农业行业作为一个危险性极大的行业,相比于其他行业,雇员参加社会保险的比例却相对较低。近年来印度和日本等部分国家的农业雇员的社会保障也慢慢取得了一些进步。④ 再次,在农业劳动者其他就业利益保护方面,贝尔德·穆勒等认为很多国家对农业中出现的职业健康与卫生条件越来越重视。⑤ 富勒等认为农业雇员集体权益受侵害逐渐获得政府的关注。⑥ 弗洛斯特拉等认为农业领域使用童工的问题受到了各国的关注,被国际劳工组织和多国政府严格禁止。⑦ 还有一些学者及机构则指出农业领域强迫劳动问题被国际劳工组织和各国政府采取严厉措施予以打击。⑧

---

① Maitland D.S.T." Minimum Wages and Other Labor Standards in Agriculture Considered in Relation to Economic Growth in Underdeveloped Countries" Journal of Farm Economics, 38.2 (1956):529–539.
② 王中文:《劳合·乔治与英国农业工人最低工资制度的确立》,《湖北社会科学》2008年第1期。
③ 谢增毅:《英国的最低工资制度:经验与启示》,《中国社会科学院研究生院学报》2008年第6期。
④ 曹斌:《小农生产的出路:日本推动现代农业发展的经验与启示》,《农村经济》2017年第12期。
⑤ Bernd Mueller & Man-Kwun Chan. "Wage Labor, Agriculture–Based Economies, and Pathways out of Poverty." United States Agency for International Development, Monday, March 9, (2015):58–59.
⑥ Fuller V. "A New Era for Farm Labor?" Industrial Relations, 6.3(1967):285–302.
⑦ Forastieri V. "Children at work: Health and safety risks." International Labor Office (2001):31.
⑧ Activities B.F.W. "Background paper of the International Workers' Symposium on Decent Work in Agriculture." (2003). http://www.ilo.org/actrav/events/WCMS_112419/lang--en/.

第二,一些学者和机构,对美国等国在农业劳动者就业利益保护上,所采取的区分于非农行业的例外保护和专门保护的法律规定,进行了研究。这些学者和机构注意到美国《公平劳动标准》将绝大多数行业的雇员纳入到保护范围以内,但该法却将部分农业雇员排除于部分劳动规则的保护之外。同时,美国为加强季节性农业劳动者及农业移民的保护,还专门制定了《移民和季节性农业工人保护法》,要求雇主改善农业工人的工作条件和保障农业工人的劳动安全,如保障农业工人住宿与交通工具安全等等。对此,虽然也有对农业适用不同于其他行业的劳动规定的做法持反对态度的观点,认为这样的做法维护了农场主的利益,而不利于农业劳动者的利益保护。[①] 但是也有部分学者认为这一做法具有合理性,是国家促进经济发展、维持劳资利益平衡的做法。这些豁免规定一方面体现出对农业雇主利益的考虑;另一方面也体现出对农业行业特殊性的考量,进而作出平衡劳资利益关系的措施。如巴尔金研究了美国在不同行业环境下劳动关系的新政策和新措施,认为农业工人部分劳动法规则的例外适用,是国家为刺激不发达行业的经济增长而采取的特别的技术和方法。[②] 麦特兰在考察农业最低工资的设立时,认为不同的国家应对农业雇员最低工资实行不同的政策,农业雇员高度组织化、农业生产率高的国家更应该对农业雇员实行最低工资制度,而欠发达国家和地区可以视本国国情实施不同的政策。麦特兰进而指出一个国家不同时期也应对农业雇员最低工资制度进行调整。他观察到澳大利亚和英国的农业雇员,尤其是羊工和奶工等有组织的群体,被纳入到了最低工资保护的范围之中,但是在经济萧条时期,这些国家降低乃至彻底废

[①] Activities B.F.W. "Background paper of the International Workers' Symposium on Decent Work in Agriculture." (2003). http://www.ilo.org/actrav/events/WCMS_112419/lang--en/.

[②] Barkin S. "New Labor Relations Policies and Remedies Suggested by Different Industrial Settings." Labor Law Journal 2(1963):166.

除了此类法律的适用。正如1917年英国的《玉米生产法》在1921年的战后农业衰退中被废除。① 弗里斯等则认为农业与工业有区别,劳动法起源于工业革命,劳动标准的概念和标准,并没有那么容易移植到农业。如,某些国家农业部门小型企业占主导地位,雇佣工人占劳动力的比例相对较小,这些情况与工业的情况大不相同,因此农业不应使用与工业相同的劳动标准。不仅如此,各国之间和各国内部的农业条件千差万别。这在一定程度上造成了各国在制定和实施农业最低工资和其他劳动标准方面的不同经验。② 布鲁斯等也认为应将农业雇员纳入劳动法的保护范围,但是农业雇员应单独处理,因为该行业的生产过程不同于其他部门。故而,在制定相应的政策和法律时,应充分考虑到农业的特殊性问题。③

(2)中国农业劳动者就业利益法律保护方式的研究

中国传统农业属于小农经济的自主经营模式,较少存在雇佣。仅近年来,农业产业化、规模化的发展,才促使了农业雇佣的繁荣。从立法制度上看,无论是民法还是劳动法,都较少有条文对农业劳动者的法律适用予以明确。因此,在立法规定不明的情况下,学界对农业劳动者就业利益的法律保护方式,有三种不同的观点:

第一种观点,局限于中国传统农业劳动的认识,认为农业劳动者不应纳入到劳动法的保护范围。这主要表现为两种倾向:一是,忽视农业

---

① Maitland D.S.T. "Minimum Wages and Other Labor Standards in Agriculture Considered in Relation to Economic Growth in Underdeveloped Countries." Journal of Farm Economics, 38.2 (1956):529-539.

② Vries D. Egbert. "Labor Standards and Wages in Agriculture in Underdeveloped Countries." Journal of Farm Economics 38.2(1956):540-542.

③ Bruce, C. J. & W. A. Kerr. "The Determination of Wages and Working Conditions in the Agricultural Sector: Three Alternatives." Canadian Journal of Agricultural Economics/revue Canadienne Dagroeconomie 31.2(2010):177-196.

劳动者的存在,将农业劳动者局限于自给自足的农民。如常凯①、覃有土②、李雄③等学者,虽然认为农民属于我国的弱势群体,但是在完善保护路径上,往往从国家改革社会保障与公共服务等角度进行论述。二是,即使正视农业劳动者等雇佣劳动者的存在,在定性农业雇佣劳动的性质时,也将农业雇佣的认识局限于传统农业雇佣的方式,进而主张农业雇佣中劳动者与雇主之间的关系构成民法上的雇佣关系。正如曹可安将农业雇佣关系定义为"自然人、家庭、农村承包经营户"的雇佣行为。④ 而郑尚元⑤、宋夏瀛洁⑥等学者则更为直接地对农业雇佣劳动的法律适用予以阐明,认为农业雇佣是具有偶发性、临时性的劳动,国家没有必要采取劳动法对其予以干预,而不应纳入劳动法进行调整。再如程延园也认为劳动法上保护的劳动者主要包括第二、三产业的劳动者,而第一产业的劳动者,尤其是从事种植业和畜牧业的农民,一般不属于雇员的范畴。⑦ 以上两种认识都没有观察到农业规模化、现代化进程中崛起的农业劳动者阶层,而没有突破传统农业刻板印象的桎梏。

第二种观点,认为应将产业化背景下的农业劳动者纳入到现行劳动法一体保护机制,获得与其他劳动者同等的倾斜性保护。少部分的劳动法学者注意到近年来新型农业经营主体发展中产生的农业劳动者的劳动者身份认定问题,并认为农业劳动者与用工主体之间可能构成劳动关

---

① 常凯:《劳动关系、劳动者、劳权——当代中国的劳动问题》,中国劳动出版社1995年版,第13页。
② 覃有土、韩桂君:《略论对弱势群体的法律保护》,《法学评论》2004年第1期。
③ 李雄:《劳动者公平分享改革发展成果的困境与出路》,《河北法学》2008年第1期。
④ 曹可安:《中华人民共和国劳动合同法实务100讲》,京华出版社2007年版,第78页。
⑤ 郑尚元:《民法典制定中民事雇佣合同与劳动合同之功能与定位》,《法学家》2016年第6期。
⑥ 宋夏瀛洁、李西霞:《民法典编纂应回应现实关切——使雇佣合同与劳动合同规范化与体系化》,《河北法学》2017年第4期。
⑦ 程延园:《劳动关系》,中国人民大学出版社2016年版,第7页。

系。如潘璐通过分析农场劳动组织和管理过程,反思资本农场对农业雇工实施的劳动与社会再生产控制。① 再如王全兴认为,农业部门劳动关系仅存在于农场经营模式中,即计划经济体制下的国营农场和市场经济体制改革以后的农场用工关系之中。② 此外,郑雄飞明确提出我国 1995 年的部门规章和 2006 年的劳动争议司法解释,对"农村劳动者"和"农村承包经营户受雇人"劳动法适用的排除,已经不能适应规范农村新兴劳动用工的需要。③ 马洪伟④、唐军⑤则更为直接地指出新型农业经营主体的用工关系不再如传统农业雇农一般仅属于民事法律关系,而可能构成劳动关系。虽然,上述观点主张将农业产业化发展背景下的农业劳动者纳入劳动法保护范围,具有进步性,但是既有研究对以下问题缺乏进一步思考:现行劳动法保护机制采用劳动者一体保护机制,未实现不同类型的劳动者的针对性保护,也未对不同劳资利益关系进行差别化调整,并不一定就是适合农业劳动者的保护机制。

第三种观点,认为产业化背景下,应将农业劳动者纳入劳动法保护范围,进行区分保护。这一观点仅被李娟等个别学者所提出。她在论述农业产业化发展中农业劳动者的劳动法保护时,提出了"区分对待"的理念。在强调劳动者利益保护时,也应重视劳资利益的平衡,强调农业劳动者忠诚义务的承担和工匠精神的塑造。

上述几种观点,最后一种更具合理性,但是仅为学界极少数人所支

---

① 潘璐、周雪:《资本农场中的农业雇工:剥夺与异化——对四川葛村资本农场的实地研究》,《中国农业大学学报(社会科学版)》2016 年第 2 期。
② 王全兴:《劳动法》,法律出版社 2017 年版,第 114—115 页。
③ 郑雄飞:《职业化与成员权:新型职业农民的社会利益关系及其协调路径优化》,《山东社会科学》2018 年第 5 期。
④ 马洪伟:《试论中国家庭农场的法律规制》,《河南师范大学学报(哲学社会科学版)》2014 年第 3 期。
⑤ 唐军:《新型农业经营主体之法治思考:理念检视与路径选择》,《农村经济》2018 年第 1 期。

持。这也使得既有研究,对农业劳动者适用区分保护规则背后的法理,缺乏深入分析;对如何区分构建农业与非农业劳动法保护规则,以及如何在农业劳动者内部区分构建不同的保护规则,缺乏进一步的探讨。理论界研究的不足,也是本书进一步运用利益衡量理论,分析如何构建农业劳动者保护机制的重要因由。

4. 关于农业劳动者就业利益法律保护的既有研究评述

从农业劳动者就业利益保护的状况看,各国之间存在较大差异,包括中国在内的很多发展中国家,农业劳动者就业利益保护存在不足。然而,农业劳动者就业利益的保护具有十分重要的意义,既有利于保障人权,实现农业劳动者体面劳动,也有利于农业生产持续性劳动力供给的保障。

对比国内外农业劳动者就业利益法律保护的研究发现,囿于国家农业状况与法律制度的差异性,国内外学者对农业劳动者与雇主关系的探讨,置身于不同的场域之中进行。国外立法与文献研究,都将农业劳动者的保护置身于劳动法保护及其不足的视阈之下。国外部分学者的研究成果着眼于农业领域的特殊性,重点对他国立法中涉及的农业劳动者例外保护或专门性保护方式进行研究。而在中国农业产业化转型过程中,国内学者对农业劳动者的保护方式的意见并不统一。对农业劳动者适用劳动法倾斜性保护方式仅为部分学者所主张。并且主张适用劳动法保护的学者,其研究成果大多仅停留于农业劳动者劳动法保护的必要性分析。对劳动法应如何修正自身规则,以适应与工业劳动者存在较大差异的农业劳动者保护,缺乏研究。即使有个别观点提出在劳动法中,对农业劳动者适用区分性保护规则,但是用以支持其观点的理论依据与学术机理不足,也缺乏对具体区分保护规则的进一步思考。

通过对国内外研究成果的梳理与比较,发现中国农业劳动者就业权益保护研究,尤其是就业利益的劳动法保护研究,严重不足,有待进一步深入。而域外经验为中国完善农业劳动者就业利益的保护提供了一定的参考。一方面,域外农业劳动者劳动法保护研究,为中国农业劳动法法制改革提供了借鉴,进而有利于满足农业产业化背景下,农业劳动者就业利益获取劳动法保护的需求;另一方面,域外农业劳动者的例外保护与专门化保护研究,又为中国农业劳动法合理平衡劳资利益关系,实现农业劳动者的区分性保护,提供了借鉴。

但是,在借鉴域外经验时,需从中国的本土实践出发,有选择性地吸收其有益经验。根植于中国小农经济的土壤,立足于以家庭农场、专业合作社为中国农业发展方向的国家政策定位,中国农业用工主体具有较西方农业雇主更为弱小的客观事实。因此,在农业劳动者劳动法保护机制的构建中,更应强调用工主体利益的兼顾和劳资利益的平衡。在实现农业劳动者就业利益保护的同时,促进农业经济的发展,以实现本土农业劳动法律制度的"寻根"意义。

(二) 劳动法立法中利益衡量的研究综述

劳资利益矛盾往往都是社会中众多利益矛盾的轴心。劳资关系以劳资双方的利益分配为中心。彭杰、王瑶认为在劳资博弈中,各方依靠自身的实力,通过自治协商的方式对双方利益予以调整。但是,劳动者在自然的劳资博弈中处于劣势地位,需要国家对劳资利益关系的干预与矫正,以抑制用人单位一方利益最大化的倾向。[①] 李喜燕进一步分析劳动者在劳资利益关系中弱势地位的表现。其主要体现在劳资博弈中起

---

① 彭杰、王瑶:《我国当前劳资利益衡平模式研究》,《社会科学研究》2015年第3期。

点的不平等、过程的不平等与结果的不平等。① 汪新蓉则认为劳动者不仅在劳资利益关系中具有从属性,而且缺乏利益的组织化实现机制,利益表达分散,在劳资利益关系中处于弱势地位。②

劳资利益关系虽然存在矛盾与冲突,但是部分学者认为劳资利益也相互依存,进而强调在立法中重视劳资利益的平衡。李敏华、刘忠杰认为虽然劳动者在劳资利益博弈中处于天然的劣势,进而需要劳动法对劳资利益关系的干预与矫正。但是劳动法的干预与矫正应尊重"理性",矫枉过正将会导致利益的再次失衡。③ 苗连营、郑磊则指出立法是利益与资源分配的重要方式,法律正是为了协调与缓解利益冲突而存在。立法过程从实质上看,就是各种利益主体表达利益诉求,整合与平衡利益关系的过程。面对具有竞争关系的多种利益,立法需要依据一定的利益衡量方法,在厘清利益性质的基础上,予以取舍;同时,还应在利益之间寻求平衡。④ 王秋梅借鉴《资本论》中马克思劳资利益关系理论,分析了劳资利益关系的特点,认为我国劳动实践更应合理平衡劳资利益关系。⑤ 张琳也认为法律制度的重要功能在于实现各方利益的平衡。这需要在尊重各方利益的基础上,合理划分利益界限,进而明确各方的权责。在劳动法领域,对劳动者利益的保护适用倾斜性保护原则,但是倾

---

① 李喜燕:《实质公平视角下劳方利益倾斜性保护之法律思考》,《河北法学》2012年第11期。
② 汪新蓉:《劳资关系中的劳动者权利保护路径研究——以利益组织化为分析视角》,《社会主义研究》2015年第2期。
③ 李敏华、刘忠杰:《劳资利益博弈之理性——以劳动合同解除为例》,《社会科学家》2008年第8期。
④ 苗连营、郑磊:《立法的偏颇及其矫正——以〈劳动合同法〉为分析考察对象》,《学习与探索》2010年第3期。
⑤ 王秋梅:《〈资本论〉利益理论与当代和谐劳资利益关系的构建》,《广西师范大学学报(哲学社会科学版)》2012年第4期。

斜性保护应当适度,应以利益平衡为最终目标。①

然而,当前我国劳动法采用的劳动者一体保护机制,侧重于对劳动者利益的倾斜性保护,而较少关注劳资利益的平衡,对劳资利益的矫枉过正使得劳资利益再次失衡。李敏华、刘忠杰强调,为解决利益冲突,立法应重视制度性利益冲突解决机制的构建。当前我国现行劳动立法在劳资利益关系中呈现出一边倒的缺陷,存在对劳动者利益的过度保护,进而引发劳资利益的失衡,对雇主规避劳动法的适用形成激励制度,违背了立法在调整劳资利益关系中应该具有的理性。为实现立法对劳动者保护的理性,应矫正当前立法,仅以劳动者在劳资利益关系中的从属性作为唯一评判标准。劳资利益关系中劳动者的从属性虽具有客观性,但也具有相对性,在对其保护中,应注意保护的程度与边界。对劳动者的保护,也应屈从于劳资共同利益。② 苗连营、郑磊③和彭杰、王瑶④也认为在《劳动合同法》出台后,其实施效果不理想,原因在于劳动合同法的立法中存在着利益的失衡。易森等则进一步指出,当前劳资利益关系存在失衡,尤其表现在工资、工时和劳动强度方面。应以共享发展为改革的理念,从宏观、中观到微观进行结构调整,以实现对失衡的劳资利益关系的矫正。⑤ 针对当前劳动法劳动者一体保护机制中利益的失衡,并由此导致的很多具体问题,学界越来越重视运用利益平衡理论,对既有

---

① 张琳:《劳动法"倾斜保护原则"研究》,西南政法大学2021年博士学位论文,第106页。
② 李敏华、刘忠杰:《劳资利益博弈之理性——以劳动合同解除为例》,《社会科学家》2008年第8期。
③ 苗连营、郑磊:《立法的偏颇及其矫正——以〈劳动合同法〉为分析考察对象》,《学习与探索》2010年第3期。
④ 彭杰、王瑶:《我国当前劳资利益衡平模式研究》,《社会科学研究》2015年第3期。
⑤ 易森等:《共享发展何以可能:一个劳资利益失衡纠偏的视角》,《当代经济研究》2017年第7期。

制度予以矫正。如潘峰将其运用到劳动者隐私权保护的边界确定之中;①范晶波将其用于指导劳动监察制度的完善之中;②王丽娟、王莹将其运用到实习生劳动者身份的认定之中;③沈同仙将其运用到解雇保护制度的改革之中;④等等。

综上,当前劳动法劳动者一体保护机制,存在灵活性不足的问题,从本质上看,源于劳动者一体保护机制在利益调整中的失衡。部分学者的研究虽然强调了劳动者保护中劳资利益平衡的重要性,但是在具体实现劳资利益平衡的路径上,学界缺乏深入的研究。为此,为消弭现行劳动者一体保护机制的不足,本书重点对具有特殊性的农业领域,如何构建劳资利益平衡的劳动者保护机制,进行研究。

三、研究设计

(一) 研究思路

针对农业产业化背景下农业劳动形式的变化,本书引入利益衡量理论,在检视现行一体保护机制的立法疏失的基础上,依据利益衡量的分析,重构农业劳动者保护机制,建立农业劳动者分类保护机制,以实现农业劳动者利益的合理保护与农业领域劳资利益的平衡。本书具体分六章进行分析(如图所示)。

第一章对理论基础的研究。本书所采用的基础理论为"利益衡量理

---

① 潘峰:《论劳动者隐私权的法律保护:一个分析框架》,《河北法学》2008年第7期。
② 范晶波:《我国政府应对劳资冲突的法律机制研究——劳动监察的介入定位与制度创新》,《江苏社会科学》2012年第1期。
③ 王丽娟、王莹:《高校实习生劳动权益保护的二元法律构造》,《学海》2014年第6期。
④ 沈同仙:《〈劳动合同法〉中劳资利益平衡的再思考——以解雇保护和强制缔约规定为切入点》,《法学》2017年第1期。

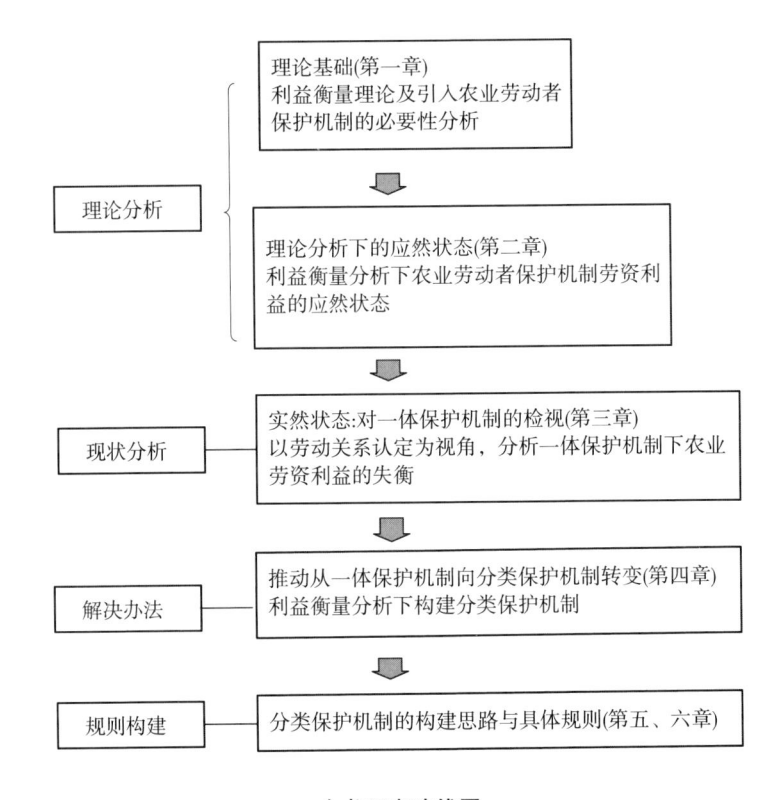

```
理论分析 ┬─ 理论基础(第一章)
         │  利益衡量理论及引入农业劳动者
         │  保护机制的必要性分析
         │         ↓
         └─ 理论分析下的应然状态(第二章)
            利益衡量分析下农业劳动者保护机制劳资利
            益的应然状态
                   ↓
现状分析 ── 实然状态:对一体保护机制的检视(第三章)
            以劳动关系认定为视角,分析一体保护机制下农业
            劳资利益的失衡
                   ↓
解决办法 ── 推动从一体保护机制向分类保护机制转变(第四章)
            利益衡量分析下构建分类保护机制
                   ↓
规则构建 ── 分类保护机制的构建思路与具体规则(第五、六章)
```

本书研究路线图

论",本章在解析该理论的同时,对"利益衡量理论引入农业劳动者保护机制的必要性"进行分析。

第二章对理论分析下的应然状态进行研究。即将利益衡量理论引入农业劳动者保护机制的利益分析之中,分析应然的利益选择路径,以实现符合利益衡量要求的农业劳资利益应然状态。

第三章以实证方法对现状(实然状态)进行分析。以劳动关系的认定为切入点,实证分析农业劳动者就业利益的保护现实情况,揭示出一体保护机制下农业劳资利益失衡的现状,进而检视与反思当前一体保护机制存在的不足。

第四章是对解决方法的探讨。针对现行一体保护机制下农业劳资利益的失衡,有必要在利益衡量方法的指引下,重构农业劳动者保护机制,建立劳动者分类保护机制,推动农业劳动者保护机制从一体到分类的转型。

第五章、第六章是规则的构建。即基于利益衡量理论,对如何构建农业劳动者分类保护机制进行研究。其中,第五章对利益衡量视角下,构建农业劳动者分类保护机制的逻辑思路予以探讨。而第六章,则在第五章确定的构建思路基础上,进一步探讨农业劳动者分类保护机制的规则构建。

(二) 研究方法

本书对利益衡量视角下农业劳动者保护机制的研究中,运用到了以下的研究方法:

第一,比较法学的研究方法。相较于我国缺少对农业劳动者具体保护规定的立法现状,其他国家或地区对农业劳动者的劳动法适用,有着明确、具体的规定。分析并批判借鉴其他国家和地区农业劳动者保护的法律文本,对完善我国农业劳动者的劳动法保护具有重要的意义。

第二,法学案例分析的方法。自最高人民法院力推裁判文书上网公开制度以来,海量裁判文书数据的公开,为各类人员从事法学研究提供了丰富的实证研究素材。为了研究当前农业劳动者的就业利益保护情况,本书以劳动关系认定为视角,收集了"中国裁判文书网"中839份判决书进行统计分析。通过对裁判文书的统计,了解司法实践中农业劳动者的劳动关系认定情况,探明当前农业产业化背景下农业劳动者就业利益保护现状,进而分析一体保护机制下农业劳资利益关系的平衡情况。并进一步梳理裁判观点,识别裁判思路,剖析同案不同判的裁判背后的分歧根源,为理论分析与制度构建提供现实依据。

四、主要创新之处

在既有研究成果的基础上,本书可能的创新主要体现在以下三个方面:

第一,立足于中国农村场域和农业行业特殊性,对农业劳动者保护机制进行研究,为革新现行以调整工业"福特制"用工为主的劳动法规定,进而构建小农经济背景下的中国本土化农业劳动法规则,提供了可行性意见。同时,将研究对象聚焦于农业产业化进程中农业劳动者的保护,突破了学术研究壁垒,拓展了理论界对特殊性劳动者的关注视野,弥补了理论界对这一特殊劳动者研究的不足,有利于农业劳动者体面劳动的实现。

第二,针对当前理论界对劳动者分类保护法理基础研究的不足,本书引入利益衡量理论,对农业劳动者分类保护机制构建的合理性及路径进行研究,为学界劳动者分类保护研究,探索出一个新的视角,提供了一个新的理论依据和方法论依据。

第三,将作为法学基础理论的利益衡量理论,适用于中国农业领域的劳动法治建设,不仅是对立法领域利益衡量研究的强化[1],也是将抽象的利益衡量理论,具体化、实践化与本土化的过程。这一过程将推动利益衡量理论自身的发展与完善。

---

[1] 理论界既有研究集中于司法方法论中利益衡量的研究,立法制度中利益衡量的研究略显薄弱。

第一章 利益衡量理论及引入农业劳动者保护机制的正当性

第一节 利益衡量理论的解析

一、利益衡量理论的历史溯源

利益衡量理论发轫于德国的自由法运动时期,是在反对概念法学和针砭形式主义症结的基础上产生的。① 其后,该理论受利益法学和社会法学的推动而得到了长足的发展。

在19世纪,欧洲各国法典化运动兴起,概念法学反对自然法学,而追慕实在法。其主张法典内部的自给自足,司法机关仅需对法律条文的推理与适用,解决现实纠纷,而不需考量立法目的、衡量法律价值。对此,1948年,德国学者基希曼在《论作为学术之法学的无价值》中,对概念法学进行了批判。而后,鲁道夫·冯·耶林在《论买卖契约之危险负担》中指出不计法律后果而一味地顺应法条,"是无价值的事情"。② 以这一有名的"耶林的转向"事件为起端,他从支持概念法学转变为反对

---

① 余净植:《"利益衡量"理论发展源流及其对中国法律适用的启示》,《河北法学》2011年第6期。
② 吴从周:《概念法学利益法学与价值法学:探索一部民法方法论的演变史》,中国法制出版社2011年版,第6页。

概念法学,对它的不足进行了批评。① 耶林进一步在《法律的目的》中指出"目的是法律的创造者",而所谓的目的即是指利益。② 其后,随着《德国民法典》的出台,概念法学无法解决的现实问题越来越多,进而导致依靠法典实现自给自足的理想无法实现。据此,为弥补概念法学的缺陷,菲利普·赫克等学者推崇耶林的观点,在德国兴起了利益法学的思潮。赫克对耶林的"目的(即利益)是法律的创造者"这一思想,进行了进一步的深入研究。他将法律规范与生活相联系,认为生活利益才是法律的根本,法律应对社会生活现实予以回应,这种回应应当优先于法律逻辑。③ 他进一步提出了"利益冲突理论",针对耶林思想的缺陷,通过利益划分的方法予以解决。认为法律就是对利益冲突的解决,在面对有冲突的利益选择中,对优势利益的优先保护。④ 德国利益法学以利益为中心,为司法机关结合现实生活作出正确判决提供指引。第一,司法机关在判决时,不应拘泥于法律的字面意思,而应探究法律背后的利益评价,依据利益评价情况进行利益衡量。尤其是在法律出现漏洞的情况下,司法机关应对法律意欲保护而未保护的利益予以保护。可见,利益法学为解决法律漏洞提供了方法论。第二,要求司法机关尊重制度利益选择,必须遵守立法中确定的利益评判思路,来解决现实中的利益冲突。申言之,立法中的利益评价应成为司法机关利益衡量的重要掣肘条件。⑤ 对于利益法学,卡尔·拉伦茨曾评价其通过对利益本身的衡量,取代了法律规定中刻板的法律推理,是司法适用领域重要的方法

---

① 梁上上:《利益衡量论》,北京大学出版社 2021 年版,第 20 页。
② 梁上上:《利益衡量论》,北京大学出版社 2021 年版,第 23 页。
③ 梁上上:《利益衡量论》,北京大学出版社 2021 年版,第 24 页。
④ 菲利普·赫克:《利益法学》,傅广宇译,《比较法研究》2006 年第 6 期。
⑤ 周杰:《环境影响评价制度中的利益衡量研究》,武汉大学 2012 年博士学位论文,第 114 页。

论革命。

在美国,与利益法学的思想类似,霍姆斯作为实用主义者,反对概念法学。作出了"法律的生命在于经验而非逻辑"的论断。而美国大法官卡多佐则认为,司法者不应停留于法律推理之中,而应为利益衡量的结论寻找合理的依据。同时,杰罗姆·弗兰克也对逻辑崇拜主义展开了批判。① 而美国社会法学奠基人罗斯科·庞德,其思想受到耶林的利益思想的影响②,也认为法律作为一个控制方式,对社会中大多数人的利益产生了重要影响。进而指出法律为实现法律秩序的维持,应当对特定利益予以确认,并为利益确定保护范围。③ 庞德还进一步制作了精细的利益列表,将利益区分为个人利益、公共利益与社会利益。④ 庞德强调通过经验来实现法律理性⑤,同时重视法律制定中对各方利益的衡量与权衡,以最小的成本实现利益方案效益的最大化,并将社会公共利益置于优先保护的位置。⑥ 此外,在美国,大法官理查德·A.波斯纳,也认同霍姆斯的思想,认为司法者应根据具体情况作出合理的裁判,将"财富最大化"等重要标准作为衡量与选择的依据。⑦

在日本,由于机械模仿西方民法典以建构本国民法典,进而引发了作为舶来品的法典与本国传统思想、价值观脱节的问题。为解决这一问

---

① 梁上上:《利益衡量论》,北京大学出版社 2021 年版,第 31 页。
② 罗斯科·庞德:《法理学》,廖德宇译,法律出版社 2007 年版,第 13 页。
③ 罗斯科·庞德:《通过法律的社会控制》,沈宗灵译,商务印书馆 2010 年版,第 39 页。
④ 罗斯科·庞德:《通过法律的社会控制》,沈宗灵译,商务印书馆 2010 年版,第 41—47 页。
⑤ 周杰:《环境影响评价制度中的利益衡量研究》,武汉大学 2012 年博士学位论文,第 18 页。
⑥ 张辰:《自然保护区立法中的利益衡量研究》,吉林大学 2019 年博士学位论文,第 103 页。
⑦ 理查德·A.波斯纳:《法理学问题》,苏力译,中国政法大学出版社 2005 年版,第 168 页。

题,部分学者提出了利益衡量理论,将其作为解决该问题的一种重要方法。① 而学者加藤一郎和星野英一则成为将利益衡量适用于民法解释的重要人物,推进了自由法学向利益衡量论的发展进程。② 加藤一郎指出实质的利益衡量要考量"形式理由的附加",即法规之外的包括法学理论在内的广泛的法。③ 其作用在于检验结论的妥当性,明确结论的适用范围,增强结论的说服力。④ 而星野英一则提出"利益考量论",将利益衡量和价值评判作为判断民法解释是否正确的最终方法。⑤ 两位学者的观点并不仅仅是一个探究立法者利益态度的法律漏洞填补的方法,而是认为司法机关在作出判决时,不可避免地存在利益衡量,尤其是当其面对两种可选择的法律解释方案时,最终作何判断,不是源于法律本身的规定,而是由法律之外的因素所决定,具体取决于司法机关的利益选择。即先从一个常人的视角,对案件涉及的利益关系予以权衡与选择,而后在法律中寻找支持利益选择结果的法律依据。⑥ 在中国,利益衡量理论于20世纪90年代,由梁慧星教授从日本引入中国民法领域。⑦

二、利益衡量的内涵与特点

利益衡量理论被理论界广泛运用于民法、经济法、行政诉讼、刑事诉

---

① 李璐:《论利益衡量理论在民事立法中的运用:以侵权立法为例》,中国政法大学出版社2015年版,第45—46页。
② 段匡:《日本的民法解释学》,复旦大学出版社2005年版,第260页。
③ 梁上上:《利益衡量论》,北京大学出版社2021年版,第41页。
④ 段匡:《日本的民法解释学》,复旦大学出版社2005年版,第263页。
⑤ 张利春:《日本民法中的利益衡量论研究》,山东大学2008年博士学位论文,第67页。
⑥ 王婷:《论我国环境司法中的利益衡量》,武汉大学2011年博士学位论文,第104页。
⑦ 梁慧星:《电视节目预告表的法律保护与利益衡量》,《法学研究》1995年第2期。

讼等多个领域,但是理论界对于利益衡量理论中利益衡量的理解并不相同。综合理论界既有学说观点,利益衡量可以从司法利益衡量和立法利益衡量两个层面予以界定:

(一) 司法利益衡量的内涵和特点

利益衡量理论起源于利益法学对概念法学的批判,其强调法官在法律解释中对案件背后实质利益的评价。故而,理论界大部分学说都是围绕司法利益衡量的内涵予以展开。

第一,法律解释说认为司法利益衡量是一种法律解释的方法论。法律解释说的典型代表人物是日本学者加藤一郎和星野英一[①]以及德国法学家卡尔·拉伦茨。[②] 加藤一郎的利益衡量论认为,法官对民法的解释方法由利益衡量所决定。当存在 A、B 两种解释方案时,法官应超脱既有的法律规范,基于一定的法则对客观事实所涉之利益关系予以评判,进而对解释路径予以选择。[③] 而德国法学家卡尔·拉伦茨则将司法利益衡量界定为,法官依据具体案件中法益的重要性,对其予以衡量的活动。[④]

第二,验证方法说认为司法利益衡量是一种验证或论证法律解释是否具有妥当性的方法。持该说的学者为梁慧星教授和王利明教授,但是两位教授对于司法利益衡量的理解略有不同。其一,对于利益衡量,梁慧星教授认为,利益衡量是指司法审判中,裁判者查明案件事实后,在综合评判案件的具体情况的基础上,对案件涉及的利益关系予以权衡,进

---

① 李璐:《论利益衡量理论在民事立法中的运用:以侵权立法为例》,中国政法大学出版社 2015 年版,第 75 页。
② 杨烁:《立法过程中的利益衡量研究》,法律出版社 2010 年版,第 31 页。
③ 梁慧星:《民法解释学》,法律出版社 2022 年版,第 272 页。
④ 卡尔·拉伦茨:《法学方法论》,黄家镇译,商务印书馆 2020 年版,第 159—175 页。

而基于实质判断再回溯到法律中寻找法律依据的过程。① 梁慧星教授尤其强调利益衡量是一种可以结合法律条文,验证法律解释妥当性的方法。其二,对于利益衡量,王利明教授虽然将其定义为:裁判者为解决案件的利益冲突,而对社会利益、个体利益等多方利益进行权衡,以实现利益平衡和公平正义的方法。② 然而,王利明教授又着重强调了,利益衡量仅是附属于法律解释方法的验证方法与论证方法。利益衡量的主要功能在于辅助和平衡裁判者适用狭义法律解释方法,进而实现对解释结论正当性的论证与检验。王利明教授认为,利益衡量仅为一种论证方法,而并不认同其属于一种法律解释方法;利益衡量也不是法律漏洞填补方法,只有与其他法律解释方法结合,才能实现漏洞填补功能;利益衡量仅是一种对其他法律解释方法具有附从性的论证方法。③

第三,价值判断说认为司法利益衡量的本质在于价值判断。杨仁寿教授将利益衡量释义为:裁判者在解释法律意思时,应超越僵化的法律规定,考量立法者在制定法律时对各方利益关系的价值判断,并据此对法律加以解释。若对法律条文所做的解释仅有一种,则应加以遵守;当解释有多种时,裁判者须综合考量法律适用的环境,考量立法者面对现今的利益变化时,可能的法律意思。④ 杨仁寿教授透过表面而探寻利益衡量的本质,认为其属于一种价值判断。⑤ 且重点强调了对这种价值判断的考量,是置身于法律秩序内,对立法者价值判断的考量。⑥ 在此基础上,有学者也进一步强调法律上确定的制度利益应构成解释方法意义

---

① 梁慧星:《裁判的方法》,法律出版社 2021 年版,第 343 页。
② 王利明:《法律解释学导论:以民法为视角》,法律出版社 2009 年版,第 639 页。
③ 王利明:《法律解释学导论:以民法为视角》,法律出版社 2009 年版,第 646—649 页。
④ 杨仁寿:《法学方法论》,中国政法大学出版社 2013 年版,第 221—222 页。
⑤ 杨仁寿:《法学方法论》,中国政法大学出版社 2013 年版,第 222 页。
⑥ 杨炼:《立法过程中的利益衡量研究》,法律出版社 2010 年版,第 31—32 页。

第一章 利益衡量理论及引入农业劳动者保护机制的正当性

上的利益衡量的限制。①

以上三种学说虽观点各异,但亦有共通与交叉之处,都强调利益衡量在司法适用中与法律解释的密切关系。梁慧星教授对利益衡量作为验证方法的强调,建立在对司法利益衡量界定为法律解释方法的基础上。而价值判断说,则是在法律解释说基础上,进一步强调法律解释的过程中需要遵循的价值判断。对于司法适用中利益衡量的内涵,本书比较认可陈金钊教授的观点,认为利益衡量是司法机关在审判过程中,综合"社会环境、经济状况、价值观念"等具体情况,对案件中具有冲突关系的利益予以评价、选择与取舍,作出具有合理性的法律解释,并且可以从法律系统中找寻到对应的法律依据,以论证和支持该法律解释妥当性的活动。② 这一定义建立在吸收和包容了前述几种思想的基础上③,具有合理性。

对于司法利益衡量,其兼具以下的特点:第一,司法利益衡量适用的前提在于,案件存在利益冲突,且既有法律因法律漏洞的存在或法律规定的不确定性,无法对利益冲突予以解决。④ 第二,司法利益衡量的重点在于对具有冲突关系的利益进行评判,这其中必然与裁判者的价值判断密切相关。第三,司法利益衡量属于法官对法的续造⑤,其适用须遵循既有法律规定。仅在既有法律秩序范围内,对立法者面对案件具体情况而可能的价值判断予以考量。⑥ 第四,司法利益衡量的主体是法官⑦,

---

① 劳东燕:《法益衡量原理的教义学检讨》,《中外法学》2016 年第 2 期。
② 陈金钊:《法理学》,山东大学出版社 2008 年版,第 520 页。
③ 房广亮:《我国利益衡量司法应用研究》,山东大学 2017 年博士学位论文,第 74 页。
④ 张斌:《利益衡量论——以个体主义方法论为视角的现代立法研究》,海天出版社 2015 年版,第 4 页。
⑤ 张涛:《利益衡量:作为民事立法的方法论选择》,《东南学术》2012 年第 4 期。
⑥ 胡玉鸿:《关于"利益衡量"的几个法理问题》,《现代法学》2001 年第 4 期。
⑦ 郑金虎:《司法过程中的利益衡量研究》,山东大学 2010 年博士学位论文,第 18 页。

其适用的目标在于实现个案正义。① 第五,司法利益衡量是一种重要的法律解释方法与验证方法。正如梁慧星教授所言,司法方法论意义上的利益衡量不同于法律三段论的逻辑推理。其并非是将法条作为大前提,而后加入案件事实这一小前提,进而推理裁判结果。而是预先根据案件中利益的价值,作出优先保护利益的选择,而后再回归法律寻找依据,进而为利益衡量的预先结论提供正当性支撑。若找到对应的支撑规定,则依然根据法律三段论,推导裁判结论;若未找到,则应反思利益衡量的合理性。②

(二) 立法利益衡量的内涵和特点

除了上述学说之外,部分学说不仅强调利益衡量在司法适用中的重要作用,也强调了利益衡量在立法中的重要作用。这些学说对利益衡量的界定超越了司法适用领域,而将立法领域也纳入其中。第一,利益选择说认为,利益衡量是主体对相冲突的利益关系的选择。对于司法利益衡量,利益选择说认为裁判者应对具体案件中具有冲突关系的利益予以分析进而予以选择和取舍。③ 对于立法利益衡量,该说则认为需要通过利益的识别、比较、评判与选择,才能最终完成衡量的过程。④ 第二,冲突解决说侧重于强调利益衡量是对利益冲突的平衡与协商。早在利益衡量理论产生之初,菲利普·赫克就认为,法律是对社会关系中的利益

---

① 李璐:《论利益衡量理论在民事立法中的运用:以侵权立法为例》,中国政法大学出版社 2015 年版,第 69 页。
② 梁慧星:《裁判的方法》,法律出版社 2021 年版,第 344—345 页。
③ 李秀群:《司法过程中的利益衡量》,陈金钊、谢晖:《法律方法》(第 12 卷),山东人民出版社 2012 年版,第 393—394 页。
④ 李璐:《论利益衡量理论在民事立法中的运用:以侵权立法为例》,中国政法大学出版社 2015 年版,第 80 页。

第一章　利益衡量理论及引入农业劳动者保护机制的正当性

冲突,内容确定且具有效力的利益评价结果。① 他进一步指出,法官在法律解释中需要探究法律的目的,进而运用合理的法律解释以平衡利益冲突。赫克主要对司法利益衡量的内涵予以表述,而后,有学者进一步将冲突解决说运用到立法领域,主张无论司法领域还是立法领域的利益冲突,都需要运用利益衡量加以协商和平衡。立法利益衡量对利益冲突的解决表现为法律规则的制定,而司法利益衡量对利益冲突的解决则表现为法官合理的法律解释的作出。②

利益衡量,不仅是一种法律适用的方法论,也是一种立法的方法论。罗斯科·庞德的社会法学理论,以"利益理论"为理论核心,就对法律在协调与整合各种利益冲突中的重要作用作了强调。③ 法律作为分配与协调各方利益的规范制度,在立法过程中,一方面,应在利益识别的基础上,对各方利益的性质进行分析,依据价值位阶对利益予以选择、取舍,进而决断利益保护的先后次序;另一方面,为实现各种利益之间均衡,需要平衡与整合各方利益关系,进而纾解利益矛盾。庞德进一步指出,为确定法律的普遍性、确定性,必须在法律中建立一般标准,超越司法利益衡量中的一事一议。④ 这是解释方法意义上之利益衡量,上升为法律意义上之利益衡量的重要原因。

对于立法利益衡量,有观点明确将其界定为立法者在立法进程中,依据一定的标准和程序,对多种利益予以识别和选择,以实现利益平衡

---

① 吴从周:《概念法学利益法学与价值法学:探索一部民法方法论的演变史》,中国法制出版社2011年版,第249页。
② 李璐:《论利益衡量理论在民事立法中的运用:以侵权立法为例》,中国政法大学出版社2015年版,第82—86页。
③ 董保华:《社会法原论》,中国政法大学出版社2001年版,第1页。
④ 阎天:《美国劳动法的诞生》,中国民主法制出版社2018年版,第113页。

的活动。① 这一界定侧重于从利益选择的视角对利益衡量予以定义,同时也突显了利益衡量的目标在于解决利益冲突、平衡利益关系。但是该定义缺乏对立法者在利益衡量中利益选择的方法的表述。故而,本书认为立法利益衡量,是指法律的制定过程中,在准确识别各种利益的基础上,基于利益的价值权衡、经济权衡与综合平衡等方法,对利益予以选择与取舍,以实现利益平衡和利益最大化的过程。

与司法利益衡量不同,立法利益衡量具有以下特点:首先,从利益衡量的主体看,利益衡量的主体为国家立法机关,利益衡量的发生时间是在国家立法过程中。这与司法利益衡量的主体为法官,利益衡量时间是在个案审判过程中,有所不同。其次,从利益衡量的客体看,立法中利益衡量的利益,属于群体性利益、一般性利益、抽象性利益,且往往是影响人们生产、生活的基本性利益、重要性利益,如生存利益。这些重要的利益,需要通过立法的形式,对利益予以确认与保护。而司法中的利益衡量所涉及的利益,具有具体性与个体性,往往是制度利益以外的未做分配的利益关系,或是未做准确界定的利益关系。再次,从利益主体的表达机制看,立法中立法者基于利益衡量作出利益选择与取舍之前,都广泛征求利益主体的意见,为利益主体建立健全了法定的利益表达程序,使得立法者可以做到对各种利益的准确识别,进而为进一步的利益选择提供了基础。② 然而,司法利益衡量中,对利益的识别与选择,欠缺法定的利益表达机制,欠缺利益主体的广泛参与,需要实践中裁判者主观能动性的发挥。③ 最后,与法律适用方法论的利益衡量不同,立法中适用

---

① 张斌:《利益衡量论——以个体主义方法论为视角的现代立法研究》,海天出版社2015年版,第5页。
② 杨炼:《论现代立法中的利益衡量》,《时代法学》2010年第8期。
③ 何锦强:《食品安全责任强制保险的制度构建:基于利益衡量理论的分析》,西南财经大学2019年博士学位论文,第19页。

利益衡量,是法律体系内部的自我完善,是法律内部对先前未做分配利益的分配与调整,或对已做分配利益的修正。不同于司法适用通过利益衡量实现个案正义的目的,立法中适用利益衡量的目的,在于实现某类利益关系的制度正义。通过法律规定的自我完善,完成某一利益关系的立法创新。在既有法律规定外,创设例外法律规定,实现该类利益关系在绝大部分情况下的实质正义。

从各国法治实践看,利益衡量在不同国家中,适用情况有所不同。第一,在判例法国家,如美国,往往基于其自身的法治国情,将利益衡量作为一种司法适用方法加以运用。依赖于法官自身的司法素养,沿着"社会生活——法律判决"这一衡量路径,追求法治实践中的动态利益平衡,而非静态平衡。第二,在成文法国家,如德国,则通过法律制度的自我完善与创新,推动利益向法益的转化,进而实现法律对利益关系的调整;同时,也重视司法适用中利益衡量作为方法论的必要性。申言之,其沿着"法律制度——社会生活——法律制度"的路径,实现法律制度对利益关系的统合。①

本书对利益衡量理论的运用,主要将利益衡量适用于立法领域,将其运用于劳动法之农业劳动者保护机制的构建分析之中。农业产业化背景下,农业劳动者的劳动法保护机制,涉及到农业劳资利益的冲突与平衡。运用利益衡量理论,对农业用工领域的利益关系予以识别、选择,进而构设合理的农业劳动者保护机制,是本书的研究目的所在。

三、利益衡量立法适用的必要性

利益衡量是法律适用的重要方法,也是一种实现立法正义的方法。

---

① 李蔷:《劳动合同解除中的法益平衡研究》,吉林大学 2022 年博士学位论文,第67页。

促进司法利益衡量向立法利益衡量的发展,有利于确立普适性利益关系的一般性调整标准,超越和克服个案利益衡量中裁判的不确定性。具体而言,立法利益衡量适用之必需性,大致可以囊括为以下几个方面:

第一,立法中利益衡量的适用,源于司法利益衡量的缺陷。司法适用中的利益衡量,通过司法机关裁判权的行使,实现个案中利益的识别与选择,最终实现对案件当事人利益的分配。然而,司法适用意义上的利益衡量存在的问题在于,如何对司法机关的利益衡量予以限制,以防止裁判权的肆意和滥用。虽然理论界力图通过对裁判程序的规范和限制,以实现司法利益衡量的公正性与合理性,进而杜绝司法任意性对法律制度的颠覆。但是利益衡量中蕴含的价值判断与利益选择,具有极强的主观性,无法如同演绎推理一般,推导出唯一而确定的答案。有观点就指出利益的多样性、法官利益选择标准的不确定性、利益选择结果验证的不准确性,是司法利益衡量难以限制司法裁量权的重要原因。[①] 此外,裁判者价值认知、个人背景、学识素养、关系背景等私人特质,均是司法利益衡量中影响公正性能否实现的要素。而进一步探寻司法利益衡量上述弊端的成因,则会发现,伴生于针砭概念法学的时代背景,以及异于立法机械调整方式而突出司法能动性的利益衡量的原始初衷,成为引致利益衡量无法达到公平与正义彼岸的重要原因。单方面强调利益衡量下司法能动性的发挥存在不足,立法中利益衡量的合理运用必不可少。立法利益衡量,通过利益衡量的程序与方法,对关系利益予以识别、选择与平衡,将一般性、群体性、重要性利益关系之调整标准,以立法的形式予以明文规定。相较于司法利益衡量,立法利益衡量具有了衡量结果的确定性、利益主体行为结果的可预测性特点,有利于实现

---

① 李璐:《论利益衡量理论在民事立法中的运用:以侵权立法为例》,中国政法大学出版社2015年版,第106—109页。

第一章　利益衡量理论及引入农业劳动者保护机制的正当性

法治的安定性。

第二，立法中利益衡量的适用，源于社会利益存在的分化与冲突。社会利益结构经历了从纵向一体化向横向多元化的发展进程。在计划经济时代，主体利益结构具有同一性与全局性，然而市场经济的发展，社会分工的扩大化与精细化，使得不同社会主体的利益产生分化。当今社会，利益主体具有多元性与分层性特点。囿于资源的有限性与稀缺性，碍于不同利益主体控制资源的差异性，利益主体对资源的争夺在所难免，进而衍生出利益冲突的广泛性与长期性特点。① 正如对象论在分析利益冲突产生原因时，就将其归咎于利益客体的有限性与供给的匮乏性。② 而在罗斯科·庞德看来，利益冲突产生的根源则在于利益主体之间，为实现各自不同利益需求而产生的竞争与矛盾。③ 马克思则直截了当地指出，利益冲突形成源于低下的生产力与日益增长的利益主体需求的矛盾。对于广泛存在的利益冲突，并非乏善可陈，而是推动社会进步的重要动力，具有一定的积极意义。因为人类活动的根源与核心在于满足自身利益需求、解决既有的利益矛盾，而人类通过自身劳动，追求利益满足、解决因资源匮乏引发利益矛盾的过程，也是实现利益的最大化、推动社会财富增长与促进社会进步的过程。这一过程对于社会而言，具有积极作用。对于利益冲突的积极意义，美国学者科塞还进一步指出，利益冲突是触发具有利益整合器功能的社会规范与法律制度发展与更新的源泉。④ 社会利益的分化与利益冲突不可避免，为实现法律制度对多

---

① 杨炼：《立法过程中的利益衡量研究》，法律出版社2010年版，第43页。
② 张玉堂：《利益论：关于利益冲突与协调问题的研究》，武汉大学出版社2001年版，第64页。
③ 罗斯科·庞德：《通过法律的社会控制》，沈宗灵译，商务印书馆2010年版，第36页。
④ 杨炼：《立法过程中的利益衡量研究》，法律出版社2010年版，第47页。

元化利益的合理调整,有必要在立法中适用利益衡量分析。

第三,立法中利益衡量的适用,源于利益衡量是法律制度实现利益冲突纾解和各方利益平衡的必要理论框架与分析方法。

面对社会利益的分化与冲突,法律作为一种社会控制方式,通过在立法中利益衡量的方式,实现了对具有冲突关系的利益的整合和平衡。如博登海默所言,法律的功用在于调整和纾解个体利益或社会利益冲突。① 科赛也认为,利益冲突可能会促进社会收益的增长,但是其实现的前提在于作为利益调节器的法律制度,全面地、有效地对社会中的利益进行了合理的管制与整合。② 黑格尔也强调国家是建构于宪法等法律制度之上的社会共同体,立法利益衡量是防止私人利益冲突导致社会衰败的关键。③

立法利益衡量,通过利益识别与选择,进而确定利益的调控与分配制度,为实现制度正义与社会和谐,提供了一种重要的方法论。法律制度作为社会控制手段,以不特定利益主体的利益为调整对象。一方面,法律制度通过利益衡量,对具有多元化的利益予以对比、取舍与整合,进而实现优势利益的优先保护,促使共同利益的形成与发展,完成冲突性利益的整合和平衡;另一方面,法律制度将利益衡量的结果确定下来,将各种利益关系合理地内化于法律规定之中,促使利益关系有序化的实现。同时,达到对利益主体行为加以规范的目的,将利益主体对利益的争夺限制在合法的范围内,并提高利益主体的行为后果的可预见性。

可见,立法利益衡量是缓解利益冲突和实现利益平衡的重要手段。利益衡量理论为法律实现利益调控提供了重要的理论框架与方法论指

---

① 博登海默:《法理学:法律哲学与法律方法》,邓正来译,中国政法大学出版社2017年版,第398页。
② 杨炼:《立法过程中的利益衡量研究》,法律出版社2010年版,第47页。
③ 杨炼:《立法过程中的利益衡量研究》,法律出版社2010年版,第46—48页。

导,具有十分重要的意义。一方面,利益衡量为其提供了理论基础与分析框架,指引立法者在满足各方利益主体利益诉求充分表达的基础上,对各种利益全面而准确地识别,进而对各种利益予以权衡与选择;另一方面,利益衡量为其提供了选择与整合各种复杂利益的具体方法。面对利益的多元化,应通过价值权衡分析、经济权衡分析和综合平衡分析的方法,对各种利益予以取舍与平衡。

四、利益衡量立法适用的衡量范围

所谓利益衡量在立法适用中的衡量范围,是指立法过程中应当对哪些利益予以衡量。[①] 立法中利益衡量范围的判断,主要是通过对利益性质的判断,进而认定其是否属于立法衡量的对象。通过立法利益衡量的过程,社会关系中的利益就转化为法益,由法律加以保护。法律制度都有其核心的制度利益需要保护。[②] 立法利益衡量的范围,就与法的制度利益密切相关。不同的法律,因属性与宗旨不同,具有的核心制度利益不同,利益衡量的适用范围也存在不同。对具有社会法属性的劳动法而言,美国学者罗斯科·庞德的利益"三分法"中对社会利益的提出,无疑为确定劳动法利益衡量的范围,提供了基础。

庞德在《通过法律的社会控制》一书中,将利益区分为个人利益、公共利益与社会利益三种类型。首先,个人利益具有私人利益的属性,是个体生存而必要的需求与愿望,构成一个人行为的动机。[③] 如个人通过劳动获取满足生存所需的工资报酬。庞德进一步将个人利益分类为人格上的利益、家庭关系中的利益和物质利益。其次,公共利益是社会发

[①] 杨炼:《立法过程中的利益衡量研究》,法律出版社2010年版,第50页。
[②] 梁上上:《制度利益衡量的逻辑》,《中国法学》2012年第4期。
[③] 董保华:《社会法原论》,中国政法大学出版社2001年版,第2—3页。

展中为不特定的成员所享有的整体利益。公共利益具有抽象性、整体性、公共性、内涵模糊性等特质。① 再次,社会利益是文明社会中维护文明社会正常秩序和活动而提出的具有普遍性的需要和愿望。现代社会中,社会利益包含了使每个社会成员的安全、自由等需求,都得以满足的要求。② 传统的利益"二分法"将社会分为两个场域,一个为市民社会,由个体之间的私人利益所构成;另一个为政治国家,由社会成员的整体利益所构成。在这种"二分法"下,社会利益仅被视同为公共利益中的一部分。庞德的社会法理论,则从中将社会利益独立出来,强调其重要性。从社会利益的形成看,市民社会与政治国家交互作用的过程中,彼此调整的利益相互影响,部分私人利益因涉及公共利益的保护而受到掣肘,成为了社会利益。申言之,社会利益是基于公共利益保护需求,在个人利益中独立出来的特殊领域。有观点进一步指出,社会利益属于中观利益,与宏观上的公共利益和微观上的个人利益相区别。作为社会利益属性的劳动者利益,即是因为其弱势地位,而难以在利益博弈中通过自身力量实现利益的平衡,而由国家公权力介入,对雇主行为予以限制。③

立法利益衡量范围中的利益,即法视野下的利益,具有普遍性、基础性与法定性的特点。④ 同时,立法利益衡量范围中的利益,随着时代的发展和社会生活的变迁,也具有一定的动态性与发展性的特点。⑤ 一方面,立法利益衡量的利益范围虽然不包括已做分配的制度利益,但是若

---

① 梁上上:《公共利益与利益衡量》,《政法论坛》2016 年第 6 期。
② 董保华:《社会法原论》,中国政法大学出版社 2001 年版,第 3 页。
③ 董保华:《社会法原论》,中国政法大学出版社 2001 年版,第 3—5 页。
④ 杨炼:《立法过程中的利益衡量研究》,法律出版社 2010 年版,第 56—57 页。
⑤ 制度利益与社会发展情况密切相关,随之产生和发展。梁上上:《制度利益衡量的逻辑》,《中国法学》2012 年第 4 期。

第一章 利益衡量理论及引入农业劳动者保护机制的正当性

时代的发展或社会的流变,已使得既有制度利益分配格局,无法适应社会现实,则需要打破既有的利益格局,将利益关系重新置于立法利益衡量的审视之下;另一方面,立法利益衡量的范围虽然一般不包括无群体性特点、无普遍性特点、无重大性特点的利益关系,但是此时不属于重大性或群体性的利益关系,在彼时则随社会的发展,可能成为立法利益衡量的对象。正如中国农业劳动者就业利益,在传统农业用工方式下,不具有群体性、重大性、普遍性特点,也未成为劳动法利益衡量与保护的对象。然而,在农业产业化、规模化发展的背景下,农业劳动者就业利益却具备了上述特点,需要纳入劳动法立法利益衡量的范围。

五、利益衡量立法适用的关键环节

利益衡量立法适用的关键环节,主要是指立法过程中的利益识别和利益选择两个环节。

(一)立法过程中的利益识别。利益识别是利益权衡的起始,通过全面分析各方利益事实,对具体社会关系中当事人利益的识别与考察,为立法者对利益的进一步评判与选择,提供基础。对利益的识别过程,是利益的发现过程。立法只有在全面而准确地收集、识别当事人各自存在的利益的基础上,才能对利益结构关系进行深入分析与合理统合。这是法律成为准确把握利益关系内在规律性的"利益的法"的客观要求。若未能全面、准确识别社会关系中的主体利益,将影响法律的客观性,有损于法律的公平与正义。[1]

(二)立法过程中的利益选择。利益选择环节是最为重要的利益评估综合环节。利益选择是指立法者在立法过程中,以利益最大化为原

---

[1] 张斌:《现代立法中的利益衡量》,吉林大学2005年博士学位论文,第37页。

则,对存在冲突的多元化利益进行比较、衡量、排序、选择与取舍的过程。① 对于利益选择,可以做以下理解:从适用前提看,必须以存在两个及其以上具有竞争关系的利益为基础;从适用目的看,利益选择是为了最终实现利益关系的整合与平衡;从适用的过程看,利益选择的行使,需根据合理的标准和程序进行利益的选择;从适用的结果看,利益选择与取舍结果,是形成一种新的利益状态。

利益选择的关键在于适用合理的利益衡量方法,对具有冲突关系的各方利益进行评价,并在此基础上对其进行比较、权衡与取舍。在立法的利益衡量中,立法者主要通过价值权衡分析、经济权衡分析和综合平衡分析三种方法,对各方利益予以选择与取舍,进而识别出最佳的利益调整方案。② 第一,价值权衡分析法也称法益顺位权衡法,主要是立法者依据一定的价值标准,对某一对象进行分析,进而依据利益的价值位阶,对利益进行选择与取舍的方法。第二,经济权衡分析法则主要是要求立法者在立法过程中依据成本与收益分析③,在实现一种利益的保护时,减少对另一方利益的损害。从经济的视野看,法律制度可以解析为一种社会控制机制,法律规定可以形成一种激励制度。④ 在法律制度的制定中,要求立法者遵从经济人理性,在立法中充分考量守法人的成本,以防止其成本过高而选择规避法律。第三,综合平衡分析法,强调利益衡量,不仅应实现对优势利益的保护,还应实现其他利益关系的平衡。⑤ 立法者在立法过程中应适用比例原则、整体利益最大化原则、合理差异

---

① 王丽:《地方立法利益衡量问题研究》,吉林大学2015年博士学位论文,第46页。
② 张斌:《现代立法中的利益衡量》,吉林大学2005年博士学位论文,第22页。
③ 张涛:《利益衡量:作为民事立法的方法论选择》,《东南学术》2012年第4期。
④ 张伟强:《利益衡量及其理论的反思——一个经济分析的视角》,《法学论坛》2012年第4期。
⑤ 金劲彪、郭人菡:《毕业实习大学生劳动权益保护的法理反思:基于各层次利益衡量的视角》,《教育发展研究》2020年第3期。

化原则,平衡各方的利益关系。

第二节 农业劳动者及其保护方式的概述

一、农业劳动者的内涵阐释

对于从事农业生产的人,域外其他国家主要将其称之为"农业工人"或"农业雇员"。而从我国立法采用的法律术语来看,对于从事农业生产的人,主要称之为农村劳动者①、农村承包经营户的受雇人②。从国家政府纬度看,全国农业普查的官方权威统计数据,在统计从事农业生产的人时,采用的概念是"农业从业人员"③"农业生产经营人员"④。中华全国总工会的官方网站,提及新农业发展中出现的农业领域工资性劳动者,使用的是"农业产业工人"的表述。⑤ 而中国人力资源和社会保障部组织编制的《中华人民共和国职业分类大典》中,"农林牧渔业生产及辅助人员"属于八种职业分类的第五大类。⑥ 这一大类又可细分为6个中类、24个小类、52个职业。

---

① 劳动部《关于贯彻执行〈中华人民共和国劳动法〉若干问题的意见》第4条。
② 《最高人民法院关于审理劳动争议案件适用法律问题的解释(一)》(法释〔2020〕26号)第2条;原《最高人民法院关于审理劳动争议案件适用法律若干问题的解释(二)》(法释〔2006〕6号)第7条。
③ 参见中国政府网:《第二次全国农业普查主要数据公报(第二号)》,https://www.gov.cn/govweb/gzdt/2008-02/22/content_897216.htm。
④ 参见中国政府网:《第三次全国农业普查主要数据公报(第五号)》,https://www.gov.cn/xinwen/2017-12/16/content_5247683.htm。
⑤ 参见中华全国总工会官网:《全总驻和顺扶贫工作队助推当地脱贫摘帽》,https://m.acftu.org/xwdt/ghyw/202008/t20200831_242571.html?bsh_bid=5947844616&7OkeOa4k=qAcJcqrDp9RDp9Rdp7FaudGvi12EmD93uvMaCFG5RqaqqqqqqqqqqqqpG。
⑥ "农林牧渔业生产及辅助人员"即指从事农林牧渔业生产活动和辅助生产的人员。参见国家职业分类大典修订工作委员会:《中华人民共和国职业分类大典》,中国劳动社会保障出版社2015年版,第249页。

从理论界看,学者对从事农业生产的人,使用的概念也并不统一。主要有农业劳动者、农村劳动者、农民、农业工人、农业雇工、新型职业农民等概念。用语的混乱,一方面,源于学者研究的概念外延的不一致。如农村劳动者,重点强调劳动的地域环境为农村。又如农民,主要指以自给自足为目的进行劳动的农业生产者。而农业雇工、农业雇农、农业雇员、农业工人、农业劳动者这几个概念,主要指向以劳动换取收入报酬的农业劳动者。另一方面,用语使用含混的重要原因在于,学者归属学科的不同。[1] 如农业雇工、农业雇农、农业雇员、农业工人、农业劳动者,这几个皆指向农业工资性劳动者的概念,就因研究学科的不同而形成概念的差异。第一,农业雇工、农业雇农。农业雇农这一概念常被从事中国古代、近代农业雇佣研究的学者所适用[2],强调传统中国农业雇佣领域中受习惯法调整的古老群体。部分学者在研究农业领域的雇佣关系时,则将其归入民法进行调整。[3] 而农业雇工这一概念,通常被经济学或管理学学者所使用。[4] 但农业雇工、农业雇农在本质和外延上相同,指向以劳动力换取工资报酬的劳动者,既包括长期性农业雇工,也包括

---

[1] 当前对该领域进行研究的学科主要有:农业经济学、管理学、劳动经济学、法学等。
[2] 尚海涛、龚艳:《农业雇佣习惯法的渊源探析》,《甘肃政法学院学报》2010年第4期。
[3] 郑尚元:《民法典制定中民事雇佣合同与劳动合同之功能与定位》,《法学家》2016年第6期。宋夏瀛洁、李西霞:《民法典编纂应回应现实关切——使雇佣合同与劳动合同规范化与体系化》,《河北法学》2017年第4期。
[4] 鲁先凤:《中国现阶段农业雇工的特征与成因简析》,《理论月刊》2008年第12期;纪晓岚、程秋萍:《职业分化视角下"有地居民"的身份认同——基于NL村的调研》,《理论月刊》2015年第12期;向倩雯:《农村空心化背景下的农业雇工现状与特征简析》,《中国农业资源与区划》2016年第11期;王颜齐等:《土地规模化流转背景下农业雇工受雇意愿及影响因素分析》,《农业现代化研究》2017年第3期;陈昭玖、胡雯:《农业规模经营的要素匹配:雇工经营抑或服务外包——基于赣粤两省农户问卷的实证分析》,《学术研究》2016年第8期;向云等:《老龄化、兼业化、女性化对家庭生产要素投入的影响——基于全国农村固定观察点数据的实证分析》,《统计与信息论坛》2018年第4期;黄宗智等:《没有无产化的资本化:中国的农业发展》,《开放时代》2012年第3期;严海蓉、陈义媛:《中国农业资本化的特征和方向:自下而上和自上而下的资本化动力》,《开放时代》2015年第5期。

短期性农业雇工,且尤其以临时性、季节性的短期农业雇工居多。第二,农业工人。通常这一概念在两种研究中使用:一是为管理学、经济学所适用①,将其界定为本身不占有生产资料,在农业领域从事农产品生产劳动,并以此获取工资性收入的劳动者;②二是为从事比较法研究的学者所使用,如部分学者在翻译国外立法中的农业劳动者时,也直接将其翻译为农业工人。③ 此外,从事比较法研究的学者,有时也将农业工资性劳动者称之为农业雇员,源于国外通常将劳动主体双方称之为雇主与雇员。

从中国劳动法规定看,"劳动者"在劳动法中具有特有的含义。特指劳动过程中,接受用人单位管理,与之形成从属性关系的人④,指代劳动法所保护的利益群体。质言之,对具有一定从属性,需要劳动法倾斜性保护的劳动提供者,应当使用"劳动者"的概念。故而,本书的研究对象,即中国农业产业化、现代化发展背景下,从事农业雇佣劳动以获取工资性收入,且可能存在从属性的劳动提供者,也应使用"劳动者"的概念予以表示。农业劳动者,不仅在外延与内涵上与本书研究对象相吻合,而且突显了中国农业产业化、现代化发展背景下,对这类"劳动者"利益进行劳动法保护研究的必要性,以实现这一群体劳动利益的合理保护和

---

① 唐萍萍、李世平:《兼业农业工人存在及发展研究——基于陕西省中部的实证研究》,《西北人口》2011年第2期;王中文:《劳合·乔治与英国农业工人最低工资制度的确立》,《湖北社会科学》2008年第1期;汪淳玉:《跨国农业女工:流动规律、劳动状况及其农政变迁意涵》,《妇女研究论丛》2022年第3期;于丽等:《委托——代理关系下农业工人的劳动防护问题研究》,《中央财经大学学报》2016年第7期。

② 唐萍萍、李世平:《兼业农业工人存在及发展研究——基于陕西省中部的实证研究》,《西北人口》2011年第2期。

③ 如王中文:《劳合·乔治与英国农业工人最低工资制度的确立》,《湖北社会科学》2008年第1期。再如将国际劳工组织1921年出台的公约翻译为《农业工人的集会结社权公约》,参见人力资源和社会保障部网站:《农业工人的集会结社权公约》,http://www.mohrss.gov.cn/gjhzs/GJHZzhengcewenjian/201011/t20101112_83653.html。

④ 董保华:《劳动合同立法的争鸣与思考》,上海人民出版社2011年版,第45页。

劳资利益关系的合理平衡。

本书的农业劳动者是指农业产业化发展背景下,农业领域从事农业生产劳动以赚取工资性收入,劳动过程中具有一定从属性的劳动者。对于本书所界定的农业劳动者具有以下特点:

第一,农业劳动者通过劳动换取工资性收入。藉此,本书所界定的农业劳动者与传统的农民相区别。农民通过自身或家庭成员的农业生产满足自身生存需求,不是依靠工资性收入维持生存。

第二,农业劳动者是从事农业生产的劳动者。故而,本书所界定的农业劳动者区别于当前学界深入探讨的农民工。

农业劳动者区别于农民工。有观点将农民工界定为,进城从事非农产业劳动,户籍在农村,身份为农民,在农村拥有承包土地,以工资收入维持生活的农村外出就业者。[①] 农业劳动者与农民工既有联系又相互区别。尽管二者的来源都来自农村劳动者,且都兼有工人和农民两种职业的特点,但二者并不相同:首先,农业劳动者是以农村为背景的从事第一产业的劳动者;而农民工是以城市为背景的脱离了第一产业,从事第二、三产业的劳动者。其次,二者体现了农村劳动力的不同流向,农民工体现的是劳动力从农村的农业行业流向城市的非农业行业,而农业劳动者体现的是农业劳动力在农村农业行业内部的流动,只是从自给自足的自雇状态转变为接受他人管理、具有从属性的他雇状态,在这一转变过程中有必要探讨其立法保护问题。再次,农民工的雇主多是城市中企业、个体等组织,亦是劳动法规制的典型用人单位,其产品形式为资本与技术支持下的多元化实物、劳务或精神产品。农业劳动者的雇主多是专业合作社、家庭农场等新型农业经营主体,不同于劳动法规制的典型用

---

① 李秋香:《劳动政策与分析》,华东理工大学出版社2010年版,第124页。

人单位,其产出主要为农产品或农业半成品。这些属于农业雇主的新型农业经营主体除自身是否具有用人单位资格有待探讨外,还具有规模小、效益差,且属于政策重点扶持的对象、在用工主体性质上具有特殊性的特点。农业劳动者雇主这些特殊性的存在,亟需劳动法在制定利益调整规则时,予以重点关注与考量。

第三,农业劳动者产生于农业产业化背景之下。农业产业化一词最早来源于20世纪50年代美国学者戴维斯和罗伊·戈德堡提出的Agribusiness这一概念。当前,很多学者在界定农业产业化时,都强调农业产业化是农业(种植业、畜牧业、渔业等)领域中,以市场为导向,以经济效益为中心,在产供销环节与其他产业企业联合与协作的一体化生产、经营和管理。① 生产的规模化、分工的专业化及组织的一体化是农业产业化的重要特点。农业产业化促进了农业多元化,推动了农业的向外扩张,实现了农工商的一体化。② 农业劳动者正是在农业生产具有上述产业化特点的背景下产生的,进而与中国传统农业雇农相区别。

二、中国农业劳动者法律保护方式的演进

中国农业劳动者的法律保护方式,经历了从传统的习惯法保护方式,到民法雇佣关系保护方式,再到劳动法保护方式的演进路径。

(一) 习惯法保护方式

我国农业雇佣历史悠久,源远流长。《左传·襄公二十七年》书崔氏之乱时,齐大夫申鲜虞曾到鲁国当农业雇工以避难。而《吕氏春秋》

---

① 牛若峰:《当代农业产业一体化经营》,江西人民出版社2002年版,第8—14页。毛育刚:《中国农业演变之探索》,社会科学文献出版社2001年版,第295页。
② 王涛等:《吉林省特色城镇化与农业产业化协同发展研究》,北京理工大学出版社2018年版,第9—12页。

载"晨瘠兴,务耕疾庸",启示出我国农业早在春秋战国时期就已经出现雇佣,当时称从事农业雇佣的人为"庸客、庸夫"。① 秦汉时期,《史记·陈涉世家》记载秦代的陈胜于年轻时就曾被人雇佣从事农业耕地;而《汉书》文"流庸,谓去其本乡而为人庸作"云云,则折射出农业雇佣在西汉时期的发展步伐已不局限于一隅。农业雇佣在唐宋时期已经非常普遍,农村中大量没有产业的人为他人充当雇工。② 明清时期,农业生产的各个领域都存在农业雇佣现象,雇工的数量也较前期增加了很多,并且发展形成了雇工市场,而雇工的地位也日渐提高。民国时期,民间的农业雇佣制度更为成熟与完善,农业雇佣中具有人身依附性的身份雇佣被彻底废除,雇工彻底具有了人身自由。③

在我国古代及民国时期,中国农业领域尽管存在大量的农业雇佣,但并无国家层面制定的法律对其进行调整,而皆由各地的不成文的农业习惯法加以调整。习惯法产生于农村雇佣特定的社会条件之下。首先,须符合一定的地理条件,由一个村、一个镇等相对独立的社会共同体,在长期的农业雇佣劳动中共同认可、遵守而形成。其次,须符合一定的时间条件,即农业习惯法的形成不是短时间立法的结果,而是社会成员经过一代人乃至几代人共同习得与继承而来。如有学者通过调研发现华北地区的习惯法形成时间在 20 年以上。④ 再次,须符合相应的主体条件。一项规则是否最终成为习惯法,可以有以下几个主体方面的评价标

---

① 尚海涛、龚艳:《民国时期农业雇工市场的制度性解读——以习惯规范为中心》,《山东大学学报(哲学社会科学版)》2009 年第 3 期。
② 郑尚元:《民法典制定中民事雇佣合同与劳动合同之功能与定位》,《法学家》2016 年第 6 期。
③ 尚海涛、龚艳:《民国时期农业雇工市场的制度性解读——以习惯规范为中心》,《山东大学学报(哲学社会科学版)》2009 年第 3 期。
④ 尚海涛、龚艳:《民国时期农业雇工市场的制度性解读——以习惯规范为中心》,《山东大学学报(哲学社会科学版)》2009 年第 3 期。

准:采用此项规则的人在该社会共同体中是否为大多数;此项规则是否被当地有地位、有影响力的人物所认可与遵守;此项规则是否被该社会共同体的农业核心雇佣地所认可。而农业雇佣习惯法被当地社会共同体成员所广泛遵守,其归因逻辑并不在于其具有国家强制力作为后盾,而在于其实施过程中通过中间人或社会团体的第三人治理路径。中间人在推动农业习惯法贯彻与执行过程中的作用,在于介绍、担保和调解。且越是有地位的中间人,上述功能越是明显。其通过将经济领域内的惩罚转化为社会性惩罚,对失信的当事人实施消极惩罚权。而社会团体[①],除了具有上述功能外,还可组织农业劳动者集体罢工以对抗农业雇主。[②]

时至今日,各地的农业雇佣仍然受当地农业习惯法的影响,农业劳动者与用工主体在雇工工价、劳动时间、管理方式等方面的商定与执行过程中,大多遵守当地形成的这些不成文规定。

农业习惯法虽然对农业雇佣有着深远的影响,但是其属于不成文法,并非法律的正式渊源。新中国成立后,尤其是自20世纪80、90年代以来,我国颁布了大量的成文法,成为解决纠纷的法律依据。随着时代的进步,法制的完善,农业习惯法不再独擅胜场。虽然农业习惯法仍然对人们行为习惯予以影响,但是在用工纠纷的解决中,仅成为次于国家成文法的补充性法律渊源。适用于农业雇佣领域的国家民事法律规范,才成为人们必须遵守的行为法则。

(二) 民法保护方式

对于农业雇佣劳动,当前我国立法较少有条文对其法律适用予以明

---

① 如革命年代的农救会、妇救会和穷人联合会等。
② 尚海涛、龚艳:《民国时期农业雇工市场的制度性解读——以习惯规范为中心》,《山东大学学报(哲学社会科学版)》2009年第3期。

晰。这与新中国成立以后,农业雇佣的发展状况密切相关。新中国成立以来,我国实行了一系列的土地政策,实现了地权平均化,也使得农业雇佣随着地权的改革而湮没。① 在计划经济时期,我国农村劳动力被严格束缚于土地之上,农民被高度组织化为"社员"。② 在中国农村,实施家庭联产承包经营制,由农民以家庭为单位从事农业生产。由于中国农业本身存在大量的剩余劳动力,农业生产并不缺人手,即使在农忙时节也可以通过帮工或换工的形式解决劳动力需求,因此农业雇佣缺乏生发的土壤。当前,我国立法规定中仅有极少的条文涉及农业领域的用工关系,而且其内容并非是对农业劳动者保护的强调,而是将"农村劳动者"和"农村承包经营户的受雇人"排除于劳动法保护的劳动者的行列。③

当前立法规定对部分农业劳动者劳动法适用的排除,进而使得当前理论界的主流观点认为传统农业雇佣应纳入民法的雇佣关系调整。④ 其强调农业雇佣关系中的当事人,地位平等,遵循意思自治、平等自愿的原则,自由选择交易对象,约定交易价格、用工时间及履行方式,故应归属于民法调整领域。同时,该观点还认为,雇佣从本质上看是劳动力与金钱的交换,属于合同调整的领域,因此雇佣双方当事人属于契约关系。⑤

---

① 尚海涛、龚艳:《民国时期农业雇工市场的制度性解读——以习惯规范为中心》,《山东大学学报(哲学社会科学版)》2009年第3期。
② 宋夏瀛洁、李西霞:《民法典编纂应回应现实关切——使雇佣合同与劳动合同规范化与体系化》,《河北法学》2017年第4期。
③ 《关于贯彻执行〈中华人民共和国劳动法〉若干问题的意见》第4条和现行《最高人民法院关于审理劳动争议案件适用法律问题的解释(一)》(法释〔2020〕26号)第2条。
④ 郑尚元:《民法典制定中民事雇佣合同与劳动合同之功能与定位》,《法学家》2016年第6期。宋夏瀛洁、李西霞:《民法典编纂应回应现实关切——使雇佣合同与劳动合同规范化与体系化》,《河北法学》2017年第4期。
⑤ 宋夏瀛洁、李西霞:《民法典编纂应回应现实关切——使雇佣合同与劳动合同规范化与体系化》,《河北法学》2017年第4期。

第一章　利益衡量理论及引入农业劳动者保护机制的正当性

虽然我国农业领域的用工关系归类于民事雇佣关系进行平等调整，但是当前民法对雇佣关系规范并不清晰，并未将雇佣合同作为有名合同进行类型化的规定。在1999年《合同法》的制定过程中，《合同法》草案曾将"雇佣合同"作为合同法分编的有名合同，然而在几番周折后，最终仍然未将雇佣合同作为有名合同。在《民法典》制定过程中，也有大量学者再次提出，将雇佣关系，以雇佣合同有名化的方式纳入《民法典》合同编，以实现农业雇佣等领域的定分止争。[①] 但是，学者的建议最终也未获立法机关的采纳。

民法典以解决纠纷为旨归，其规范体系应体现为"救济权"体系。[②] 然而，民法典中雇佣合同的缺失意味着，即使将农业雇佣领域的劳动者纳入民法雇佣关系进行平等保护，在法律适用上也缺乏明晰的法律规则。当前《民法典》淡化雇佣这一概念，而仅仅规定了个人用工责任。农业劳动者在雇佣关系中与用工主体发生纠纷，在不能被归类于劳动关系的情况下，只能适用《民法典》第1192条个人劳务关系的用工责任规定。然而，该条仅对雇佣关系过程中农业劳动者受伤，以及造成他人人身损害时的双方赔偿责任进行规定。雇佣关系中劳动者应享有的权利和用工主体应承担义务，远非仅仅停留于人身损害赔偿层面。因此，《民法典》对个人用工责任的规定，不能完全取代雇佣关系的立法规定。

对于我国民法一直未规定雇佣合同的原因，有两个方面：一是源于我国民法中缺乏持续性合同的规定。对于持续性的合同关系，有学者认

[①] 谢鸿飞：《民法典与特别民法关系的建构》，《中国社会科学》2013年第2期；易继明：《历史视域中的私法统一与民法典的未来》，《中国社会科学》2014年第5期；谢增毅：《民法典编纂与雇佣（劳动）合同规制》，《中国法学》2016年第4期；谢增毅：《民法典引入雇佣合同的必要性及其规则建构》，《当代法学》2019年第6期；沈建峰：《劳动法作为特别私法——〈民法典〉制定背景下的劳动法定位》，《中外法学》2017年第6期。

[②] 吴香香：《请求权基础：方法、体系与实例》，北京大学出版社2021年版，第57页。

为合同关系的基础在于合意,基于当事人合意的有限性,合同法以一次性交易为主要规制对象,若订立持续性合同,当事人在订立合同时并不能预见合同持续过程中的具体情况。① 然而,持续性合同这一概念提出者正是民法学者基尔克。意大利、德国等国在民法典中都规定或增加了持续性债的规则。② 不仅如此,当前合同法中委托、保管等既有的有名合同,从本质上看就是属于持续性合同,雇佣合同作为持续性合同之一,完全可以如其他持续性合同一般纳入有名合同之列。而对于民法是否应该调整持续性合同这个问题,本身也不应成为讨论的问题,而是已然存在的事实,民事立法更应针对已然纳入其中的持续性合同作出一般性的规定,以此作为民法自身体系完善的必要一环。二是源于我国现行民事法律制度存在的缺陷,即没有对涉及人身关系的法律行为进行规定。雇佣从本质上看,具有其特殊性,即属于涉及人身自由、可以订约但不可强制义务人履约的法律行为。但是,正是因其特殊性的存在,更需要立法的明晰与整饬。正如孙宪忠教授所呼吁的那样,应在民法总则之法律行为规定一章中,增加对"人身法律行为"的明确规定。③ 我国对人身有关的法律行为的不承认,反映出我国民法中"意思自治原则"的有限性。

(三) 劳动法保护方式

中国传统农业以家庭为单位从事小农生产,农业领域并不存在具有从属性的雇佣劳动,因而不涉及劳动法的适用。然而,进入新世纪以来,

---

① 孙学致:《合同法的局限:一个劳动关系的视角》,《当代法学》2007年第6期。
② 沈建峰:《劳动法作为特别私法——〈民法典〉制定背景下的劳动法定位》,《中外法学》2017年第6期。
③ 孙宪忠:《民法典总则编"法律行为"一章学者建议稿的编写说明》,《法学研究》2015年第6期。

第一章　利益衡量理论及引入农业劳动者保护机制的正当性

在农业规模化、产业化发展的背景下,大量新型农业经营主体应运而生,并采取雇佣经营,使得农业雇佣生产空前繁荣。传统认为农业雇佣仅为偶然、零星雇佣的裹足不前的观点,已然落后。新农业发展背景下,农业雇佣具有了产业性,部分农业雇佣劳动者具有了职业性,成为用工主体的农业经营主体具有经营性和组织性,并且在劳动过程中与农业劳动者之间可能存在管理性。上述特征,使得部分农业劳动者与用工主体之间的用工关系具有了从属性,进而需要法律在适用民法雇佣关系平等调整规则之外,给予这些具有从属性的农业劳动者倾斜性的保护。正如少部分学者所言,农业雇主为了获取经济利益而雇工生产,二者之间可能具有了隶属性和营利性特征,应利用劳动法对其就业利益予以保护。①

在当前劳动法对农业劳动者法律适用缺乏明确规定的情况下,学界大量学者抱守传统农业生产的认识,主张对农业劳动者仅仅采用民法保护的方式。但这一主张,并未关注规模化农业下农业劳动者的特点,最终将不利于产业化背景下农业劳动者的保护。如前所述,部分从事农业劳动者研究的学者就曾指出,当前农业劳动者权益保护存在不足。②

农业劳动者合法权益被侵害的背后,实质是我国立法对农业劳动者就业利益保护的漠视,素质偏低的农业劳动者群体的"集体失语"。长久以来,中国农业雇佣关系,主要依靠农业习惯法、民法,进行平等调整,国家一般不介入其调整之中。农业领域劳动者保护方式,因此也与工业等非农领域的劳动者适用劳动法予以保护的方式,形成鲜明的对比;也

---

① 涂永前:《应对灵活用工的劳动法制度重构》,《中国法学》2018 年第 5 期。
② 鲁先凤:《中国现阶段农业雇工的特征与成因简析》,《理论月刊》2008 年第 12 期;向倩雯:《农村空心化背景下的农业雇工现状与特征简析》,《中国农业资源与区划》2016 年第 11 期;于丽等:《委托——代理关系下农业工人的劳动防护问题研究》,《中央财经大学学报》2016 年第 7 期;马洪伟:《试论中国家庭农场的法律规制》,《河南师范大学学报(哲学社会科学版)》2014 年第 3 期。

与西方农业劳动者,适用劳动法保护方式,形成鲜明对比。而今,在农业产业化发展的背景下,农业用工主体具有了组织性,农业劳动者具有了职业性,雇佣劳动具有了一定的从属性。若继续延续传统农业排除劳动法保护的模式,将形成"制度边缘理论"意义上,对教育水平低、缺乏技能人群的制度歧视。[1]

当前中国农业雇工难问题突出,在某种意义上,这正是农业领域劳动者利益保障不足,进而引发劳动者逃离农业领域的体现。因为逃离缺乏劳动保障,工资水平又显著低于第二产业、第三产业的农业工作,是所有同为经济理性人的农业劳动者的合理与必然选择。因此,要解决中国农业雇工难的问题,根本在于立法对农业劳动者劳动过程中的合法权益的保护。相较于西方资本主义发达国家工会势力的强大,包括中国在内不少发展中国家,农业工会有名无实。将农业劳动者纳入劳动基准的保护范围,是保护其合法利益的重要途径。而这一举措,不仅有利于保护农业劳动者的利益,实现农业劳动者的体面劳动[2],也有利于解决当前农业雇工难以及农村贫困化的问题。

第三节 农业劳动者法律保护机制的界定

"机制"原指机器的结构及其运转的机理,这一观念常被用于社会科学研究中,指代某一系统运转的内在规律,以及内部要素之间的相互关系。相较于"制度"等其他概念,"机制"这一概念突出强调了研究对

---

[1] 吕红、金喜在:《转型期中国灵活就业及其制度创新问题研究》,吉林人民出版社2008年版,第25—26页。
[2] Bernd Mueller & Man-Kwun Chan. "Wage Labor, Agriculture-Based Economies, and Pathways out of Poverty." United States Agency for International Development, Monday, March 9, (2015):56-61.

第一章　利益衡量理论及引入农业劳动者保护机制的正当性

象的规律性、整体性与价值性。① 农业劳动者法律保护机制是在农业规模化、产业化发展背景下,劳动法所构建的,体现农业用工关系内在运行规律,可以实现农业劳动者就业利益合理保护与合理平衡劳资利益关系的法律制度。从农业劳动者法律保护的历史进程看,农业劳动者的保护方式经历了习惯法、民法到劳动法的流变。当前农业规模化、产业化发展,使得农业劳动者具有采用劳动法进行保护的必要性。这是农业生产过程中,凸显出的劳资利益对立性,以及劳动过程中呈现出的劳动力与生产资料分离、劳动者被动地接受劳动条件和服从管理所决定的。② 是国家参与到用工关系中,对劳动者给予倾斜性保护的基本原因。

然而,以劳动法是否对所有劳动者适用相同的保护规则为分类标准,存在两种不同的劳动者法律保护机制:一种是不区分劳动者类型,适用相同保护规则的劳动者一体保护机制;另一种是根据劳动者类型的不同,对劳动者区分适用劳动者保护规则的劳动者分类保护机制。当前产业化背景下,在适用劳动法保护农业劳动者权益时,也面临这一选择,是依据劳动法现行规定,对农业劳动者适用一体保护机制,还是根据农业劳动者特性,适用具有针对性的农业劳动者分类保护机制。而对这一问题进行研究的基础在于,对劳动者一体保护机制及劳动者分类保护机制内涵的深入分析。

一、劳动者一体保护机制

当前劳动法基于资强劳弱的抽象判断,对各种劳动者采取一体保护

---

① 张在范:《俄罗斯劳动法利益平衡理念的实现机制》,黑龙江大学2012年博士学位论文,第112页。
② 范晶波:《劳动监察权:法律解构与制度规范》,南京师范大学2014年博士学位论文,第76页。

机制。劳动者一体保护机制是指现行劳动法对劳动者保护采取的"一刀切"式保护方式。其以"福特制"用工形式下的劳动者为主要调整对象,并由此制定了一套适用于所有劳动者的保护规则。现行劳动法对劳动者采取的一体保护机制具有以下特点:第一,对劳动者的保护,仅构成了"保护"与"不保护"的区别,而非不同劳动者"保护程度"的区别。第二,在劳动法保护水平上,劳动法一体保护机制较少对不同的劳动者作出差异化的劳动保护规定,对纳入劳动法的所有劳动者制定了统一的劳动法标准,不加区分地实施同一高水平保护标准。申言之,劳动法对于劳动者从属性的认识,局限于"有"或"无",而不是"多"或"少",进而导致劳动法设置的倾斜性保护措施,包括劳动基准规定、劳动合同规定、集体权利保护规定等,都仅有"适用"与"不适用"的区别。

劳动者一体保护机制的形成,可以追溯到计划经济时期。并且,这一机制在中国劳动力市场历史演变中,也得到了一贯的延续。在计划经济时期,所有的劳动被抽象为"平等"的劳动,由国家给予抽象的平等保护。当时国家实行计划经济,对劳动力实行统一的分配。无论工人还是农民,并无太大差别,都和国家建立了实质的雇佣关系,被归类于相同的劳动者而依据劳动量统一计酬。① 此后,计划经济向市场经济的改革过程中,国有企业员工结束了与国家之间的雇佣关系,进入到劳动力市场成为"合同工",进入到市场中的劳动者被抽象为契约视野下"人格平等"的主体,受到法律抽象的平等保护。这种保护属于抽象的一体保护,讲究法律保护的平等性与同一性。而2007年,我国制定出台的《劳动合同法》开启了劳动法治化改造的阶段。该法颁布的目的在于,应对《劳动法》出台后,我国劳动力市场形成中,各种用工的不规范,以及整治恶

---

① 王天玉:《劳动法分类调整模式的宪法依据》,《当代法学》2018年第2期。

第一章　利益衡量理论及引入农业劳动者保护机制的正当性

意侵害劳动者权益的各种现象。故而，该法尤其强调立法对劳动市场的管制。而且这种管制的理念具有一体性。基于"父爱主义关怀"，将所有劳动者抽象为劳资利益关系中的弱势群体，不加区分，统一适用劳动法严格的保护标准。在书面劳动合同的签订、解雇保护及无固定期限合同的适用等方面，对所有劳动者施以统一倾斜性保护手段。[①]

中国劳动法劳动者一体保护机制的形成，虽然具有较为深远的历史原因，从客观上看，也使得整个劳动力市场从形式上迎来了统一的法律规范。然而，一体保护机制，以工业"福特制"用工为原型，制定统一的保护标准，较少对各色劳动者具体区分，实则导致了形式平等之下的实质不平等。因此，该保护机制并未体现出劳动法作为社会法，追求实质平等的法律品格。从劳动实践看，经过市场经济多年的发展，中国的劳动者，已从新中国成立初期统一以国家为雇主的无差别的劳动者群体，发展成为个体间差异较大的、具有不同类别的劳动者群体。因此，现行劳动法制，罔顾劳动者分层分类现实，而秉持劳弱资强的抽象理念，将影响劳动法在不同领域、不同劳动关系中的实施效果，阻碍部分劳动者就业利益的保护。

农业产业化发展的背景下，农业领域劳动者与传统农业雇农具有了较大差异，具备适用劳动法保护的必要性。正如前述王颜齐[②]、向倩雯[③]等学者就主张加强劳动法对农业领域的管制，督促农业领域劳动合同的签订，并采用现行劳动关系认定标准，将具有从属性的农业劳动者纳入到现行劳动法保护机制中。但是，现行的劳动者一体保护机制，以劳动关系为界线，对劳动者群体"全有"或"全无"的保护形式，并不利

[①] 王天玉：《劳动法分类调整模式的宪法依据》，《当代法学》2018年第2期。
[②] 王颜齐等：《土地规模化流转背景下农业雇工受雇现状及问题分析》，《农业经济与管理》2017年第6期。
[③] 向倩雯：《农村空心化背景下的农业雇工现状与特征简析》，《中国农业资源与区划》2016年第11期。

于具有特殊性的农业劳动者的保护。从司法实践来看,囿于劳动法一体保护机制的僵化规定和农业劳动者的特殊性,司法机关在涉及农业劳动者利益保护的多个问题上,认识存在分歧:如专业合作社用人单位资格问题、季节性农业劳动者从属性认定问题等(具体见本书第三章所述)。进而,使得我们不得不反思适用一体保护机制对农业劳动者予以保护的合理性。劳动法基于劳资利益关系中劳动者的弱势地位,对劳资利益关系予以矫正,但是罔顾农业劳动者特殊性,而一体化适用劳动法保护规则,将导致农业领域的劳资利益再次失衡。

二、劳动者分类保护机制

劳动法属于社会法,与民法追求形式平等有所不同,其目标在于实现劳动过程中具有弱势地位劳动者的倾斜性保护,以实现实质平等。然而当前劳动法将所有劳动者都视为同等的弱势群体,未关注现实世界中不同劳动者之间的差异性,统一适用"一体同用"规则给予同等保护。因此,对于农业劳动者而言,若要将其纳入劳动法进行保护,则更应基于分类保护的理念,针对农业劳动者的特殊性,在劳动法中对其作出例外规定,以实现对农业劳动者的特殊保护。

所谓劳动者分类保护机制,是相较于当前劳动者一体保护机制而言,在劳动法中,依据一定标准,对劳动者进行分类,并对不同类型劳动者采用差异性保护方式的劳动者保护制度。劳动者分类保护的思想,产生于当前灵活就业背景下劳动主体的差异性。部分学者针对劳动者差异性,借用社会分层理论,提出了"劳动者分层保护"的观点。马克思就曾以社会分层为基础,依据生产资料的占有情况不同和对社会财富分配的多寡不同,分析阶级的形成。而韦伯的多元社会分层理论没有将社会分层标准局限于经济,而以财富、威望、权力为三重标准对社会进行分

第一章 利益衡量理论及引入农业劳动者保护机制的正当性

层。① 虽然不同的学说对社会分层的标准有所不同,但是都反映出不同的人在地位、地域、经济、权力、文化等反映社会特征的结构性要素上,存在的较大差异性。② 在当前中国的社会转型时期,不少学者认为我国社会区分为不同的层级。③ 其中最为有名的分层学说,当属社会学家陆学艺教授,依据职业的不同,作出的 10 层级分层说。④ 该学说认为社会可以分为 10 个阶层,不同的层级之间,占有的社会、经济与文化资源不同,在维权意识、维权能力,以及可替代性、社会保障情况等方面存在较大的差别。受社会分层理论的启示,学者进一步对劳动者的分层进行研究,提出了"区别适用理论";⑤ 董保华提出了更为具体的"劳动者分层保护说"。⑥ 他主张借鉴社会分层理论,依据劳动者的社会、经济地位的不同与职业的不同,对劳动者进行分层保护。不同层级的劳动者,对劳动法的需求也存在不同。⑦

在劳动者分层保护学说的基础上,还有一部分研究人员,如法国学者 Alain Supiot、日本学者岛田阳一、矢部恒夫,以及中国的谢增毅等学者⑧,

---

① 徐军:《当代中国自由择业知识分子及其政治参与研究》,武汉大学出版社 2018 年版,第 24 页。
② 陈静:《体面劳动视角下城镇非正规就业群体的劳动权益保障研究》,西南财经大学 2014 年博士学位论文,第 109 页。
③ 李强:《社会分层十讲》,社会科学文献出版社 2008 年版,第 1 页;刘祖云:《社会分层的若干理论问题新探》,《江汉论坛》2002 年第 9 期;李路路:《制度转型与分层结构的变迁》,《中国社会科学》2002 年第 6 期。
④ 陆学艺:《当代中国社会阶层》,社会科学文献出版社 2018 版,第 3 页。
⑤ 彭小坤:《略论保险个人代理关系与劳动关系》,《武汉大学学报(哲学社会科学版)》2009 年第 2 期。
⑥ 梁桂平:《劳动合同解除权研究——以社会分层理论为视角》,西南政法大学 2016 年博士学位论文,第 128 页。
⑦ 董保华:《劳动合同立法的争鸣与思考》,上海人民出版社 2011 年版,第 44—47 页。
⑧ 姜颖、沈建峰:《正确评估〈劳动合同法〉适时修改〈劳动法〉》,《中国劳动关系学院学报》2017 年第 3 期;胡新建、郑曙光:《我国劳动法律制度调整的现实基础和立法趋向析论》,《理论导刊》2019 年第 5 期;谢增毅:《我国劳动关系法律调整模式的转变》,《中国社会科学》2017 年第 2 期;王天玉:《劳动法规制灵活化的法律技术》,《法学》2017 年第 10 期。

进一步提出了劳动者分类保护说。主张依据不同劳动者的特性,实施不同的保护手段,以改变当前劳动法对劳动者采用的单一调整方式。当前劳动法规定的灵活性存在不足,不当增加了用人单位的用工成本,且不利于劳动法对非典型劳动者的保护。劳动法的上述流弊,不能仅仅以刚性过强予以概括,而其根本原因在于缺乏对劳动者分类调整的思维,缺乏对不同类型劳动者制定有针对性的调整措施,需要劳动法通过分类调整、精细化立法的方式予以解决。在分类标准上,该学说主张以从属性为标准对劳动者进行分类,进而主张采取不同的劳动法保护措施。如法国学者 Alain Supiot 以从属性为标准将劳动者分为三类,尤其强调在标准劳动关系外,劳动法应在一定条件下将第二类劳动者(即以完成一定工作作为换取劳动报酬条件的劳动者),纳入保护范围之内。[①] 而在保护措施上,日本学者岛田阳一等认为:第一,具有从属性的劳动者,应获得劳动法所规定的劳动权利;第二,最低工资、社会保险等劳动基准,以及劳动合同制度中的解雇保护可以拓展适用于具有经济依赖性的类雇员;第三,其他职业性劳动中,劳动者的人格尊严与自由、在劳动过程中的职业健康与安全,以及获得职业培训的权利,也应受到立法的保护;第四,即使是自雇就业的劳动者,也应具有参加工会、进行集体协商与谈判的权利。[②] 而日本另一学者矢部恒夫教授,将劳动者区分为核心劳动者与周边劳动者,在适用法律规范与保护措施上,也具有同上类似的观点。[③] 该学说在主张依据从属性的不同对劳动者进行区分保护时,除了关注劳动者自身的差异性外,还重点关注到了劳资双方从属性因用人单

---

① 班小辉:《非典型劳动者权益保护研究》,法律出版社2016年版,第152页。
② 田思路、贾秀芬:《契约劳动的研究——日本的理论与实践》,法律出版社2007年版,第104—105页。
③ 田思路、贾秀芬:《契约劳动的研究——日本的理论与实践》,法律出版社2007年版,第103页。

位规模大小不同而导致的差异性。进而主张进一步依据规模大小的不同,对用人单位进行区分保护,对不同的用人单位实施不同的劳动法规则。劳资双方的权利义务,是通过劳动者与用人单位的博弈而实现的,因此在国家介入劳动关系,对劳动者予以倾斜性保护之前,需要对博弈双方的势力予以具体的考量。不同的用人单位因规模不同、实力不同,对劳动者的强势程度存在不同,需要劳动法予以准确的识别,并实施不同的调整规则。

通过上述分析,可见当前社会中的劳动者存在差异性。正如农业劳动者与其他行业劳动者存在区别,具有自身的特殊性,需要劳动法基于分类调整的理念①,制定针对性的利益调整规则,增加劳动法自身的灵活性。在调整范围上,实现劳动法调整范围由窄到宽;在调整手段上,实现保护方式由单一到综合。② 若采用分类理念构建农业劳动者保护机制,既须制定合理的劳动者分类标准,也须制定适当的分类保护规则;既须体现农业与非农业劳动者的差异性特点,也须体现农业内部劳动者的差异性。此乃构建农业劳动者分类保护机制,增强劳动法灵活性,实现农业领域各类劳动者恰切保护的应有之意。循此,本书中农业劳动者分类保护机制包括三个层面的劳动者差别性保护规定(具体分类标准参见本书第五章):第一,基于行业的特殊性,即农业劳动者与"福特制"下的非农业劳动者的差异性,主张对农业劳动者进行专门化立法保护,制定针对农业特殊性的劳动法规则。第二,在农业劳动者内部,依据部分农业劳动者具有的特殊性③,对其适用例外性保护规定;第三,在农业劳动者内部,依据从属性的不同,对农业劳动者进行分类保护。

---

① 王天玉:《劳动法规制灵活化的法律技术》,《法学》2017年第10期。
② 李娜:《退休再就业法律问题研究》,吉林大学2013年博士学位论文,第106页。
③ 如就职于小微型农业公司、家庭农场、专业合作社的农业劳动者以及已领取社保的农业劳动者。

第四节 利益衡量理论引入农业劳动者保护机制的正当性基础

一、劳资利益平衡:劳动者保护机制的重要制度目标

利益学派的代表人物菲利普·赫克认为,利益是法产生的原因。正是因为社会中利益冲突的存在,法律才有了存在的必要性。① 法律作为一种规范,主要是在把握社会生活运行规律的基础上,对社会关系中涉及的利益关系,利用成文的法律规范予以选择、调整与整合。法律的本质并不是创造利益,而是对利益进行分配。法律通过对社会生活的介入,可以实现一方利益的增加或减少,进而对人的行为予以引导。② 不同法律适用不同调整方法的原因,从本质上看,在于作为调整对象的利益的不同。私法的调整对象为个体利益,进而适用自治的调整方法。公法以国家利益为调整对象,进而采用强制的调整方法。然而,利益的交叉与混同,又衍生出社会公共利益,需要既适用自治又适用强制的调整方法。③

法对于利益的调整,以实现利益的平衡为宗旨。作为社会法的劳动法,通过对劳资利益关系的干预,实现劳资利益平衡的目标。德国法学家耶林认为权利以利益为基础,法律的目标在于实现利益的平衡,促进人与人之间的协作。美国社会法学派代表人物罗斯科·庞德也指出,法

---

① 林嘉、范围:《劳动关系法律调整模式论——从〈劳动合同法〉的视角解读》,《中国人民大学学报》2008年第6期。
② 王婷:《论我国环境司法中的利益衡量》,武汉大学2011年博士学位论文,第162页。
③ 林嘉、范围:《劳动关系法律调整模式论——从〈劳动合同法〉的视角解读》,《中国人民大学学报》2008年第6期。

第一章　利益衡量理论及引入农业劳动者保护机制的正当性

是社会控制的工具,借助于人行为的调控与限制,整合各方利益,优化社会结构,以促进整体利益的最大化目标的实现。[①] 法治中的利益平衡意指法律基于正义的价值理念,介入到利益冲突关系的协调中,使处于优位的利益得到保护,并兼顾他方利益需求,促使利益冲突的缓解和各方利益的融合、共存。立法过程中对利益平衡的强调,是作为利益平衡器的法律,在现代社会利益多元化背景下,协调个体利益需求的无限性与资源的有限性矛盾而作出的必要制度回应。

我国《劳动法》第1条对劳动法立法目的予以宣示。该条明确规定了该法的调整对象为劳资利益关系,表明其立法宗旨在于保护劳动者利益,并且促进经济发展。从该条可以看出:第一,劳动法调整对象为劳资利益关系,涉及的利益主体是用人单位与劳动者。第二,劳动法的目的在于保护属于社会利益的劳动者利益。第三,劳动法在保护劳动者利益时,还应实现经济的发展,对用人单位的经济利益予以兼顾,以实现劳资利益的平衡。对于社会经济的发展,本身属于公共利益保护的范畴,但是经济发展与用人单位经济利益的获得又有着密切关系。因此,该条虽然没有明确劳动法应对用人单位的利益进行保护,但是对"促进经济发展"的强调,内含劳动法规则制定中,对用人单位经济利益应予兼顾之意。[②] 劳动者与用人单位的利益属于对立统一的矛盾体,二者冲突的同时,也彼此依存。劳动者就业利益的保护,无论就业质量水平的提高,还是就业数量的扩大,都以用人单位的经济实力和经济效益为基础。若用人单位经济利益得不到保障,劳动者就业利益也成为无源之水、无本之木。由此可见,劳资利益平衡是我国劳动法的重要立

[①] 张在范:《俄罗斯劳动法利益平衡理念的实现机制》,黑龙江大学2012年博士学位论文,第168页。

[②] 张在范:《俄罗斯劳动法利益平衡理念的实现机制》,黑龙江大学2012年博士学位论文,第168页。

法目标。

劳动法制中劳资利益平衡具有下列的特征:第一,劳动法制中劳资利益平衡的表现形式在于,劳动者保护机制中的利益平衡。要求劳动者保护机制在确定劳动者倾斜性保护程度时,合理兼顾了用人单位的利益。第二,劳动法制度中的劳资利益平衡,仅为相对的平衡、具体情形下的平衡。资强劳弱的观念,具有相对性;不同的劳资利益关系中,劳动者弱势程度不同,进而需要劳动法介入到劳资利益关系予以矫正的程度也不同。第三,劳动法制度中的劳资利益平衡应为动态平衡。法谚有云,法律从公布之时起就已滞后。劳动法颁布时仅针对当前的劳资利益状态,在当时实现了利益平衡。而后,现实利益的变化将打破既定的法制利益平衡,需要立法进行必要的补充与修改。如劳动法中最低工资标准每隔一定时期就需要进行修改,正是立法通过制度完善再次实现劳资利益平衡的体现。

对于法律实现利益平衡的路径,社会法学派认为:第一,法律需对利益进行类型化分析,通过法律选择,承认其中的部分利益。第二,法律需为其保护的利益设定一定的保护范围与边界。第三,需确定法律对该利益的保护程度,设定合理的保护标准,实施恰当的保护手段。[①]而劳动法中劳资利益平衡的实现路径,应采用与劳资利益关系的性质相适应的实现路径。一方面,在劳动法的劳动者保护机制中,劳动法应赋予劳资双方不同的权利义务内容,矫正劳动者与用人单位利益博弈中劳动者天然的不利地位。权利是法律对当事人维护自身利益行为的激励,而义务是法律对当事人实现自身利益行为的限制。作为社会法的劳动法,没有按照立法常规对劳资双方权利义务进行均等配置,正是基于对属于

[①] 张在范:《俄罗斯劳动法利益平衡理念的实现机制》,黑龙江大学2012年博士学位论文,第167页。

弱势群体的劳动者利益的保护。另一方面,劳动法的劳动者保护机制,为平衡劳资利益关系,在强调对劳动者利益进行保护的同时,对用人单位利益予以兼顾,实现劳动者人权保护与经济发展目标之间的平衡。

二、劳资利益变化:产业化背景下农业用工领域的新变化

中国传统农业主要由农户依靠家庭劳动力进行生产,较少存在农业雇佣。然而,21世纪以来,伴随国家新农村建设和乡村振兴战略的推行,中国农业的产业化发展迅速。农业产业化,是指农业(种植业、畜牧业、渔业等)领域,具有市场化特点,以经济效益的获取为目的,在产供销环节与其他产业企业联合与协作的一体化生产、经营和管理。[①] 中国农业产业化的发展进而引起了农业领域雇佣劳动的繁荣,使得现今农业雇佣,相较于传统认识中农业领域仅为偶然、零星雇佣,有了较大的不同。[②] 农业产业化的发展,引致农业领域用工关系发生了重要的利益变化,一方面,使得农业劳资利益关系具有劳动法调整的必要性;另一方面,农业的劳资利益关系,与现行劳动法所调整的法益又存在差异性。

(一) 农业劳资利益关系之劳动法调整的必要性

农业产业化的发展,使得农业用工中双方利益关系同传统农业雇佣,具有了很多的不同。从雇主一方看,在传统农业雇佣中,农业雇主主要为个人;雇佣的目的主要在于,通过耕作满足家庭需求。而在资本下

[①] 牛若峰:《当代农业产业一体化经营》,江西人民出版社2002年版,第8—14页。
[②] 毛育刚:《中国农业演变之探索》,社会科学文献出版社2001年版,第295页。

乡形成的农业产业化生产中,农业雇主通常为组织,其雇佣生产的重要目标之一在于获取利润。另一方面,从劳动者角度看,在传统农业雇佣中,农业劳动者对雇主不存在从属性或者从属性较小,可以在平等协商下解决争议,仅需要私法的平等调整。然而在农业产业化背景下,农业雇主为具有组织性的用工主体,农业劳动者则以赚取工资性收入为目的;农业劳动者在劳动过程中遵守用工主体的规章制度、接受其管理,在二者之间形成了从属性。鉴于农业用工利益关系发生的变化,劳动法对其具有调整的必要性。

1. 农业劳动者具有了职业性

职业性是劳动关系与雇佣关系的最重要的区别之一。劳动关系实质为产业雇佣关系。[1] 当一个领域产业化不发达,劳动者职业化水平不高,劳资利益未因资本而扭曲时,国家是不会通过劳动法干预其中的。只有当该行业的雇佣活动从偶尔、零星的雇佣发展成大规模的雇佣,从而使得受雇者具有了职业性,劳动法才具有对其保护的必要。正如史尚宽先生认为劳动关系区别雇佣关系的典型特点在于是否为"职业上有偿的劳动"。[2] 从域外立法经验看,也多将劳动基准法保护的范围限定为产业化下的劳动者。[3] 如瑞士农业领域的农业雇员,就是随着本国农业产业化的发展,经历了1951年之前不受劳动法保护,到1951年起纳入劳动法保护的流变过程。[4] 而在中国,近年来随着农业从"低产值"农业

---

[1] 郑尚元:《雇佣关系调整的法律分界——民法与劳动法调整雇佣类合同关系的制度与理念》,《中国法学》2005年第3期。
[2] 谢增毅:《超越雇佣合同与劳动合同规则——家政工保护的立法理念与制度建构》,《清华法学》2012年第6期。
[3] 郑尚元:《雇佣关系调整的法律分界——民法与劳动法调整雇佣类合同关系的制度与理念》,《中国法学》2005年第3期。
[4] 郑尚元:《雇佣关系调整的法律分界——民法与劳动法调整雇佣类合同关系的制度与理念》,《中国法学》2005年第3期。

第一章 利益衡量理论及引入农业劳动者保护机制的正当性

向"高产值"农业的发展,以及农业规模化的发展,农业雇佣已具有了产业性,部分农业劳动者具有了职业性;如新疆的采棉工、浙江和安徽的采茶工、福建省的海带工等。一方面,这部分劳动者生活的主要来源依靠做工的工资性收入,具有了职业性的特点;另一方面,该地区的农业也严重依赖农业雇佣劳动者进行生产。此外,从当前我国农业雇佣劳动者在农业劳动力中所占的较高比例,以及农业雇佣劳动者数量的庞大,也反映出农业雇佣日趋成为一个产业。

首先,从雇佣规模看,农业领域进行雇佣生产经营的水平较高,农业雇佣具有普遍性。2013—2018年农业领域雇工比例的统计结果显示:种植业年均雇工比例为23.2%,且每年以2.63%的速度递增。[①] 种植业25种农产品中,19种农作物的雇工比例从2013年至2018年间呈增长趋势。其中,经济作物雇工比例较高,尤其是经济作物中的蔬菜和水果。蔬菜中的露地萝卜、露地圆白菜、露地大白菜年均雇工比例分别为41.64%、41.1%、38.88%,并且每年分别以3.67%、7.75%、0.7%的速度在递增。而水果中桔年均雇工比例最高达到47.8%,并且每年以9.91%的速度在递增(如图1-1所示)。畜牧业规模养殖年均雇工比例较高,达到40.69%。其中,大规模养殖奶牛、生猪、蛋鸡的雇工比例很高,达到98.21%、88.85%、79.36%(如图1-2所示),这些领域基本实现产业化的雇工经营。

其次,从雇工的数量上看,农业劳动者人数的庞大,颠覆了传统法律界学者认为农业雇佣仅为农业生产中偶尔发生的现象而劳动法无需予

[①] 通过对《全国农产品成本收益资料汇编》(2013—2019)的雇工时间和家庭用工时间的数据分析整理获得。历年《全国农产品成本收益资料汇编》对农业种植业和畜牧业单位面积内每一种农产品的雇工天数和家庭用工天数进行了统计,通过对雇工天数在劳动总时间中占比的统计,可以了解到该领域雇工水平状况,进而掌握其雇工需求。

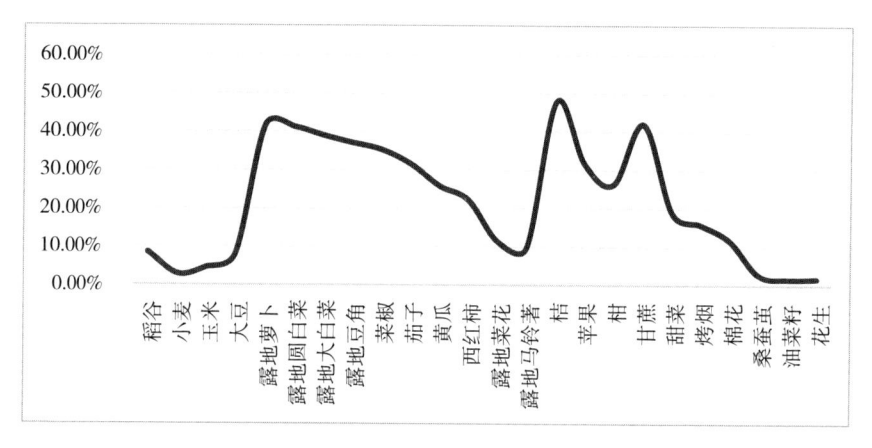

图 1-1　种植业各领域 2013—2018 年年均雇工比例

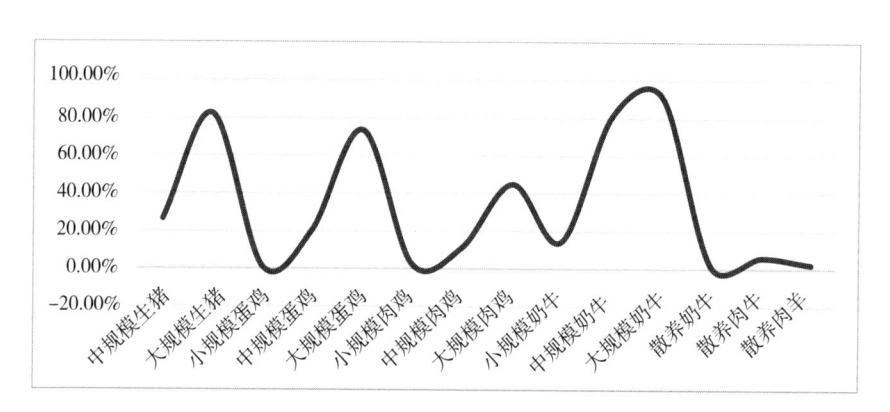

图 1-2　畜牧业各领域 2013—2018 年年均雇工比例

以干预的认识。① 有观点曾认为中国农业雇佣劳动者不会超过总人数的 3%。② 然而通过对《中国农村统计年鉴 2014—2019》《全国农产品收益与成本统计 2014—2019》关于农业雇佣数据的分析整理发现，2013—2018 年，农业雇工为农业领域提供的雇佣劳动量非常大，平均每年提供

---

① 郑尚元：《雇佣关系调整的法律分界——民法与劳动法调整雇佣类合同关系的制度与理念》，《中国法学》2005 年第 3 期；宋夏瀛洁、李西霞：《民法典编纂应回应现实关切——使雇佣合同与劳动合同规范化与体系化》，《河北法学》2017 年第 4 期。

② 黄宗智等：《没有无产化的资本化：中国的农业发展》，《开放时代》2012 年第 3 期。

第一章　利益衡量理论及引入农业劳动者保护机制的正当性

相当于1708.19万个全日制劳动者一年的工作量①,其数量远远超过农业劳动力的3%的估算。其中,2017年最多,农业雇工提供的劳动量相当于1934.35万个全日制劳动者一年的工作量;若上述农业雇工都为用工关系长度为6个月到1年的长期雇工②,那么,2017年中国就有1934.35万到3868.69万个长期农业雇工;若上述农业雇工都为短工,那么2017年中国就有3322.25万到1.45亿个短期雇工。由此可见,中国雇佣领域的劳动者数量十分巨大。然而,这群人的劳动利益保护问题被传统农业雇佣仅受习惯法、民法平等调整的理念所掩盖,较少受到学者的关注。当前农业规模化、产业化的发展,使得农业雇佣成为一个产业,有了发展的蓬勃生机。农业劳动者人数众多,逐渐呈现出职业化的趋势,藉此,法律与政策也需应时而变,正视农业劳动者体面劳动的利益诉求。

再次,农业雇佣领域存在大量未纳入劳动法保护的长期性农业劳动者,农业劳动的职业性在其身上得以体现。当前学界认为农业雇佣领域的劳动者只是偶尔为雇主提供劳动。然而,当前规模化、产业化农业发展背景下,农业雇工具有多样性,传统理念下偶尔为雇主提供劳动的临时性农业雇工,只是其中的一部分。农业雇工中,不乏长期性农业劳动者。部分学者通过调研发现,当前家庭农场等农业经营主体超过三分之二在进行雇工生产,其中长期性农业劳动者占到了其所有劳动者的28%。③ 可见,农业雇佣劳动已呈普遍化趋势,并非偶然现象。

---

① 这里是以每年工作261天,每月工作21.75天计算。
② 《全国第二次农业普查》将从事农业劳动6个月以上和以下的农业劳动者进行了区分统计。黄宗智教授将6个月以上的农业劳动者称之为长期雇工,6个月以下的农业劳动者称之为短期雇工。参见黄宗智等:《没有无产化的资本化:中国的农业发展》,《开放时代》2012年第3期。
③ 严海蓉、陈义媛:《中国农业资本化的特征和方向:自下而上和自上而下的资本化动力》,《开放时代》2015年第5期。

2. 农业用工主体具有了组织性与经营性

用工主体的组织性与经营性是构成劳动关系的重要决定因素。雇佣关系可以分为没有任何经营目的的雇佣（如生活雇佣），以及以雇佣为手段、赚取更多利润的经营性雇佣。而根植于民法又独立于民法的劳动法的调整对象正是经营性雇佣。①

在我国，构成劳动关系用人单位的主体必须是单位，而不能是自然人。对于农业领域，司法解释明确将"家庭承包经营户"与其雇佣人员之间的用工关系排除在劳动关系的范围之外，盖因家庭承包经营户组织性的缺乏。正如（2010）浙甬民一终字第597号案件判决书所述，农业雇佣等非产业雇佣，即使雇主与雇员之间存在不平等关系，二者之间的从属性关系也因雇佣关系中雇主组织性、经营性的缺失，而弱于产业雇佣，进而仅能适用民法进行调整。

然而，乡村振兴背景下农业规模化、产业化、现代化的发展，已使得从事农业生产经营的主体不再局限于传统的家庭承包经营户，农业公司、专业合作社、家庭农场等新型农业经营主体，成为新的农业用工主体，进而使得农业雇佣生产呈现组织化与经营化趋势。第一，这些农业经营主体大多在工商机关登记注册，具有民商事主体资格，符合了劳动法中用人单位的组织性特点。有学者通过研究发现，乡村雇佣组织从家庭经营向产业化雇佣经营的演进逻辑在于：一方面，囿于家庭人口结构与家庭社会关系的局限性，家庭经营与协作的生产力有限，为雇工经营留下空间；另一方面，当雇工经营发展到一定程度，会对家庭经营与协作形成排挤，雇佣组织进而呈现出一体化经营趋势。② 农业生产经营方式

---

① 郑尚元：《雇佣关系调整的法律分界——民法与劳动法调整雇佣类合同关系的制度与理念》，《中国法学》2005年第3期。
② 刘玉照：《乡村工业化中的组织变迁——从家庭作坊到公司经营》，上海人民出版社2009年版，第188页。

从家庭经营到农业公司、专业合作社、家庭农场等雇佣组织经营的发展，也符合上述发展历程与演进逻辑。第二，司法实践虽然对农业经营主体中专业合作社等用工主体的用人单位资格问题，莫衷一是，但大部分的司法机关都将其认定为用人单位。① 第三，从用工主体的经营性看，农业公司的经营性自不待言，而专业合作社，也部分借用合作互助为名，实则采取企业式的雇工经营模式。对于家庭农场，在生产方式上，虽然政府政策将其定位于依靠家庭劳动力进行生产②，然而现实中，家庭农场存在分化。虽然有部分家庭农场未在工商机关登记注册，继续依靠家庭劳动力进行生产，仅在农忙时节雇佣临时性农业劳动者。而更多的家庭农场已在工商机关登记注册，获得了市场主体资格，在生产上转向了雇工经营。在这一部分家庭农场中，农场主仅决定农场经营的方向，但并不参与农业生产③，并且雇佣管理人员对农业劳动者进行管理。

3. 农业用工关系具有了一定的从属性

当前，大量农业劳动者与用工主体的用工关系因存在管理与被管理的特点，而具有了一定的从属性。这一点可以从下面几个方面体现出来（如表1-1所示）：第一，在劳动技术与方法上，现代农业对劳动的步骤、程序以及标准有着明晰的要求。农业劳动者劳动过程中所采用的农业技术和劳动方法，由农业用工主体提供，并在管理人员或技术人员的指导下完成。如水果采摘中，采摘的果子的成熟度、采摘方式，修枝要求与标准等，都有严格的要求。第二，在生产资料和劳动工具的提供上，生产

---

① 章群、邓旭：《专业合作社用人单位资格认定的实证考察与理论审思》，《中国农村观察》2019年第5期。
② 参见中国政府网：《农业部关于促进家庭农场发展的指导意见（农经发〔2014〕1号）》，http://www.gov.cn/zhengce/2014-02/24/content_5023448.htm。
③ 潘璐、周雪：《资本农场中的农业雇工：剥夺与异化——对四川葛村资本农场的实地研究》，《中国农业大学学报（社会科学版）》2016年第2期。

资料(如种苗、化肥、农药等)和大型农业劳动工具一般由农场提供,小型劳动工具一般由农业劳动者提供。第三,用工主体对农业劳动者的劳动的监管,不仅仅局限于考核交付的产品质量是否合格,而且还对劳动过程进行监督。① 当然,农业用工主体对农业劳动者的劳动过程的控制,与工业领域等非农领域用工主体对劳动者的管理有所不同,后者可能形式上的管理特点更明显,如制定了完备的规章制度、设置了科级制的管理机构。但是农业领域用工主体对劳动者的控制,不仅仅是通过农场管理人员的管理,部分学者的研究成果表明,其控制方式还包括了农村熟人社会中特有的"关系控制"。② 因此,农业用工关系的管理与控制仍然是存在的,只是与工业等非农领域略有差异。第四,在劳动成果的考核上,农业劳动者的劳动成果需经管理人员验收合格才能获得劳动报酬。第五,在劳动报酬支付上,短期农业劳动者的工资虽然是按日计酬,但大多属于按月发放。工资按月发放,符合我国从属性认定标准关于从事用工单位安排的有报酬的劳动的规定。同时,其工资按日计酬也并不能成为否定劳动关系存在的依据,因为依据现行立法的规定③,"按日计酬"是劳动法关于劳动者工资的支付形式之一。第六,在劳动者从事的劳动是否属于用工主体的组成部分的认定上,农业劳动者的工作存在分工,生产流程被区分为多个环节,劳动者从事着与工商业劳动相

---

① 首先,工作的地点在用人单位所在地。其次,劳动时间存在灵活性,用工主体根据生产需要与天气情况,不仅可以在原本约定的 8 小时或 9 小时/日的基础上,进行灵活调整,而且在农忙时节还可能要求劳动者长时间加班。再次,劳动过程中有管理人员在现场进行管理,实现了对劳动过程的监督、控制。如农业劳动者操作方式有不当时,会被及时纠正。农业劳动者须遵守用主体的管理,否则被扣工资乃至开除。农业劳动者在管理人员监督下的劳动,与承揽合同仅交付劳动成果、劳动过程不受另一方监督,完全不同。

② 农业劳动者在被管理人监督的同时,还要受到与管理人员关系密切的"核心雇工"的监管。参见任宇东、王毅杰:《"关系控制":农业生产中的劳动过程研究——以鲁东地区 A 村烟草产业为例》,《南京农业大学学报(社会科学版)》2020 年第 5 期。

③ 参见《劳动部关于印发〈工资支付暂行规定〉的通知》(劳部发〔1994〕489 号)第 7 条。

似的流水作业。从本质上看,当前农业雇工实际构成了农业生产部门中的大部分劳动者。与工业生产部门的劳动者可以获得劳动法保护不同,农业生产部门的农业雇工的就业利益,较少获得劳动法的保护。而这些雇工中,很大一部分就属于与用工主体具有一定从属性的农业劳动者。

表1-1 农业劳动者从属性考察分析表

类别	考察内容	具体情况
从属性的考察	劳动方法的提供	由用工主体提供
	生产资料和劳动工具	生产资料及大型农业工具由用工主体提供;小型生产工具由劳动者自带
	劳动过程的监管	劳动时间、地点及过程由用工主体决定;部分农业用工主体存在生产管理性规章制度,农业劳动者须遵守
	劳动成果的评价	劳动成果交付前须经考核与验收
	劳动报酬的支付	临时性农业劳动者虽按日计酬,但按月支付
	是否属于用工主体的组成部分	农业劳动存在具体分工,被拆分为多个环节。农业劳动者构成了农业生产部门的实质组成部分

(二) 农业劳资利益关系与现行劳动法中法益关系的疏离

被立法所确认和保护的利益,称之为法益。[①] 农业产业化进程中,农业用工关系具有了从属性,使得农业劳资利益关系具有纳入到劳动法调整的必要性。然而,农业劳资利益关系与当前劳动法调整的法益关系存在一些差异性,直接将农业劳动者纳入现行劳动法,不能实现其恰切的利益保护。

---

① 李蓄:《劳动合同解除中的法益平衡研究》,吉林大学2022年博士学位论文,第163页。

第一,部分农业劳动者和农业用工主体不符合劳动法规范的劳资利益关系主体要求。纳入劳动法调整的劳资利益关系,必须符合劳动法的主体要求。然而,农业领域用工关系中的劳资利益主体具有一定的特殊性。首先,农业劳动者是否适用劳动法予以保护,法律缺乏明文的规定。从既有的法律规定看,唯一提及农业劳动者的部门规章①和司法解释②都规定"农村劳动者"和"农村承包经营户的受雇人"不具有劳动者的身份。对此,农业劳动者是否属于"农村劳动者"和"农村承包经营户的受雇人",缺乏统一的解释。其次,在农村空心化的背景下,大量农业劳动者为没有享受社保待遇的高龄劳动者,其是否属于劳动法的劳动者有待商榷。另一方面,从用工主体上看,大量农业用工主体为新型农业经营主体。如专业合作社,属于成员之间的互助组织,在现行劳动法规定下,其用人单位的资格问题存疑。

第二,农业用工关系中劳动者人格从属性存在弱化的特点,难以达到劳动法劳资利益关系的从属性程度要求。从用工持续时间上看,农业生产具有季节性,各种农作物播种与收获都在特定的季节进行,且我国农业生产中因特定农产品种植或收获引发的临时性雇工需求强烈,进而使得部分农业劳动者的劳动具有了季节性、临时性。相较于标准劳动关系,这些劳动者一年中从事劳动的时间更短。③ 虽然部分农业劳动者可能为同一个农场连续几年乃至更长的时间提供劳动,但用工关系往往存在中断,其持续性难以被司法机关认可。从计酬方式上看,短期农业劳

---

① 参见《关于贯彻执行〈中华人民共和国劳动法〉若干问题的意见》第 4 条(劳部发〔1995〕309 号)。
② 参见《最高人民法院关于审理劳动争议案件适用法律问题的解释(一)》(法释〔2020〕26 号)第 2 条第六款;原《最高人民法院关于审理劳动争议案件适用法律若干问题的解释(二)》(法释〔2006〕6 号)第 7 条第六款。
③ 鲁先凤:《中国现阶段农业雇工的特征与成因简析》,《理论月刊》2008 年第 12 期。

动者大多按日计酬,这使得司法机关在认定双方用工关系从属性时,将其作为双方不具有持续性的重要依据。从劳动时间上看,农业生产受天气影响严重,因此农业劳动者的工作时间难以严格按工业化生产的要求定时定点进行生产。农业劳动者,其每日工作时间具有灵活性,随天气情况和农业用工主体的生产需要而调整。从农业用工主体的特殊性上看,中国农业与西方农业相比,具有小农经济的特点。中国农业的产业化水平不及西方,农业生产较短的生产链条和农业用工主体大多较小的生产规模,使得中国农业用工关系的从属性不及西方,也不及工业领域的标准劳动关系。

第三,现行劳动法调整的主体利益关系具有单一性缺陷,难以合理调整农业用工的多样化利益关系。当前纳入劳动法调整的劳资利益关系,通常为具有长期性、稳定性特点的典型劳动利益关系。然而,农业用工关系存在多种用工形式,进而使得农业用工存在多样化的利益关系:一方面,农业用工中存在着少部分签订劳动合同的农业劳动者,如部分农业管理人员或农业技术人员,其与农业用工主体之间的利益关系通常可以被纳入到现行劳动法进行调整。然而,另一方面,农业用工中存在更多的没有签订劳动合同的劳动者。这部分没有签订劳动合同的劳动者,根据具体情况,还可以分为多种形式:没有签订劳动合同的按月计酬的农业劳动者;没有签订劳动合同的长期性按天计酬的劳动者;从事临时性、季节性工作的按日计酬的农业劳动者;等等。这些没有签劳动合同的、用工形式多样化的农业劳动者,与农业用工主体之间形成不同的利益关系。农业领域多样化用工利益关系的存在,使其难以被具有单一性的劳动法利益关系所合理规制。

综上,农业产业化的发展,引发农业领域用工关系利益发生变化。一方面,使得农业劳动者具有纳入劳动法保护的利益需求;另一方面,又碍于农业劳资利益关系的特性，难以与现行劳动法劳动者保护机制中的法益关系相匹配。故而，需要劳动法针对农业劳资利益关系的特点，引入利益衡量理论，在检视现行劳动者保护机制弊端的基础上，重构农业劳动者保护机制。

第五节 本章小结

本章在对概念与理论内涵进行界定的基础上，对利益衡量理论引入农业劳动者保护机制的必要性进行了分析。

一、利益衡量理论起源于对概念法学的批判，其后在利益法学和社会法学的影响与推动下，得以长足发展。利益衡量可以分为司法利益衡量与立法利益衡量。立法利益衡量，是指法律的制定过程中，在准确识别各种利益的基础上，基于利益的价值权衡、经济权衡与综合平衡等方法，对利益予以选择与取舍，以实现利益平衡和利益最大化的过程。立法利益衡量，具有以下特点：属于法律体系内部的自我完善；其衡量主体为国家立法机关；衡量客体为群体性、一般性、抽象性、重大性的利益；衡量过程中利益主体通过表达机制广泛参与。利益衡量适用于立法领域具有必要性，这源于司法利益衡量的缺陷；也源于社会利益存在的分化与冲突；还源于利益衡量是法律制度实现利益冲突纾解和各方利益平衡的必要理论框架与分析方法。从利益衡量的程序和环节看，利益识别与利益选择是最主要和关键的环节。其中，利益选择需要基于价值权衡、经济权衡和综合权衡等方法予以实现。本书中利益衡量主要是指立法利益衡量，即将利益衡量理论作为一种立法的方法论，运用于劳动法中农业劳动者保护机制的构建。

二、本书所界定的农业劳动者，是指农业产业化发展背景下，农业

第一章 利益衡量理论及引入农业劳动者保护机制的正当性

领域从事农业生产劳动以赚取工资性收入,劳动过程中具有一定从属性的劳动者。其具有以下特点:首先,通过劳动换取工资性收入,进而与传统的农民相区别。其次,属于从事农业生产的劳动者,进而与农民工相区别。再次,农业劳动者产生于农业产业化背景之下,进而与中国传统农业雇农相区别。

为实现农业劳动者的保护,有必要构建农业劳动者法律保护机制。该机制是指在农业规模化、产业化发展背景下,劳动法所构建的,体现农业用工关系运行内在机理,可以实现农业劳动者就业利益合理保护,与合理平衡劳资利益关系的法律制度。中国农业劳动者法律保护形式,经历了习惯法保护方式、民法保护方式到劳动法保护方式的发展过程。在劳动法保护模式下,农业劳动者保护机制包括了两种:劳动者一体保护机制和劳动者分类保护机制。对我国立法制度调试中农业劳动者保护机制两种类型的选择,也是本书后文引入利益衡量利益,予以分析与探讨的重点。

三、利益衡量理论是立法的一种重要的方法论,当前在农业产业化背景下,劳动法有必要引入利益衡量理论,用于指导农业劳动者保护机制的合理构建。

(一)利益衡量理论的引入,源于劳资利益平衡是劳动法的重要制度目标。利益衡量理论的引入,可以通过对利益的类型化分析,对利益保护程度的合理确定,对保护标准的合理化设定,实现农业劳动者保护机制的劳资利益平衡目标。

(二)利益衡量理论的引入,其关键因由,还源于农业产业化的发展,引发农业用工关系的利益变化,需要运用该理论对其予以统合与整饬。因为这种利益变化是劳动法现行劳动者保护机制所无法合理调整的。

第一,这种利益变化,同传统农业雇佣具有了较大的不同,农业劳资利益关系具有适用劳动法进行调整的必要性。首先,从劳动者角度看,农业劳动者具有了职业性的特点。这一点可以从2013—2018年农业领域雇工比例和农业雇佣劳动者为农业领域提供的雇佣劳动量体现出来。其次,从用工主体角度看,农业用工主体具有了组织性与经营性的特点。大量新型农业经营主体,如农业公司、专业合作社、家庭农场等,在工商机关登记注册,具有了民商事主体资格。再次,产业化进程中,农业用工关系具有了一定的从属性,劳动者劳动过程中存在着监管。

第二,虽然农业劳资利益关系具有适用劳动法进行调整的必要性,但是,农业劳资利益关系与现行劳动法中的法益关系存在着疏离。部分农业劳动者和农业用工主体不符合现行劳动法规范中劳资利益关系主体的要求。农业用工关系中劳动者人格从属性存在弱化的特点,难以达到劳动法劳资利益关系的从属性程度要求。而且现行劳动法调整的主体利益关系具有单一性缺陷,难以合理调整农业用工的多样性利益关系。

第二章 农业劳动者保护机制中的利益衡量

源于产业化发展背景下农业用工中劳资利益关系的变化,将利益衡量理论引入农业劳动者保护机制,以实现农业用工关系中利益的准确识别和合理选择,是立法合理保护农业劳动者利益和实现劳资利益平衡的理性选择。

第一节 农业劳动者保护机制中的利益识别

农业产业化背景下,农业用工关系中主要涉及两种利益:劳动者的就业利益与用人单位的经济利益。这两种利益是劳动法中农业劳动者保护机制应重点调整的对象。

一、劳动者的就业利益

我国《劳动法》第1条明确规定,该法的立法宗旨在于保护劳动者的就业利益。就业利益包括就业质量与就业数量两个方面。[1] 前者指向劳动立法,涉及立法对在岗劳动者工资、工时、劳动安全等多个方面的保

---

[1] 阎天:《平台用工规制的历史逻辑——以劳动关系的从属性理论为视点》,《中国法律评论》2021年第4期。

护情况。后者则关乎未在岗的劳动者,通过劳动法的就业促进功能的发挥,劳动者可以获得的就业岗位的多少。正如黄越钦教授所言,20世纪以来,劳动权的内涵包括了两大方面:第一,是尚未进入劳动关系的未就业者权益;第二,是已进入劳动关系的劳动者所享有的权益。① 未就业劳动者群体的利益,从整体上看,就在于促进就业人数的增长,而已就业者群体的利益则在于提高就业质量水平。

(一) 就业利益之就业数量方面

相较于就业质量的低下,长期处于失业状态,没有收入,对于劳动者的利益更加不利。是故,对于个体劳动者而言,实现就业是保障自身利益的首要条件;对于劳动者群体而言,满足尽可能多的劳动者就业需求,实现就业数量的增长,是整个劳动群体的重要利益。黄越钦教授就曾指出,未进入劳动关系的未就业者的权益体现在,国家为实现劳动者就业的安定性,对劳动者所负有的促进就业和提供培训辅导的义务。具体而言包括了就业服务、职业培训、失业保险三个方面。② 从立法上看,我国《宪法》对此明确了国家具有积极创造就业条件的义务。③ 为协调就业促进与经济发展的关系,我国进一步出台了《就业促进法》,该法规定了国家具有采取积极就业政策,采取多种途径促进劳动者就业的责任。④ 可见,在我国,促进劳动者群体就业数量的增长,是国家保护劳动者就业利益,所不可忽视的一个重要方面。

---

① 黄越钦:《劳动法新论》,中国政法大学出版社2003年版,第58页。
② 黄越钦:《劳动法新论》,中国政法大学出版社2003年版,第58页。
③ 《宪法》第42条。
④ 《就业促进法》第2条。

(二) 就业利益之就业质量方面

对于劳动者个体而言,获得就业机会,是其就业利益获得保障的起点。但是,就业成功并非代表其就业利益就得到了完全的保护。在劳动者就业后,对劳动者劳动过程中就业质量的保障,才是劳动者就业利益实现的关键。黄越钦教授曾指出,已进入劳动关系的劳动者,其劳动权的实现,与未就业者有所不同。国家政府对劳动者所负的保护义务,更多体现在维护与改善其劳动条件,制定与监督劳动基准的实施,赋予劳动者团结权以实现劳资博弈中利益的平衡等。①

国家只有通过劳动立法,在劳动者保护机制中实施合理的倾斜性保护措施,才能引导劳资利益关系向公平化的目标迈进。对于劳动法而言,其社会功能,即保护劳动者就业质量利益、实现劳动者体面就业的功能,是其最为重要的功能之一。从保护劳动者就业质量利益的手段上看,劳动法通过赋予当事人双方不同的权利义务,让劳动者享有更多的权利,对用人单位设置更多的义务,对其行为形成掣肘,进而平衡二者的利益关系。②

二、用人单位的经济利益

在我国劳动法中,与劳动者概念相对应的概念为用人单位。在法律上,劳动者享有工作权,用人单位享有财产权,二者同为宪法所保护的重要权利。③ 一方面,劳动者享有工作权,通过工作权的行使,以实现劳动者享有的就业利益;另一方面,用人单位享有财产权,通过财产权的行

---

① 黄越钦:《劳动法新论》,中国政法大学出版社 2003 年版,第 58—59 页。
② 张在范:《俄罗斯劳动法利益平衡理念的实现机制》,黑龙江大学 2012 年博士学位论文,第 142 页。
③ 黄越钦:《劳动法新论》,中国政法大学出版社 2003 年版,第 57 页。

使,以维护雇主享有的经济利益。而用人单位所享有的财产权本身又包括了所有权和经营权两大方面。财产权所有权能的发挥,主要通过资本在市场上赚取利益予以实现。而财产权经营权的行使具有综合性,其中涉及到对劳动者的管理权。用人单位依据其对生产资料享有的财产权,在劳资关系中,对劳动者享有劳务请求权与指示命令权。[①] 故而,在劳动关系领域,一方面,劳动者依据工作权,享有工资、工时、职业安全等劳动利益;而另一方面,用人单位又因享有财产权,对其购买的劳动力享有指示命令权。这注定了劳资利益关系之间存在利益冲突。

从现代立法看,工作权与劳动权都是宪法保护的重要内容。而现行宪法中的财产权的意义,已从传统私法视阈中的使用、占有、收益、处分权能,流变为一种财产利益。18、19 世纪的宪法只重视政治自由与平等,而忽视了经济自由与平等。社会福利国家从团体主义出发,囿于公共利益的保护需要,而限制了个体利益,规定了财产权的公共义务,规定了"所有权社会化"规则和"经营权民主化"规则。这意味着,为保护劳动者利益这一具有社会利益属性的群体利益,用人单位财产权的行使受到了立法的限制。但是如何合理确定限制的范围与程度,是劳动法在构建劳动者保护机制时需要重点考量的问题,否则,可能导致劳资利益失衡。在当前农业产业化背景下,如何合理设置对农业用工主体适用的劳动法规则,尤其重要。否则,若对农业劳动者保护不足,会导致劳资利益失衡;反之,若对农业劳动者在某些方面过度保护,则会因损害用人单位经济利益,而导致劳资失衡。农业领域用工主体多为新型农业经营主体,除了本身经济效益差,还是国家新农村建设中重点扶持的对象。而家庭农场、专业合作社更是农民为生存而自主经营的主体或互助经营的

---

① 黄越钦:《劳动法新论》,中国政法大学出版社 2003 年版,第 97 页。

组织。其与传统劳资利益冲突中,劳动者所面对的攫取剩余价值的资本型企业并不相同。这些特殊性,需要立法在构建适用于农业领域的劳动者保护机制时,予以充分的考量。这决定着对农业领域劳动者保护机制的构建,不仅需要对劳动者就业利益予以关注,还需要对作为新型用工主体的农业用人单位的利益予以兼顾。

三、农业劳动者保护机制中的内外部利益冲突

（一）内部利益冲突:劳动者就业利益之质量方面与数量方面的冲突

劳动者就业利益包括两个方面,即就业质量方面与劳动者就业数量方面。然而,在岗劳动者的就业质量诉求与非在岗劳动者的就业数量诉求存在矛盾。因为劳动者就业利益的保护以用人单位的经济发展为前提。然而,一定时期,用人单位的经济利益总是有限的。若增长的有限经济利益,用于保证在岗劳动者的就业质量需求,那势必无法为待业劳动者提供更多的岗位;反之亦然,需要降低在岗劳动者的就业利益保护水平,去换取更多劳动者获得劳动法的就业利益保护。从现实来看,在经济发展水平既定,用人单位经济能力不变的情况下,提高劳动者就业利益保护水平而不影响就业数量的情况,基本是无法实现的。劳动者就业利益的质量提高与数量增长的矛盾,从根本上看,源于资源的有限性,源于经济发展水平的有限性。[①] 从某种意义上看,解决劳动者就业利益的内部矛盾,关键还在于发展经济。这也是我国《劳动法》第1条在表明劳动法立法宗旨与目标时,将"促进经济发展"作为其目标的

[①] 李敏华:《劳动法律规制中就业目标与经济目标实现的理性》,《法学杂志》2017年第6期。

重要原因。

对于劳动者就业质量利益的保护,涉及已就业者的利益保护,通常由劳动法通过实施劳动基准、劳动合同法等劳动立法予以明确规定。而对于劳动者就业数量的促进,除了《就业促进法》通过原则性规定加以宣示外,主要还是通过劳动立法的间接调节予以实现。当前,我国劳动法基于"父爱主义"关怀,对纳入劳动法保护的劳动者就业质量利益,给予了高水平的保护。然而,因为劳动者就业利益的内部利益矛盾的存在,在立法不合理拔高劳动者就业质量水平时,势必影响劳动者就业数量的增加。这成为当前用工领域,典型劳动者就业数量不足,而非典型劳动者快速增长的重要原因。

(二) 外部利益冲突:劳动者就业利益与用人单位经济利益的冲突

劳动者与用人单位的利益关系是既相互对立又相互依存的矛盾关系。法律通过赋予劳动者权利,对就业中劳动利益予以保护。但是劳动者上述利益的实现,最终依赖于用人单位经济的发展。从这个意义上看,用人单位经济利益的实现是保障劳动者就业利益的前提。然而,劳动关系中劳动者就业利益与用人单位经济利益之间存在冲突的一面。劳资利益冲突理论中,马克思就曾指出,劳资双方利益的对立是一种阶级矛盾。而韦伯则不仅指明二者的冲突关系,而且进一步指出劳动者与生产资料的分离,成为劳动者为了生存不得不接受雇主的苛刻条件,被动地接受管理的根本原因。[①] 劳资利益关系的矛盾具体表现在:首先,用人单位经济收益的有限性,决定了其承担社会责任能力的有限性。有

---

① 范晶波:《劳动监察权:法律解构与制度规范》,南京师范大学 2014 年博士学位论文,第 116 页。

限的用人单位经济能力,使得其无法满足劳动者群体的就业质量需求与就业数量需求,进而产生了用人单位经济利益与劳动者就业利益的冲突。并且在用人单位既定的经济收益范围内,劳动者就业利益的内部冲突还可能进一步加剧劳动者就业利益与用人单位经济利益这一外部矛盾。[①] 其次,用人单位经济利益的获得具有以牺牲劳动者的就业利益为代价的动力,这是资本对剩余价值天然追逐的本性使然。最后,在劳动立法中,若立法对劳动者就业利益过分保护,过分加重用人单位的用工责任,增加其用工成本,会对其经济利益造成影响。当这种不利影响超过一定限度,将直接影响用人单位经营,阻碍其发展,乃至威胁其存亡。此时,劳动者就业利益的过度保护,就会对自身构成反噬。

在农业产业化背景下,农业用工领域劳资利益关系出现的新特点,需要劳动法设置农业用工领域劳动法调整规则时,对劳资利益予以合理考量。既要实现农业劳动者就业利益的保护,也合理兼顾用人单位经济利益。若劳动法构设的规则有失偏颇,则可能激化劳动者就业利益保护中的外部矛盾,引发劳资利益失衡。

第二节 农业劳动者保护机制中的利益选择

农业产业化背景下,农业劳动者保护机制的构建中,存在着内外部两种矛盾。为合理解决这些利益矛盾,有必要基于利益衡量的方法,对农业用工关系的各方利益进行选择与整合。利益选择环节是现代立法中最为重要的利益综合评估环节。在利益衡量与选择的方法上,立法者须以利益分析为主线,通过价值权衡分析、经济权衡分析和综合平衡分

[①] 李敏华:《劳动法律规制中就业目标与经济目标实现的理性》,《法学杂志》2017年第6期。

析三种方法,识别出最佳的利益选择方案。①

一、价值权衡分析下的利益选择

利益衡量理论为利益法学派所提出,但是利益法学派没有提出具体的利益衡量标准,进而无法为实践提供可供参考的利益衡量尺度。对此,价值法学派在此基础上,将价值作为利益衡量的核心标准,进而弥补了利益法学派思想的不足。换言之,价值法学派对于利益优先顺序的排列,需依据价值来加以判断。如日本学者星野英一,就依据价值的评价,将尊严、自由作为第一顺位的利益;将交易安全作为第二顺位的利益;在其他利益的价值排序中,把生存利益置于经济利益之前。②

但是依据价值对利益予以衡量,面临的问题在于异质利益的选择上,存在着价值之间的不可通约性。这一问题最早被赛亚·伯林称之为"当代哲学核心难题"。赛亚·伯林在其价值理论中,将关注点集中于"善"与"善"之间的不可通约性之上,进而提出了价值之间不可通约性的观点。③ 异质利益的公度性难题,曾被罗尔斯、克劳德等学者认为是无解的。④ 但是,梁上上教授认为异质利益的合理衡量路径,需要将抽象的利益价值,置于具体的场合之下予以选择与取舍。⑤ 虽然,梁上上教授对异质利益的衡量主要针对司法适用中的利益衡量,但是这种基于具体场域与情境下对异质利益予以实现衡量的方法,也应适用于法律制度构建的利益衡量之中。不同法律制度的立法目的与宗旨并不相同,对

---

① 张斌:《现代立法中的利益衡量》,吉林大学 2005 年博士学位论文,第 108 页。
② 李蔷:《劳动合同解除中的法益平衡研究》,吉林大学 2022 年博士学位论文,第 127 页。
③ 梁上上:《利益衡量论》,北京大学出版社 2021 年版,第 72 页。
④ 梁上上:《利益衡量论》,北京大学出版社 2021 年版,第 73 页。
⑤ 梁上上:《异质利益衡量的公度性难题及其求解——以法律适用为场域展开》,《政法论坛》2014 年第 4 期。

于异质利益的衡量,则应结合法律的立法宗旨以及不同法律调整的具体情形予以取舍。据此,立法利益衡量中的价值分析,才具有了合理性。

价值权衡分析法也称法益顺位权衡法,即立法者面对不同主体的法益诉求,权衡何种利益应得到优先保护。该法依据一定的价值标准,对某一对象进行分析,解决了法律应如何进行利益衡量的问题。① 在不同的利益关系中利益种类有所不同,为实现立法对不同情形下利益关系的准确调整,就需要立法对具体情形中的利益性质进行准确评判。进而基于价值的判断,对各种利益进行价值排序与权衡,以实现立法对优势利益的优先保护。劳动法在构建劳动者保护机制时,也应依据不同利益性质的认定,基于利益价值的排序,对不同的利益进行选择。

(一) 农业领域劳资利益的定性分析

劳资利益存在着冲突。在冲突的劳资利益关系中,劳动者就业利益与用人单位经济利益是两种不同性质的利益。在厘清二者性质的基础上,才能对二者的利益关系予以合理的调整。

(1) 劳动者就业利益的价值属性

一是生存利益属性。劳动者就业利益对于劳动者而言属于生存利益。这主要表现在:第一,劳资利益关系中劳动者的劳动力资源与用人单位的生产资料具有不同的特点。劳动者以劳动力为交换对象,获取基本生存资料,而劳动力的形成是一个周期较长且投入较大的过程。然而,劳动力作为劳动者享有的重要资源乃至唯一资源,难以被储存,只能通过使用才能创造价值。一旦闲置,不但不能产生价值,还可能因为技艺生疏或缺乏经验而贬值。基于劳动力的这一特点,劳动者急于寻找交

---

① 郑尚元:《社会保障法》,高等教育出版社 2019 年版,第 42 页。

易对象,变现自身劳动力的价值,以维持基本的生活。然而,用人单位享有的生产资料的特点,却与劳动者享有的劳动力资源特点有所不同。用人单位所具有的生产资料便于储存,不会出现因时间经过就湮没或贬值的紧迫感。第二,用人单位的经济利益对于用人单位而言,主要表现为一种生产资料而投入再生产之中。而劳动者享有的保护工资、工时、职业安全等就业利益中,工资是维持劳动者生存的基本利益;工时、职业安全是维护劳动者身体健康而继续存活的生存利益。可见用人单位与劳动者在劳资利益关系中的利益性质具有差异性。也正是基于二者利益的差异性,劳动者才在急于交换自身劳动力的过程中,处于不利地位,具有了先天的弱势地位。[①]

二是社会利益属性。庞德意义上的个人利益、公共利益与社会利益,分别由不同的法律规范进行调整。个人利益关系主要是私法的调整对象,公共利益关系主要是公法的调整对象,而社会利益由公私法之间的"第三法域"(即社会法)进行调整。对于社会法调整的社会利益,是在个体利益与公共利益之间逐渐新生的一种利益。其产生源于市民社会与国家干预的共同影响,进而使得部分私人利益在国家的干预之下,利益行使功能受到限制,从个体利益转化为社会利益。因此,社会利益从本质上看,仍然属于个体利益而非公共利益,属于个体利益的团体化。若从层级上看,个体利益属于微观层面的利益,公共利益属于宏观层面的利益,而社会层面则属于中观层面的利益。

劳资关系中的劳动者利益,具有典型的社会利益属性。社会法对社会利益的特殊保护,正是源于一方当事人在二者契约关系中处于明显的弱势地位,难以依靠自身实现权利,进而需要国家的干预。通过国家对

[①] 李喜燕:《实质公平视角下劳方利益倾斜性保护之法律思考》,《河北法学》2012年第11期。

社会利益的倾斜性保护,打破原有的私法平等保护方式,最终实现实质正义。若国家不参与到劳资利益关系中,对社会利益进行特殊保护,仅放任劳动者利益与用人单位利益,以个体利益的形式,进行利益博弈。那么,在利益博弈中处于强势地位一方,必然会滥用这一优势地位。不仅侵害劳动者利益,也对社会经济秩序构成危害。劳动法的利益平衡作用,体现在衡量各种利益的重要性,并设计出协调利益冲突的合理法律准则,以实现利益的重组。[1]

社会法对劳资利益关系的调整始于工业革命时期,劳动法调整的主要对象为工业领域的劳动者。对于中国的农业领域而言,传统农业雇佣关系,并不适用劳动法加以规范,而是适用民间的农业习惯法予以调整。然而,进入新世纪以来,随着乡村振兴战略的实施和农业产业化、规模化生产的发展,农业领域出现了劳资利益的新变化,使得农业劳资利益关系符合了劳动法所调整的劳资关系特点。农业劳动者的就业利益也具有了劳动法所保护的社会利益属性。

(2)用人单位经济利益的价值属性:与公共利益相关的个体利益

追逐利润是资本的本性,通过生产获取利润的最大化,是作为用人单位的企业生产经营的最终目标。经济利益作为用人单位的核心利益,从性质上看,具有个体利益的属性。但是用人单位的经济利益,不仅关涉用人单位一方的私人利益,也与国家和地区的经济发展密切相关,进而使得用人单位的经济利益与公共利益的实现密切相关。经济发展是承载社会安全与国民福祉的基础,经济发展利益是公共利益的重要内容。这一点,尤其体现在农业领域。农业生产者经济利益的保障、农业生产的发展、农业经济的繁荣、粮食生产的安全性,是事关国家经济命

---

[1] 董保华:《社会法原论》,中国政法大学出版社2001年版,第3页。

脉,关系国家长治久安,影响国家安全的重要战略问题。① 因此,农业领域的用人单位的经济利益具有属于个体利益的属性,但是与国家经济发展这一公共利益紧密相关,需要劳动法在保护劳动者利益过程中,予以兼顾。

(二) 农业领域劳资利益的价值序位

第一,劳动者就业利益对劳动者自身而言,属于生存利益,应优先于用人单位经济利益加以保护。生存利益是维持人生存的必要利益,劳动者以自己的工资作为维持生活的收入来源,其就业利益就是其重要的生存利益。劳动者享有的工资报酬、身体健康、休息休假等利益,在立法中,也应优先于用人单位经济利益进行保护。②

第二,劳动者就业利益具有群体性与弱势性,在性质上属于社会利益,应优先于用人单位经济利益加以保护。属于社会利益的劳动者利益,具有社群性,属于团体利益,涉及的利益主体数量众多。在利益选择与衡量中,利益主体的多寡应成为区分利益优先性的重要标准。利益主体体量越大,该利益在价值位阶中的位置就越靠前。③ 因此,劳动者就业利益具有优先于用人单位经济利益的价值位阶。劳动法对社会利益进行优先保护,将劳动者就业利益的保护作为自身存在的首要目标,是基于劳资利益价值位阶的必然要求。作为社会法的劳动法,之所以要对劳动者利益予以倾斜性保护,源于劳动者与雇主在劳动关系中所处的地位的不平等性。劳动者与雇主之间一旦签订了劳动合同,进入到劳动合同的履行阶段,就具有管理与被管理的从属性关系。雇主通过工资的支

---

① 刘权政:《当代中国农民经济利益问题研究》,光明日报出版社2019年版,第1页。
② 王丽:《地方立法利益衡量问题研究》,吉林大学2015年博士学位论文,第126页。
③ 王丽:《地方立法利益衡量问题研究》,吉林大学2015年博士学位论文,第126页。

付,以购买的形式享有了对劳动力的指示命令权。通过工作规则的形式,实现劳动过程中对劳动者的控制。在这一过程中,劳动者只能处于附从地位。而雇主为追逐利润的最大化,会尽可能地削减受雇者的利益。①

劳资利益关系中,劳动法对劳动者利益予以优先保护,但同时,对劳动者适用倾斜保护原则时,也应对该原则中的"保护弱者"与"倾斜立法"作出合理的解释。这主要涉及两个方面,第一,对保护弱者的合理解释。保护弱者的适用前提需置身于具体的场景之中,将具体的弱势对象识别出来。这种场景是具体的,而非抽象的。第二,倾斜立法的合理解释。倾斜立法即是立法基于实质正义,对利益关系中处于弱势群体的一方赋予更多的权利,给予其看似不平等的"差别化待遇"。倾斜立法建立在对劳动者等弱势群体,抽象化、概念化认识的基础上,然而具体到现实中的劳动者保护,应将抽象的劳动者主体还原为具体情形下的劳动者。进而对其制定不同的保护标准,实现对不同程度的弱势群体的合理救济。若没有"差异性"的倾斜立法,立法的结果仅实现了形式正义,而没有实现实质正义。

二、经济权衡分析下的利益选择

在利益衡量的过程中,根据价值分析,立法会优先保护一部分价值,而牺牲另一部分价值。对此,应按照"正义"的理念,构建立法最优的价值格局。为实现优位利益的保护,当有多种方案时,制度应遵循"经济人"理性对这些方案作出选择。考量理性人的守法成本,以最小的成本给整个价值方案带来最大的效用。有观点就曾指出,通过"利益"的价

---

① 范晶波:《我国政府应对劳资冲突的法律机制研究——劳动监察的介入定位与制度创新》,《江苏社会科学》2012 年第 1 期。

值排序,确定立法所优先保护的利益类型,属于"利益冲突论"的处理方法,但仅仅依据"利益"的价值排序确定利益衡量方案存在不足,故而,还应在"利益价值序位"之外强调"衡量"的作用。所谓利益的"衡量",则是强调利益之间的衡平,属于"利益调和论"的调整方法。其要求在保护优势利益的同时,降低其他利益的损害,实现利益的最大化。① 这一观点,为立法利益衡量在价值分析之外,需做进一步的经济分析、平衡分析提供了依据。而立法利益衡量的经济分析,就是在立法中,通过对各利益主体成本与收益的评估,寻找最优的价值调整方案,并为进一步的利益平衡分析提供基础。

利益冲突的产生源于资源的稀缺性。利益以资源为载体,利益主体以占有资源作为享有利益的体现。资源的稀缺性导致了利益客体的不足,导致利益主体的需求无法得到满足。也正是因为资源的稀缺性,使得立法为解决利益冲突,将利益衡量作为了重要方法。同时,也正是源于资源的稀缺,实现资源的合理配置,成为了立法利益衡量的最终目标。资源的稀缺性,要求劳动法的劳资利益调整机制,成为有效率的制度,不能仅偏颇于公平而导致制度缺乏效率。故而,为实现劳动法中农业劳动者保护机制的效率性,有必要从经济视角去探讨利益冲突的解决方案,增强法律制度的科学性。②

法律制度的经济分析,主要通过一个法律制度成本与效益的分析,寻求立法制度的最优效益方案。③所谓效益,是指立法在利益衡量中实现的利益增长。所谓成本,是指立法在利益衡量中造成的利益减损。④

---

① 蔡琳:《论"利益"的解析与"衡量"的展开》,《法制与社会发展》2015 年第 1 期。
② 李蔷:《劳动合同解除中的法益平衡研究》,吉林大学 2022 年博士学位论文,第 28 页。
③ 张斌:《现代立法中的利益衡量》,吉林大学 2005 年博士学位论文,第 167 页。
④ 王丽:《地方立法利益衡量问题研究》,吉林大学 2015 年博士学位论文,第 167 页。

经济分析法学派科斯最早将交易成本适用于法律制度的分析。而理查德·A.波斯纳则进一步强调了效率在法律制度构建中的重要性。① 立法利益衡量中经济权衡分析应重点适用于以下方面：一是对各方利益主体的成本与效益的分析；二是对利益受损方损害的分析；三是对整体利益成本与效益的分析。② 而经济分析中对法律制度"效率"的判断，则往往以卡尔多-希克斯标准作为评价标准。③ 即要求面对具有竞争关系的两个及其以上的利益无法共存时，立法利益衡量应选择利益损害最小化的方案。卡尔多-希克斯标准认为，效率的实现要求收益大于损害。在这个前提下，要求获利者在对受害者进行补偿后，还可以使得社会总财富得到增长。④ 卡尔多-希克斯标准启示我们，应珍惜有限的资源，利用法律制度优化资源配置，实现资源损耗的最小化，以促成社会资源最大限度的合理利用。

此外，除了成本与效益的分析法以外，边际分析法也是立法利益衡量中可以借鉴的一种经济分析法。"边际效用"意指每消费一单位物品，获得的效用满足增长度。在立法中，法律将利益分配给不同的主体，同一物品产生的边际效用存在差异。正如苏力所言，同样的财富增长，对富翁和农民工，将产生完全不同的边际效用。⑤ 故而，法律制度将有限的资源分配给更能产生边际效用的主体，会使得资源发生最大的效用，从而使得法律制度更有效率。但是，边际效用最大化原则在立法中的适用，应具有补充性。只有在穷尽其他原则的情况下，才适用这一原

---

① 周杰：《环境影响评价制度中的利益衡量研究》，武汉大学 2012 年博士学位论文，第 128 页。
② 张斌：《现代立法中的利益衡量》，吉林大学 2005 年博士学位论文，第 167 页。
③ 周杰：《环境影响评价制度中的利益衡量研究》，武汉大学 2012 年博士学位论文，第 128 页。
④ 郑金虎：《司法过程中的利益衡量研究》，山东大学 2010 年博士学位论文，第 68 页。
⑤ 苏力：《"海瑞定理"的经济学解读》，《中国社会科学》2006 年第 6 期。

则。此外,边际效用最大化原则的适用还以利益主体的边际效用存在差别为条件。①

当前农业产业化进程中,农业劳动者具有了适用劳动法保护的必要性。但随之而来的问题是,劳动法应如何进行利益衡量,设计合理的农业劳动者保护机制,对用人单位与劳动者之间的利益进行合理调整。这就需要依据利益衡量的经济分析,在构建农业劳动者保护机制时,既强调劳动者就业利益的优先保护,又合理考量用人单位的守法成本,实现利益损害的最小化。立法者在制定法律规制时,应尊重市场规律,不能一味地强调劳动者就业利益保护而忽略了用人单位经济利益的兼顾。否则将导致用人单位守法成本过高,刺激用人单位规避法律。

三、综合平衡分析下的利益选择

法律制度是通过各方利益竞争与博弈而形成的最优均衡。② 英国法学家罗杰·科特威尔教授就曾指出,法律制度是权衡与整合多方利益后形成的折中机制,其目的在于实现对个体、公共和社会利益的平衡。③ 在立法利益衡量中,依据利益的价值判断,优先对排序在前的利益加以保护时,还应进一步平衡与其他利益的关系。是以,农业劳动者保护机制构建中的利益衡量,在经历价值分析、经济分析后,还需进一步对各种利益进行平衡分析。依据利益平衡,强调劳动者保护中对比例原则、整体利益最大化原则的遵循;依据利益平衡,强调劳动者保护中,对具有差异性的劳动者的合理性差异化立法。

---

① 郑金虎:《司法过程中的利益衡量研究》,山东大学 2010 年博士学位论文,第 17 页。
② 刘少军:《法边际均衡论:经济法哲学》,中国政法大学出版社 2017 年版,第 43 页。
③ 杨炼:《立法过程中的利益衡量研究》,法律出版社 2010 年版,第 49 页。

第二章　农业劳动者保护机制中的利益衡量

(一) 农业劳资利益选择中比例原则的遵守

为了实现立法正义,法律在具有冲突关系的利益之间权衡与选择,在利益调整中遵循比例原则,力求实现各方利益之间共存与平衡。比例原则,将立法目的与保护手段相结合,用以衡量利益法律保护措施的合理性。尽管学界曾主要将比例原则运用于公共利益对个人利益限制程度的合理性分析,但是立法中比例原则思想,可运用于其他具有竞争关系的利益衡量场域,以实现各方利益的兼顾与融合。①

所谓立法利益衡量中比例原则的遵守,主要是指立法在调整利益关系时,基于一种利益的保护而对另一种利益进行限制时,要符合比例原则。既要实现保护的目的,又不对另一种利益造成过分的损害。立法中,比例性原则的适用,需要符合以下几点要求:第一,适当性要求。即要求立法手段与立法目的之间具有妥当性与适当性。立法手段的采用,是有利于实现立法所追求的目标的。第二,必要性要求。即要求立法手段的采用具有必要性。换言之,该立法手段的使用,是所有方案中的最优方案,对其他利益的损害是最小的。立法可以通过这一手段的运用,以最小的成本实现立法目标。第三,相称性要求。要求所采取的立法手段与立法目标成比例,立法手段实施后带来的收益,是大于该手段带来的损害的。否则,立法手段可能就存在与立法目的的不相称性。相较于适当性要求、必要性要求,相称性要求具有自身的特殊性。前两种要求,为立法者面对一种有价值的利益,如何制定恰当的保护措施,提供了借鉴。而相称性要求,则不仅要求一种利益的存在,而且要求两种以上内容相互冲突的利益的存在。此外,前两种要求的提出是以目的分析为导

---

① 张斌:《现代立法中的利益衡量》,吉林大学 2005 年博士学位论文,第 126 页。

向,而相称性要求的提出则以价值分析为导向。①

此外,相称性要求为立法者在解决利益矛盾时,必须进行价值衡量提出要求。同时,也为立法者如何进行合理的利益平衡,提供了可供借鉴的具体衡量标准。立法是否符合相称性要求,可以通过两个步骤予以检验:第一,在对具有冲突关系的利益予以识别的基础上,基于价值位阶,对这些利益的价值进行判断。第二,基于利益价值判断的结果,分析可能的立法方案,考量方案的措施是否与立法目标成比例,立法所能保护的利益价值是否大于其损害的利益价值。

在我国劳动立法中,遵循比例原则调和劳资利益矛盾具有十分重要的现实意义。第一,仅依靠价值分析,对存在利益冲突的劳资利益进行选择,存在局限性。在价值导向的逻辑思维下,劳动者利益保护无可争议地成为劳动法所有情形中都应当优先保护的利益。但这一逻辑的后果,会引导劳动法无限度地强调劳动者利益保护,也使得劳动法的社会法属性,演变为公法属性。可见,立法利益衡量,在价值分析之外,利益的综合平衡分析必不可少。综合平衡分析中比例原则的运用,将有利于实现不同情形下,用工关系中利益调整方案的合理建构。第二,可以对价值序位在后的用人单位经济利益予以保护。因为立法为了保护某种价值优先的利益,而限制或损害另一种利益时,比例原则要求对其做最低程度的损害。

(1)就业利益内部矛盾解决中比例原则的适用

劳动法就业保护目标的实现,主要涉及劳动法对已就业劳动者群体就业质量的保护,以及对未就业劳动者群体就业数量的促进两个方面。然而,碍于用人单位经济能力的有限性,已就业劳动者就业质量的提高

---

① 郑晓剑:《比例原则在民法上的适用及展开》,《中国法学》2016年第2期。

和未就业劳动者就业数量的促进,难以同时实现。因此,劳动者就业利益保护中就业质量与数量的矛盾,成为劳动者就业内部利益的矛盾。

劳动者就业利益质量与数量的矛盾,属于同位阶利益之间的矛盾。因此,对于二者之间矛盾的解决,难以通过价值分析,依据二者的价值排序进行取舍。对此,除了依据利益衡量的时间与场域的不同,对同位阶的利益冲突做动态的、具体的分析与选择外[1],只能运用比例原则,在质量提升与数量促进之间寻求利益平衡。一方面,在保持二者核心利益的前提下,依据具体情形,侧重保护其中的一种利益;另一方面,为保护一种利益而对另一种利益进行限制时,立法也应适用比例原则,严格遵循适当性、必要性与相称性的要求,为利益限制设置合理的评判标准,将利益限制控制在适当的、必要的范围内。[2] 至于就业利益质量需求与数量需求的具体平衡点,在不同时期有所不同。有学者就提出,第一,应在经济下行时期,侧重于劳动者群体就业数量利益的实现;而在经济繁荣时期,侧重于劳动者群体就业质量利益的实现。[3] 第二,在国家采取需求侧改革时,劳动法律与政策应以保障劳动者就业质量利益为重心,通过增加劳动者收入,增加消费,以促进经济发展;而在国家采取供给侧改革时,则劳动法制的重心应放在促进劳动者就业数量增长之上,通过加强劳动力的投入,推动经济的增长。[4]

(2)就业利益外部矛盾解决中比例原则的适用

在用人单位经济收益既定的情况下,用工成本越高,用人单位的净

---

[1] 马特:《权利冲突中的利益衡量与动态抉择——以罗伊诉韦德案为例》,《江西社会科学》2014年第8期。
[2] 王丽:《地方立法利益衡量问题研究》,吉林大学2015年博士学位论文,第109页。
[3] 阎天:《平台用工规制的历史逻辑——以劳动关系的从属性理论为视点》,《中国法律评论》2021年第4期。
[4] 阎天:《供给侧结构性改革的劳动法内涵》,《法学》2017年第2期。

利润越少。因此,劳动者就业利益与用人单位经济利益之间存在一定的矛盾,这一矛盾属于劳动者就业利益保护的外部矛盾。围绕这一矛盾的解决,劳动法学界曾发生过关于劳动法性质的大讨论,存在"单保护"与"双保护"的两种观点。①

从利益双方的性质而言,劳动者就业利益与用人单位经济利益属于异质利益。其中,劳动者就业利益属于生存利益、社会利益,劳动法在构建劳动法保护机制时,依据利益选择的价值分析,需要对劳动者就业利益予以重点保护;但是,基于利益平衡的考量,在强调对劳动者就业利益予以保护时,也应对用人单位的经济利益予以兼顾。从劳资利益关系的另一方(即用人单位的经济利益)来看,其在性质上属于个体利益、发展利益。但从宏观上看,用人单位的经济利益与国家经济发展具有协同性,属于一种与公共利益密切相关的个体利益。而且,用人单位个体经济利益的获得,往往是劳动者就业利益得以实现的基础。劳动者就业利益内部矛盾的解决,从根本上看,依赖于用人单位经济效益的提高,依赖于经济水平的发展。申言之,用人单位的经济利益的获得是承载劳动者就业利益的前提,是维护社会稳定与发展的基础,是不可轻视的重要利益。故而,劳动法虽然以保护劳动者利益为宗旨,但是平衡劳资利益关系也应成为其立法的重要目标。

根据这一思路,反观当前学界关于劳动法性质的"单保护"与"双保护"之争,发现劳动法仅以劳动者利益保护为宗旨的"单保护"思想,和以劳资利益平等保护的"双保护"思想,都存在着一定的不足。劳动法

---

① 比如,以常凯教授为代表的学者认为,劳动合同法的立法主旨是保护劳动者。而以董保华教授为代表的学者则认为,劳动合同法的立法宗旨不能脱离倾斜保护来谈究竟是"单保护"还是"双保护",应从倾斜保护出发来认识劳动合同的立法宗旨。常凯:《劳动合同立法理论难点解析》,中国劳动社会保障出版社2008年版,第16页;董保华:《论劳动合同法的立法宗旨》,《现代法学》2007年第6期。

在侧重于劳方利益倾斜性保护的同时,基于比例原则合理兼顾资方利益,进而实现劳资利益平衡,才是劳动立法在调整劳资利益关系时应持有的态度。①

(二) 农业劳资利益选择中整体利益最大化原则的遵守

功利主义代表人物杰里米·边沁认为,所有法律的目标都在于促进社会总体幸福的增加。社会法学派的罗斯科·庞德,在强调社会利益的保护时,也强调社会利益保护与其他利益保护的平衡。需要将个人利益的保护置于社会利益保护的场域下,力图减少利益之间的摩擦,降低利益的损害,实现整体利益的效益最大化。② 边沁和庞德的思想,启示出立法利益衡量应当遵循整体利益最大化原则,合理平衡各方利益。所谓整体利益最大化原则,是指立法在进行利益衡量时,以整体利益最大化为目的,对各种具有竞争关系的利益进行评判与审视,纾解利益矛盾,整合利益关系,将利益损害降低到最低程度的原则。

立法利益衡量中整体利益最大化原则的遵循,有利于实现社会资源的优化整合,促进社会财富整体上的增长。在劳动法农业劳动者保护机制的利益衡量中,对整体利益最大化原则的遵守,就要求具有全局观,从劳资利益整体利益最大化的角度,对各方利益进行兼顾,促进劳方与资方的协作,促成共同利益的增加。

但是,值得探讨的问题在于,以什么标准评判构建的劳动者保护机制实现了整体利益最大化,从而有效解决了劳动者就业利益保护与用人单位经济利益保护的矛盾?

---

① 李雄:《论我国劳动合同立法的宗旨、功能与治理》,《当代法学》2015年第5期。
② 周杰:《环境影响评价制度中的利益衡量研究》,武汉大学2012年博士学位论文,第149页。

对于整体利益最大化的判断标准,一些学者提出了以下几方面的判断标准:首先,利益选择的结果使得整体利益得以增长,乃至实现了可能范围内的利益最大化。其次,要求利益收益大于利益损害,以实现利益整体上的增加。最后,对利益受害方进行了合理的利益补偿。① 即在两种利益的选择中,优先保护了一种利益,而限制了另一种利益,那么被限制的利益,应当得到补偿。此系利益兼顾原则与公平正义原则的一个重要要求,也是现代法治的一个重要体现。② 可见,立法利益衡量中对整体利益最大化原则的运用,彰显了立法效率价值的重要性,促进了社会财富的整体性增长;弥补了价值权衡分析的不足,将利益衡量的视角从部分转移到整体,强调了对利益受损方的利益补偿,更利于利益平衡与利益融合的实现,更利于立法正义的实现。

对应上述学者提出的整体利益最大化判断标准,劳动法中农业劳动者保护机制应符合以下的要求:

(1)将国家农业经济发展和劳资关系和谐,作为农业劳资整体利益最大化的判断标准。

一方面,应将农业领域劳资利益关系的和谐、劳资双方利益得到满足,作为农业产业化进程中劳资整体利益最大化的衡量标准;另一方面,更为重要的是,应以国家农业经济的发展,作为双方综合利益的最大化的衡量标准。因为国家农业经济的发展,不仅可以保障用人单位经济利益的获得,还是解决农业就业内部质量与数量矛盾的根本。只有通过农业经济的发展,才能使得用人单位与劳动者整体获利。然而无论是劳资利益关系的和谐,还是国家农业经济的发展,在现行农业劳动者利益保护不足的背景下,都与现行农业劳动者就业利益的加强密切相关。因为

---

① 张斌:《现代立法中的利益衡量》,吉林大学 2005 年博士学位论文,第 168 页。
② 王丽:《地方立法利益衡量问题研究》,吉林大学 2015 年博士学位论文,第 103 页。

加强农业劳动者就业利益的保护,不仅可以促进劳动利益关系和谐,还可以实现农业领域劳动力的持续性供给,实现农业经济增长方式的变革,进而促进国家农业经济发展,加快农业现代化发展。

(2)构建合理的劳动者保护标准,在实现劳动者利益保护时,减少对用人单位经济利益的损害。

经济的发展,是保障劳动者就业利益的基础,只有在用人单位经济利益良好的情况下,才能更好地承担企业社会责任。若劳动法设置的劳动标准过高,导致本身经济效益低下的农业经营主体自身生存困难,那么,这一规定,不仅阻碍了经济发展利益的实现,也损害了劳动者群体的就业数量利益。劳动法作为国家部门法,具有适用上的普适性。故劳动法构建的劳动者保护机制也应具有灵活性,不仅能合理地调整城镇非农领域的用工关系,也能合理地调整农村的农业领域的用工关系。当前农业产业化进程中,基于农业特殊性的要求,劳动法构建的农业劳动者保护机制,应是适合中国小农经济国情,符合广大家庭农场、专业合作社等小微型农业用人单位用工状况的农业劳动者保护制度。

(3)应结合相关的配套政策,加大对农业经营主体的扶持力度,实现对劳资利益关系中利益受损一方的利益补偿。中国传统农业中,劳动法较少适用于农业领域,农业雇主因此也不用承担劳动法上的责任。然而农业产业化发展,使得农业劳动者具有适用劳动法保护的必要性,这将导致农业用人单位因劳动法责任的承担,而增加用工成本。面对农业领域经济效益低下的现实,国家在实现农业劳动者就业利益保护的同时,也应对利益受损的农业用人单位一方进行补偿。这种补偿,一方面,可以通过劳动法设计农业劳动法例外规定,减少农业用人单位不必要的用工负担;另一方面,则应通过政策优惠,加大农业补贴,尤其是构建对农业用工保险等领域的补偿,减轻农业用人单位用工成本,以实现利益的平衡。

(三) 农业劳资利益选择中合理差别原则的遵守

平等是立法正义最主要的体现。亚里士多德在提出平等概念时指出,对平等可以理解为等同对待相似的事物,区别对待不同的事物。博登海默则指出法律应一视同仁地对待相同的人。这就要求立法在利益衡量时,遵守平等对待原则。然而,对于利益衡量中平等对待原则的遵守,主要表现在:不得存在利益歧视,同种利益应受到平等保护,同种情形应受到同等对待;不存在利益保护的漏洞,具有重要价值的利益都得到了立法的保护。

立法利益衡量对平等对待原则的遵守,不排除合理的差别性规定的存在。如劳动法等社会法,以追求实质正义作为立法的目标,在立法规制时,对劳动者赋予更多的权利,给雇主施加更多的义务。从表面看,违反了平等性原则,实则是以表面的不平等追求实质上的平等。

立法利益衡量中的平等对待原则,不排除差别化的立法,但是立法对利益主体作出差别性规定,要求必须具有合理性。在对差别性规定的合理性的考虑时,需要注意以下五个方面:第一,立法规制的利益主体本身存在着社会性差异,并且这种差异是因社会性原因而天然存在。如雇主与劳动者,二者对生产资料的占有情况以及在劳动过程中的地位,存在着天然的不平等。第二,差异性立法所针对的对象,必须具有群体性。第三,立法中差异性规定具有必要性。如劳资利益关系中,劳动法在劳资权利义务方面进行差异性立法,对劳动者进行倾斜性保护,具有必要性,因为劳动者的不利地位,依据自身能力难以单方纠正。第四,立法中差别性规定的作出,目的在于实现实质公平。特殊群体与普通群体之间本身存在差别,法律难以通过对普通群体的平等保护手段,实现对特殊群体的合理保护。只能通过差别化的调整方式,实现本就存在差异性的群体间的利益平衡。第五,立法的差别性规定,不属于利益歧视,也没有造成利益歧视。①

依据利益衡量的平衡性分析,为追求实质公平而设置法律制度的差异性规定,具有合理性。这种合理性不仅体现在劳动法为劳资双方设置不同的权利义务规定,而且也体现在为不同劳动者、不同用人单位,设置的不同劳动法调整规则之上。对于劳动者的保护,无需基于形式上的平等,而给予一体化的保护。更应基于实质正义,针对现实中具体劳动者弱势程度的不同,实施分类保护,给予合理的差别化保护。当前,农业产业化进程中农业劳动者的保护具有特殊性,既需要劳动法给予其倾斜性保护,又需要立法针对农业劳动者的特殊性,在劳动者分类保护理念的基础上,给予其专门化的保护;同时,也需要针对农业内部劳动者的不同,进一步分类保护或适用例外性保护。这种差异性立法即属于具有合理性的差异性立法。

总之,农业劳资利益衡量中,除了依据价值分析强调劳动者利益优先保护外,还应依据整体利益最大化原则、比例原则、合理差别原则,平衡农业领域的劳资利益关系。在利益衡量中,兼顾多方利益,促成竞争性利益的妥协,实现利益的共和,谋求利益共赢局面。②"求大同"而"存小异",挖掘多元利益主体之间的共同利益,并将双方的共同利益及利益共识,上升为制度中的利益,通过立法予以确定。

---

① 张斌:《现代立法中的利益衡量》,吉林大学2005年博士学位论文,第169页。
② 王丽:《地方立法利益衡量问题研究》,吉林大学2015年博士学位论文,第104页。

第三节　本章小结

上一章阐述了利益衡量理论的内涵和分析了利益衡量理论引入农业劳动者保护机制的必要性,本章则适用利益衡量理论对农业劳动者保护机制进行分析,探讨农业劳动者保护机制中,符合利益衡量要求的应然利益选择方式与应然利益状态。

一、对于农业用工领域的利益识别,可以发现,劳动者就业利益与用人单位的经济利益是其中最重要的两种利益。而劳动者就业利益,又可以进一步分为两个方面:就业质量方面与就业数量方面。劳动者保护机制构建中,也因此存在两组矛盾:第一,就业利益保护的内部矛盾,即劳动者就业质量需求与就业数量需求的矛盾;第二,就业利益保护的外部矛盾,即劳动者就业利益与用人单位经济利益之间的矛盾。为妥善解决这些利益冲突,需要基于利益衡量分析的方法,进行合理的利益选择,以实现劳动法农业保护机制的合理性与正义性。

二、利益选择环节是现代立法中最为重要的利益综合评估环节。在农业劳动者保护机制的利益选择中,立法者应运用利益的价值分析方法、经济分析方法和平衡分析方法,实现农业劳动者利益恰当保护,实现劳资利益关系合理平衡的应然利益状态。

(一)基于利益衡量的价值权衡分析,在农业劳动者保护机制中,应首要实现对农业劳动者就业利益的优先保护。

价值权衡分析法是利益选择中首要的分析方法。为实现立法对不同情形的利益的准确调整,需要立法对不同类型的利益性质进行准确评判,进而基于利益价值位阶,确定立法对利益的保护次序。通过利益的价值分析,立法应当对属于优势利益的农业劳动者就业利益,予以优先保护。这源于农业劳动者就业利益的社会利益属性,以及属于劳动者的生存利益的本质特点。但与此同时,立法在农业劳动者利益保护中,应合理兼顾用人单位经济利益。因为农业领域用人单位的经济利益虽然属于个体利益,但其与国家经济发展密切相关。此外,劳动法也应对"保护弱者"与"倾斜立法"作出合理的解释。将劳动者就业利益的保护置于具体的场景之中,以实现实质正义的目标。

(二)基于经济权衡分析,农业劳动者机制构建中,应重视对用人单位守法成本的考量,构建有效率的农业劳动者保护机制。

经济权衡分析法是利益选择中运用的重要方法。法律制度的经济分析,主要对一个法律制度成本与效益进行分析,探讨立法制度的最优效益方案。这要求立法利益衡量中,遵循"经济人"理性,对理性人的守法成本予以考量,以最小的成本实现整个价值方案的最大效用。劳动法在构建农业劳动者保护机制时,有必要从经济的视角去探讨利益冲突的解决方案,以实现法律制度的科学性与效率性。这就要求劳动法在强调劳动者就业利益优先保护时,考量到用人单位的守法成本。立法者在制定法律规制时应尊重市场规律。若一味地强调劳动者就业利益保护而逾越用人单位经济利益的兼顾,将造成用人单位守法成本的过高,刺激用人单位规避法律。

(三)基于综合权衡分析,农业劳动者机制构建中,应合理兼顾用人单位经济利益,实现劳资利益关系的平衡。

综合平衡分析是利益衡量中实现劳资利益平衡的必要方法。为实现农业劳动者保护机制构建中利益的平衡性分析,应在立法中遵循比例原则、整体利益最大化原则、合理差别原则。

第一,为实现利益平衡,应在劳资利益选择中合理适用比例原则。立法利益衡量中的比例原则,要求立法在调整利益关系时,基于一种利益的保护而对另一种利益进行限制时要符合比例。既要实现保护的目的,又不对另一种利益造成过分的损害。立法中,比例性原则的适用,需要符合以下三点要求:适当性要求;必要性要求;相称性要求。农业劳动者就业内外部利益冲突的解决中,也应遵循比例原则:一方面,在处理就业利益质量提高与数量增加的这一同质利益矛盾时,采取的方案要符合比例原则,不能对质量利益或数量利益的任何一方造成过大的损害;另一方面,在处理劳动者就业利益与用人单位经济利益这一异质矛盾时,也应符合比例原则的要求,强调劳动者就业利益保护的优先性时,合理兼顾资方利益,进而实现劳资利益平衡。

第二,为实现利益平衡,在劳资利益选择中,还应遵循整体利益最大化原则。对于农业劳动利益关系的平衡分析,要求利益衡量时具有全局观,从劳资利益整体的利益最大化的角度,对各方利益进行兼顾。对劳动者就业利益的优先保护受制于劳资整体利益。为实现劳资整体利益最大化,农业劳动者保护机制的重构应符合以下标准:首先,将国家农业经济发展和劳资关系和谐,作为农业劳资整体利益的最大化的判断标准。其次,在农业劳动者保护机制构建中,设置合理的劳动者保护标准,在实现劳动者利益保护时,减损对用人单位经济利益的损害。最后,应加大对农业经营主体的扶持力度,实现对劳资利益关系中利益受损一方的利益补偿。

第三,为实现实质正义和利益平衡,农业劳动者保护机制的法律构建还应遵循合理差别原则。立法过程中,以实质正义为目标的差别性规定的存在具有合理性。立法中合理差别原则的遵循,不仅体现在劳动法调整劳资利益关系时,给予劳动者的倾斜性保护,而且也体现在对不同劳动者、不同用人单位设置不同的劳动法调整规则上。

概言之,农业劳动者保护机制的法律构建,在准确识别农业用工领域的利益关系的基础上,应基于利益衡量方法的指引,进行合理的价值选择,进而实现农业劳动者就业利益的优先保护,并实现农业用人单位利益合理兼顾下的劳资利益平衡。此为利益衡量分析下,农业劳动者保护机制中应然的利益状态,也是劳动立法的重要目标。但是,这仅是立法理想的应然状态。当前劳动法适用劳动者一体保护机制,该机制是否实现了劳资利益平衡,进而实现了上述立法目标,有待本书后面章节的分析。

第三章　一体保护机制下农业劳资利益的失衡

本书第二章将利益衡量理论引入农业劳动者保护机制,分析了农业劳动者保护机制中应然的利益选择方式,以及该利益选择方式下农业劳资利益理想的平衡状态。然而,现行劳动法采用的劳动者一体保护机制,是否已符合利益衡量要求,实现了农业劳资利益平衡的状态,尚需进一步实证分析。

现行劳动者一体保护机制中,劳动关系认定,是劳动者就业利益获得劳动法保护的决定环节。只有通过劳动关系认定,国家才对劳动者适用劳动基准、劳动合同的保护,进而实现对劳资利益关系的倾斜性矫正,使劳动者工资、福利等财产利益,生命、健康、尊严等人格利益,在劳动过程中得到保护。①

那么,近年来,农业产业化进程中新生的以劳动换取工资的农业劳动者,其劳动关系认定情况如何?劳动关系的认定情况,是考量农业劳动者就业利益保护状况,进而衡量现行一体保护机制下农业劳资利益平衡状态的关键。故本章对农业劳动者劳动关系认定情况进行实证研究,进而以农业劳动者身份识别困境为切入点,对现行一体保护机制中农业

---

① 张翼飞:《公司管理人员的劳动法适用问题研究》,华东政法大学 2012 年博士学位论文,第 136 页。

劳资利益的失衡展开论述。

第一节 实证分析：一体保护机制下农业劳动者身份识别困境

一、研究方法与数据来源

（一）研究方法

司法实践中，司法机关对农业劳动者劳动关系的认定情况，是对农业劳动者身份识别情况进行研究的现实素材。为研究当前司法实践对农业劳动者身份认定情况，本章在具体的统计方法上：

1. 选择农业与非农业用工纠纷的案例进行对比分析。本章将非农领域的"汽车制造行业"劳动者之劳动关系认定情况，作为参照物，对比分析了农业与这一领域劳动者用工情况及劳动关系认定情况的差异性。选择非农领域的"汽车制造行业"的劳动者作为对比分析的参照物，其原因在于，该行业劳动形式属于传统工业生产的"福特制"的典型。而通说认为劳动法起源于工业革命时期，以规制"福特制"用工形式为主。而"福特制"用工形式的最为典型的体现，即为汽车生产行业。①

两相比较，可以分析"福特制"用工形式与农业用工形式是否存在差异，同时也对两种用工形式下劳动者的身份识别情况是否存在差异进

---

① 虽然当前理论界关于互联网时代下劳动用工形式探讨较多，但是从现行立法看，劳动法一体保护机制的主要规制对象仍然是工业"福特制"用工形式。碍于本章实证研究的目的主要在于，检视现行劳动一体保护机制是否适合适用于农业用工领域，而一体保护机制的规制对象主要为"福特制"用工形式，因此，本章实证研究中，主要对农业用工与"福特制"用工进行了对比。

行分析。若二者在用工形式及劳动关系认定情况方面存在差异性,则需要进一步反思将集中体现工业化特点的劳动法,一体适用于农业领域的劳动者保护,是否合适的问题。

2. 对农业领域内部就业于不同用工主体的农业劳动者、不同用工形式的农业劳动者的劳动关系认定情况,予以分别分析。

(1)农业领域的用工主体,除了家庭承包经营户这一被司法解释[1]明确排除用人单位资格的主体外,主要包括家庭农场、专业合作社、农业公司三类。本书将对三种不同类型的用工主体的用工情况,分别予以统计。

(2)根据劳动合同的签订情况、劳动报酬的支付形式、用工时间的长短,将农业劳动者进一步区分为以下几类(如图3-1所示):

一是稳定性农业劳动者。具体而言包括两种:第一,已签订劳动合同的农业劳动者;第二,未签订劳动合同的长期性农业劳动者,主要是指未签订劳动合同、按月计酬且用工时间超过3个月的农业劳动者[2]。

二是临时性、季节性农业劳动者。这类劳动者基本都未签订劳动合同。具体而言,这类劳动者又可以细分为三种类型:第一类是未签订劳动合同、按月计酬、用工时间不超过3个月的农业劳动者;第二类是未签订劳动合同、按日计酬、用工时间不超过6个月的农业劳动者;第三类是

---

[1] 参见《最高人民法院关于审理劳动争议案件适用法律问题的解释(一)》(法释〔2020〕26号)第2条第六款;原《最高人民法院关于审理劳动争议案件适用法律若干问题的解释(二)》(法释〔2006〕6号)第7条第六款。

[2] 此类劳动者认定为稳定性劳动者的原因:第一,其属于按月计酬的劳动者,相较于按日计酬,从双方合意上看,就业更具有稳定性;第二,从农业生产现实情况看,农业领域农忙时节的季节性、临时性用工一般为2、3个月。故而,将超过3个月的劳动者作为稳定性劳动者,可以与季节性、临时性劳动者相区分。

未签订劳动合同、按日计酬、用工时间超过 6 个月的农业劳动者。①

```
农业劳动者 ┬─ 稳定性农业劳动者 ┬─ 类别1:已签订劳动合同的农业劳动者
          │                  └─ 类别2:未签订劳动合同、按月计酬的长期性农业劳动者(超过3个月以上)
          └─ 临时性、季节性劳动者 ┬─ 类别1:按月计酬、用工时间不超过3个月的短期农业劳动者
                                ├─ 类别2:按日计酬、用工时间不超过6个月的农业劳动者
                                └─ 类别3:按日计酬、用工时间超过6个月的农业劳动者
```

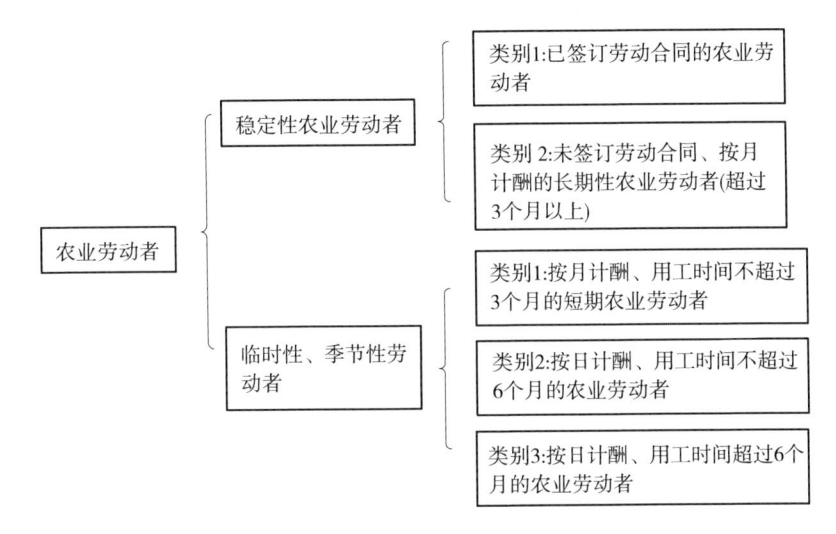

图 3-1 案例统计中农业领域劳动者的分类图

（二）数据来源

从"中国裁判文书网"获得农业领域用工纠纷和以"汽车制造行业"为代表的非农用工纠纷判决书共计 839 份,涉及 379 个案件。统计过程中,笔者采取了以下统计方法:第一,同一案件若存在一审、二审、再审判决书,仅统计为 1 个案件;第二,将同一劳动者就同一争议,因不同诉讼请求,进而形成的多份判决,认定为同一案件;②第三,对于同一纠纷中

---

① 虽然该类劳动者按日计酬,属于临时性、季节性劳动者,劳动不具有稳定性。但是因为其用工时间较长,超过了 6 个月,如本书后文所述,对这类劳动者更应探讨其纳入劳动法保护的必要性。从立法和学者的观点看,常将 6 个月作为长期性的判断依据。如黄宗智教授将 6 个月作为区分长期与短期雇工的标准。再如,实践中政府部门的农业数据统计,也将 6 个月以上的劳动认定为持续性劳动。《全国第二次农业普查》就对从事农业劳动 6 个月以上和以下的农业劳动者进行了区分统计。参见黄宗智等:《没有无产化的资本化:中国的农业发展》,《开放时代》2012 年第 3 期。

② 如(2014)渝一中法民终字第 06298 号、第 06299 号、第 06300 号、第 06301 号,分别是同一劳动者不同的诉讼请求(即涉及支付经济补偿金、未休年假工资、失业保险待遇损失以及补足工资的不足部分的不同诉讼请求),而形成的多份判决书。在本书统计中,将其统计为 1 个案件。

115

涉及多名劳动者的案件,判决书是以每名劳动者为当事人分别作出,但因判决结果相同,在统计时仅计算为1个案件。

具体而言,农业领域用工纠纷和以"汽车制造行业"为代表的非农用工纠纷各自的判决书数量与案件数量如下:

第一,农业用工劳动争议纠纷676份判决书,涉及293个案件。其中,用工主体为家庭农场的农业纠纷案件53个(110份判决书)①,用工主体为专业合作社的农业纠纷案件130个(406份判决书)②,用工主体为农业公司的农业纠纷案件110个(160份判决书)③。

第二,获得以汽车制造行业为代表的非农用工纠纷163份判决书,涉及86个案件。④

---

① 在中国裁判文书网中选择当事人为"家庭农场"、案由为"劳动争议",文书类型为"判决书",排除部分无关判决书,最终获得110份判决书。

② 因用工主体为专业合作社案件相对较多,选取了2017年到2021年5年间的案件作为样本案件。对于专业合作社的样本案件,是通过在中国裁判文书网中选择当事人为"专业合作社"、案由为"劳动争议"、文书类型为"判决书"、法院层级"中级法院"、公开类型"文书公开",裁判日期2017年1月1日到2021年12月31日,排除9份无关判决书及内容重复的判决书后,最终获得406份判决书。

③ 对于用工主体为农业公司的样本案件,首先将其区分为"种植业"的案件和"非种植业"(即畜牧业、林业、渔业)案件,然后再分别通过以下路径在中国裁判文书网中获得:第一,"种植业"的样本案件。通过选择案由为"劳动争议"、案件名称为"农业"、案件类型为"民事案件"、审判程序为"民事二审"、文书类型为"判决书"、公开类型"文书公开"、当事人为"公司"、事实中含有"种植"、裁判日期为2017年1月1日到2021年12月31日,而获得。因种植业案件较多,因此仅选取了2017到2021年近5年的案件作为样本案件。随后,排除与专业合作社样本案件中重复的1个案件(190份判决书),以及4份内容重复或无关的判决书,最终获得131份判决书。第二,"非种植业"(即畜牧业、林业、渔业)的样本案件。通过选择案由为"劳动争议"、案件名称为"农业"、案件类型为"民事案件"、审判程序为"民事二审"、文书类型为"判决书"、公开类型"文书公开"、当事人为"公司"、事实中含有"饲养"或"养鱼"或"林业",排除重复案件后,最终获得29份判决书。综上所述,最终共获得农业公司的样本判决书160份。

④ 在中国裁判文书网中选择案由为"劳动争议"、案件名称为"汽车制造有限公司"、案件类型为"民事案件"、审判程序为"民事二审"、文书类型为"判决书"、公开类型为"文书公开",排除部分重复判决书后,最终获得163份判决书。

二、农业与非农劳动者身份识别的行业差异

(一) 农业行业用工形式的灵活性

通过统计发现,农业领域与非农业领域采取不同的用工形式。这一点,从二者显著不同的劳动力构成状况可以反映出来。

如表 3-1 所示,农业领域存在大量的临时性、季节性劳动者,尤其是在家庭农场中,劳动力构成主要以短期劳动力用工为主。从已知案件的情况看,当事人为临时性、季节性劳动者的案件占比高达 64.28%(判决书比例高达 80%)。[①] 虽然专业合作社、农业公司劳动力构成中,临时性、季节性劳动者的比例相较于家庭农场要小,但是专业合作社有 39.26% 的案件(40.59% 的判决书)、农业公司有 23.81% 的案件(28.69% 的判决书),其当事人一方的劳动者属于临时性、季节性劳动者。[②] 这一研究发现,印证了农业经济学家的论断:中国存在大量的兼业农业劳动者。[③] 同时,也表明农业行业广泛存在着灵活用工的问题。

但是,以汽车制造业为代表的非农领域案件,从已知情况看,其当事人一方的劳动者为临时性劳动者的案件占比非常小,仅为 2.53%(判决书占比仅为 1.3%)。且这些临时性劳动者并非按日计酬的劳动者,而属于按月计酬工作时间短于 3 个月的劳动者。

[①] 即未签订劳动合同、按月计酬、工作时间短于 3 个月的劳动者,以及未签订劳动合同的按日计酬的劳动者。
[②] 即按月计酬工作时间短于 3 个月的劳动者,以及按日计酬的劳动者。
[③] 唐萍萍、李世平:《兼业农业工人存在及发展研究——基于陕西省中部的实证研究》,《西北人口》2011 年第 2 期。

表 3-1 农业与非农业领域劳动力构成情况对比分析表①

类别		案件数量	稳定性农业劳动者 签订劳动合同的农业劳动者的占比	临时性、季节性农业劳动者 未签订劳动合同的农业劳动者			
				按月计酬、用工期限长于3个月的劳动者的占比	按月计酬、用工期限短于3个月的劳动者的占比	按日(件)计酬、用工期限长于6个月的劳动者的占比	按日(件)计酬、用工期限短于6个月的劳动者的占比
农业用工	家庭农场	42	2.38%	33.33%	4.76%	35.71%	23.81%
	专业合作社	107	12.15%	48.60%	7.48%	14.02%	17.76%
	农业公司	84	27.38%	48.81%	2.38%	11.91%	9.52%
非农业用工（汽车制造）		79	92.41%	5.06%	2.53%	0	0

由此可见,从劳动力的构成情况看,农业行业与以"汽车制造行业"为代表的传统"福特制"行业的用工情况存在较大差异。这一差异值得我们反思的是:第一,是什么原因导致了农业领域广泛存在灵活性用工?第二,现今以传统"福特制"用工为主要规制对象的劳动法,重在保护稳定性劳动者的利益,将其直接适用于用工灵活性程度较高的农业行业,是否合理地保护了农业劳动者的就业利益?

(二) 农业行业劳动合同签订率与事实劳动关系认定率的低下

在现行劳动法制度下,确认劳动关系一般两种途径:一是劳动者与用人单位之间,在存在劳动合同的情况下,因用工关系具有形式要件,可

---

① 本表仅对已知劳动合同签订情况、计酬方式、用工期限的案件及判决书进行了统计。若案件中劳动合同签订情况、计酬方式、用工期限其中一项未知,则未将其纳入统计的范围。

直接认定劳动关系的存在,此为第一种劳动关系的认定方式。二是劳动者与用人单位之间,在没有签订书面劳动合同的情况下,只能通过劳动关系认定标准的验证,才能确认为事实劳动关系,此为第二种劳动关系的认定方式。通过统计发现:第一,以汽车制造业为代表的"福特制"生产领域,劳动合同签订率高,劳动者基本采用第一种劳动关系的认定方式,即通过签订劳动合同,纳入到劳动法保护范围。然而,农业领域劳动合同签订率较低,未签订劳动合同的劳动者只能通过第二种劳动关系的认定方式,即通过事实劳动关系的认定方式纳入劳动法保护范围。这也使得围绕以事实劳动关系认定为核心的案件占据了农业领域纠纷案件的绝大部分。第二,农业领域未签订劳动合同的劳动者事实劳动关系的认定率也非常低,大量农业劳动者难以纳入到劳动法保护的范围内。

农业与非农业行业劳动关系认定情况的具体差异性有如下几方面。

1. 农业劳动者远低于非农劳动者的劳动合同签订率

如表3-1所示,相较于以汽车制造业为代表的"福特制"生产领域的劳动者,农业劳动者的劳动合同签订率很低。从平均情况看,已签劳动合同的农业纠纷案件占比仅为15.88%(已签劳动合同的判决书占比仅为10.7%)。其中,用工主体为家庭农场、专业合作社的农业纠纷案件中,仅有2.38%和12.15%的案件双方当事人签订了劳动合同;用工主体为农业公司的农业纠纷案件,这一数据的占比为27.38%。

值得注意的是,上述未签订劳动合同的劳动者中,存在大量的稳定性劳动者(即按月计酬且工作时间超过3个月的劳动者),这类劳动者工作相对稳定,但是用工主体也没有与之签订劳动合同。尤其是农业公司和专业合作社,上述未签订劳动合同的稳定性劳动者分别占到了其劳动力构成的48.81%、48.60%。

然而,与农业领域截然不同,以汽车制造业为代表的非农领域案件中,有高达92.41%的案件(95.45%的判决书)的劳动者与用工主体签订了劳动合同。

针对农业领域劳动合同签订率低下的现实情况,值得进一步反思的问题在于:劳动法为实现农业劳动者利益保护,是应该在农业领域进一步严格执行一体保护机制下书面劳动合同的强制规定,还是应改革一体保护机制的单一保护标准,在降低用工成本的条件下,对农业用工主体签订书面劳动合同形成激励机制?

2. 农业领域事实劳动关系认定案件在所有争议案件中的高比率

如表3-1所示,农业与非农业用工主体之间,乃至农业不同的用工主体之间,劳动力的构成存在不同。在此基础上,进一步对每类用工主体主要的劳动者,所发生的主要的劳动纠纷类型的分析,可以反映出这类用工主体中劳动者难以获得保护的焦点问题。

具体而言,非农业领域的汽车制造公司因劳动者劳动合同的签订率非常高,较少存在劳动关系确认的争议问题。因此,如表3-2所示,非农业领域的汽车制造公司,其主要劳动争议为经济补偿金的支付问题。在其多个案件中,劳动者请求支付经济补偿金的形成原因,主要是由用工主体一方主动解除劳动关系而导致。然而,农业领域的用工主体与之情况完全不同,如表3-2所示,虽然经济补偿金的支付问题在农业用工纠纷争议焦点中也占有一定的比例,但是其并非是农业用工最主要的焦点问题。从农业领域支付经济补偿金的原因看,也与非农行业存在不同。主要是用工主体拖欠工资或未购买社保等情形下,农业劳动者在主动离职后,主张的经济补偿金。

农业领域最主要的争议焦点并非经济补偿金,而是劳动关系的认定。农业领域的家庭农场、专业合作社、农业公司,虽然劳动力构成不同,但是未签订劳动合同的劳动者都是三类用工主体的主要劳动力构成部分。而对于未签订劳动合同的劳动者,劳动关系的存在是其获得劳动法保护的关键。在没有签订劳动合同的情况下,无论涉及工伤待遇、经济补偿金、双倍工资、代通知金、加班费以及补偿未买社保损失等请求,都需要以劳动关系的存在为前提。如表 3-1 和表 3-2 所示,家庭农场中未签劳动合同的临时性、季节性劳动者,占比高达 64.28%,这类劳动者所有争议案件中 61.54%的案件涉及劳动关系认定的问题;而未签劳动合同的稳定性劳动者占家庭农场的 33.33%,这类劳动者所有的劳动纠纷案件都涉及到劳动关系认定问题。此外,专业合作社、农业公司的情况也与家庭农场类似,涉及劳动关系认定问题的案件在其所有的纠纷案件中占有非常高的比例。由此可见,除已签订劳动合同纳入劳动法保护的极少数农业劳动者外,劳动关系的认定对于农业领域的劳动者权利与利益保护极其重要。

表 3-2 农业与非农业用工主体劳动争议的焦点问题统计表①

类别	该用工主体主要的劳动力构成类型	该类劳动者案件的主要争议重点			
		首要焦点		次要焦点	
		争议类型	占比	争议类型	占比
家庭农场	未签劳动合同的临时性、季节性劳动者	劳动关系的认定	61.54%	追索劳动报酬	42.31%
				经济补偿金	42.86%
	未签劳动合同的稳定性劳动者	劳动关系的认定	100%	追索劳动报酬	28.57%
				双倍工资	28.57%
				加班费	28.57%

① 首先,本表是在前表的基础上,进一步对每类用工主体主要的劳动者涉及的案件纠纷类型,统计分析而获得。其次,本表中某类劳动争议的占比=涉及该类争议的案件数量/这一用工主体劳动争议案件总数。如,家庭农场未签劳动合同的临时性、季节性劳动者中,"追索劳动报酬"争议占比为 42.31%,这表示家庭农场未签劳动合同的临时性、季节性劳动者所有劳动争议案件中,42.31%的案件涉及追索劳动报酬。因部分案件争议焦点可能有多个,既涉及劳动关系认定,又涉及双倍工资的支付、经济补偿金的支付、加班费的支付、未休年假工资的支付等,因此,每一用工主体的各类劳动争议占比的总数并不为 100%。最后,本表中"未签劳动合同的稳定性劳动者"是指未签订劳动合同、用工期限长于 3 个月且按月计酬的劳动者。未签劳动合同的临时性、季节性劳动者即包括三类劳动者:第一,未签订劳动合同(用工期限短于 3 个月)的按月计酬的劳动者;第二,未签订劳动合同、按日(件)计酬(用工期限长于 6 个月)的劳动者;第三,未签订劳动合同、按日(件)计酬(用工期限短于 6 个月)的劳动者。

续表

类别	该用工主体主要的劳动力构成类型	该类劳动者案件的主要争议重点			
		首要焦点		次要焦点	
		争议类型	占比	争议类型	占比
专业合作社	未签劳动合同的稳定性劳动者	劳动关系的认定	88.46%	追索劳动报酬	32.69%
				双倍工资	28.85%
				经济补偿金	26.92%
	未签劳动合同的临时性、季节性劳动者	劳动关系的认定	97.62%	追索劳动报酬	16.67%
农业公司	未签劳动合同的稳定性劳动者	劳动关系的认定	90.91%	追索劳动报酬	47.73%
				双倍工资	45.45%
				经济补偿金	34.09%
				赔偿社保损失	25%
	未签劳动合同的临时性、季节性劳动者	劳动关系的认定	100%	追索劳动报酬	26.32%
	签订劳动合同的劳动者	追索劳动报酬	43.48%	经济补偿金	26.09%
				加班费	26.09%
				赔偿社保损失	26.09%
				经济赔偿金	21.74%
汽车制造公司	签订劳动合同的劳动者	经济补偿金	37.66%	追索劳动报酬	36.36%
				未休年假工资	29.87%
				经济赔偿金	24.68%
				加班费	24.68%

3. 农业劳动者事实劳动关系认定率的低下

农业劳动者签订劳动合同的比例较小,对于这些未签订劳动合同的劳动者而言,若要纳入劳动法的保护范围,只能通过事实劳动关系的认定。那么,这些劳动者通过事实劳动关系认定的概率有多大呢?经统计,我们不难发现(如表3-3所示):

表 3-3　未签订劳动合同的案件中劳动者事实劳动关系认定率统计表 ①

类别		劳动者劳动关系认定率	稳定性农业劳动者(按月计酬、用工期限长于3个月)		临时性、季节性农业劳动者					
					临时性劳动者平均劳动关系认定率	按月计酬(用工期限短于3个月)的劳动者		按日(件)计酬(用工期限长于6个月)的劳动者		按日(件)计酬(用工期限短于6个月)的劳动者	
			案件数量	劳动关系认定率		案件数量	劳动关系认定率	案件数量	劳动关系认定率	案件数量	劳动关系认定率
农业用工	家庭农场	39.13%	10	70%	15.38%	1	0	6	33.33%	6	0
	专业合作社	57.45%	52	71.15%	40.48%	8	75%	15	40%	19	26.32%
	农业公司	67.21%	41	80.49%	40%	2	50%	10	60%	8	12.5%
非农用工(汽车制造)		83.33%	4	75%	100%	2	100%	0	0	0	0

第一,未签订劳动合同的稳定性劳动者②,被司法机关最终认定为劳动关系的比例,比短期农业劳动者高。但这类劳动者在三种用工主体之间存在差异,从家庭农场、专业合作社到农业公司,未签订劳动合同的稳定性劳动者的劳动关系认定率在逐渐增加。

第二,未签订劳动合同的临时性劳动者中,按日(件)计酬且用工期限长于6个月劳动者的劳动关系认定率,也出现了从家庭农场、专业合作社到农业公司,在逐渐增加的现象。

对比农业行业与非农行业的劳动关系认定情况,发现以汽车行业为代表的非农行业,不但未签订劳动合同的案件和判决书较少,而且以汽车行业为代表的非农行业,其劳动关系的认定率也要高于农业行业。

---

① 第一,对于存在二审的案件,以二审最终的判决结果为统计样本。第二,本表中"案件数量"指的是该类劳动者涉及劳动关系认定的案件数量。
② 即按月计酬、用工期限长于3个月的劳动者。

三、农业劳动者身份识别的内部差异

(一) 不同农业用工主体的劳动者身份识别情况的差异性

1. 不同农业用工主体的灵活用工程度、劳动合同签订率的不同

家庭农场、专业合作社、农业公司等农业用工主体,其灵活用工程度、劳动合同签订率存在不同,主要体现在以下三方面(如表 3-1 所示):第一,家庭农场中,如前所述,临时性、季节性劳动者案件占比高达 64.28%。签订劳动合同的劳动者极少,仅在 2.38% 的案件中,劳动者与用工主体签订了劳动合同。第二,专业合作社中,60.75% 的案件中的劳动者属于稳定性劳动者。[①] 这一点与家庭农场完全不同。从劳动合同的签订率上看,专业合作社案件中有 12.15% 的案件,劳动者与用工主体签订了劳动合同。这一比例虽然比家庭农场要高,但是仍然处于较低水平。第三,农业公司中,76.19% 的案件中的劳动者属于稳定性劳动者。相较于专业合作社而言,这类劳动者的比例进一步增加。从劳动合同的签订率上看,农业公司有 27.38% 的案件,签订了劳动合同。这比家庭农场、专业合作社都要高,但是也处于低位水平。

通过上述分析可见,农业领域不同类型的用工主体,即家庭农场、专业合作社、农业公司,在农业用工的灵活性程度以及劳动者合同签订率等方面并不相同。农业领域从家庭农场、专业合作社到农业公司,稳定性劳动者在逐渐增多,临时性、季节性劳动者在减少;劳动合同签订率在逐渐提高;但同时,稳定性劳动者没有签订劳动合同的情况,从整体上

[①] 即签订劳动合同的劳动者,以及未签订劳动合同、按月计酬、工作时间超过 3 个月的劳动者。

看,也呈现越发严重的趋势。①

根据这一客观现实,值得我们反思的问题在于:第一,什么原因导致了不同农业用工主体之间灵活用工程度、劳动合同签订率的差异?第二,对于灵活用工程度高的家庭农场、劳动合同签订率低的专业合作社,立法应加强用工规制以提高农业劳动者利益保护水平,还是应通过保护规则的差异化规制,以减少用工成本的方式激励家庭农场、专业合作社用工稳定性的增加及劳动合同的签订率的提高?

2. 不同类型的用工主体事实劳动关系的认定率不同

从表3-3的统计结果来看,在事实劳动关系的认定率方面,农业领域不同类型的用工主体事实劳动关系的认定率存在差异。

第一,从家庭农场、专业合作社到农业公司,未签订劳动合同的稳定性劳动者的劳动关系认定率在逐渐增加。家庭农场的案件中有70%的案件被认定为事实劳动关系;专业合作社为71.15%;而农业公司这类劳动者的事实劳动关系认定率高达80.49%。

第二,未签订劳动合同的短期性劳动者中,按日(件)计酬且用工期限长于6个月的劳动者,其劳动关系认定率,也出现了从家庭农场、专业合作社到农业公司,在逐渐增加的现象。其中,家庭农场的事实劳动关系认定率最低,仅为33.33%。而农业公司这类劳动者的事实劳动关系认定率则高达60%。

(二) 不同用工形式的劳动者身份识别情况的差异性

通过对表3-1、表3-2和表3-3的综合分析,我们可以得知:稳定性农业劳动者与临时性、季节性农业劳动者,在劳动合同签订率与事实劳

---

① 这一点从未签订劳动合同、按月计酬、工作时间长于3个月的稳定性劳动者案件比例,从家庭农场、专业合作社到农业公司逐步增加,可以体现出来。

动关系认定率方面存在较大差异。

1. 稳定性农业劳动者：较低的劳动合同签订率与较高的事实劳动关系认定率

一是对于稳定性劳动者，当前存在的问题主要在于，劳动合同的签订率较低。这一现状，于劳动者与用工主体的利益而言都存在不利。第一，对于劳动者而言，只能通过事实劳动关系认定这一路径，获得劳动法的救济。一方面，这使得劳动者权利救济成本过重；另一方面，也使得不同用工主体中劳动者获得劳动法保护的几率存在不同。如前述不同用工主体稳定性农业劳动者的事实劳动关系的认定率，就存在差异性，从家庭农场、专业合作社到农业公司依次增高。第二，从反面看，因为劳动合同签订率低下，依据现行《劳动合同法》第82条的规定，农业用工主体也将面临支付双倍工资的处罚，增加了自身用工成本。通过表3-1和表3-3可知，当前家庭农场、专业合作社、农业公司的劳动力构成中分别有33.33%、48.60%、48.81%的未签订劳动合同的稳定性劳动者，而这部分劳动者最终被认定为事实劳动关系的可能性又非常大，分别高达为70%、71.15%、80.49%。这对于农业用工主体而言，是非常大的用工风险，可能在现行劳动法的双倍工资规定下，支付较大的惩罚性赔偿。

二是对于稳定性劳动者中未签订劳动合同的农业劳动者，在劳动关系认定之外，也提出了关于经济补偿金、双倍工资等请求，在现行劳动法对所有劳动者适用一体化高标准，且在稳定性农业劳动者事实劳动关系相对较高的情况下，对农业用工主体经济发展存在不利影响。

2. 临时性、季节性农业劳动者：劳动合同签订率与事实劳动关系认定率的低下

对于临时性、季节性农业劳动者，家庭农场的劳动关系认定率最低，从已知的案件和判决书情况看，仅有15.38%的案件（9.52%的判决书）

将其认定为事实劳动关系。专业合作社与农业公司的临时性、季节性农业劳动者的事实劳动关系认定率相差不远,都有40%左右的劳动者的用工关系被认定为劳动关系。

四、启示:农业劳动者就业利益保护水平的低下与不均衡

(一) 农业劳动者就业利益保护的不足

第一,农业劳动者整体就业利益保护水平较低。

农业领域的稳定性劳动者,不仅劳动合同签订率低于以汽车制造为代表的"福特制"用工行业,而且其事实劳动关系认定率也低于"福特制"用工行业。农业行业还存在大量的临时性、季节性非典型劳动者。这些劳动者劳动合同签订率很低,事实劳动关系认定率也较低。上述事实的结果,导致了农业领域的劳动者,相较于"福特制"用工行业,更加难以获得劳动法的保护。从而导致农业劳动者就业利益受到损害,使得农业劳动者就业利益保护不及"福特制"用工形式下的劳动者。

第二,农业临时性、季节性劳动者就业质量利益保护亟需加强。

上述实证分析表明,临时性、季节性农业劳动者,因按日计酬,以及用工具有临时性、短期性、季节性的特点,而成为农业领域最主要的非典型劳动者之一。对于这些劳动者,一方面,在农业劳动力构成中占有重要的地位,认可其存在将实现农业领域劳动者就业数量的增加;但另一方面,这些劳动者不仅劳动合同签订率低,而是事实劳动关系认定率也非常低,其就业质量利益并未获得较好保护。可见,在现行立法之下,农业非典型劳动者就业利益保护存在失衡。在制度调试中,农业非典型劳动者的就业质量利益的保护需要进一步加强。

第三,农业稳定性劳动者就业数量有待提升。

当前农业典型劳动者的就业数量不及"福特制"用工行业。如前表所示,农业领域用工形式存在灵活性,与采用"福特制"用工形式的行业有所不同。若将农业领域的稳定性劳动者视为典型劳动者,那么农业领域的典型劳动者数量在农业整体劳动力构成中,占比相对较小,远远低于汽车制造行业。用工主体大量采用临时性、季节性用工的形式,减少了对典型农业劳动者的需求。这从实质上看,是农业典型劳动者群体的就业数量利益保护存在不足的体现。

(二) 农业劳动者就业利益保护的不均衡性

第一,不同农业用工主体的劳动者就业利益保护存在不均衡。

这就需要我们立法立足于现实,对不同的用工主体实施不同的规制措施。统计分析表明,不同的农业用工主体用工灵活性程度不同、劳动者合同签订率存在较大区别。从家庭农场、专业合作社到农业公司,稳定性劳动者在逐渐增多,临时性、季节性劳动者在减少,劳动合同签订率在逐渐提高。与此同时,大量稳定性劳动者,不签订劳动合同的情况也较为突出。循此,对于存在大量灵活性用工的家庭农场、专业合作社,在重视临时性、季节性农业劳动者保护的同时,立法还应考量,什么原因导致了两种用工主体的灵活用工,以及立法规制的方向。针对农业公司存在大量稳定性劳动者但不签劳动合同这一现象,立法应探究其背后的原因,并在此基础上对劳动法中书面劳动合同的强制性规定,按照农业公司的规模大小予以区分规制。

第二,不同用工形式的劳动者就业利益保护存在不均衡。

上述研究显示,农业临时性、季节性等非典型劳动者当前就业质量利益保护不足,不仅劳动合同签订率低而且事实关系认定率低。而稳定性劳动者,虽然事实劳动关系认定率相较于非典型劳动者而言,相对较高。但是劳动合同签订率在农业雇佣劳动力结构中比例较小,稳定性劳动者的就业数量有待增加。可见,农业领域典型劳动者与非典型劳动者的就业利益保护存在差异性与不均衡性。对此,劳动法在完善劳动者保护机制时,更应根植于实践,对农业领域的典型劳动者与非典型劳动者予以区分规制,以实现不同用工形式下劳资利益关系的平衡。

第二节 直接原因:农业用工关系特殊性

通过对样本案件的分析,发现农业劳动者因劳动关系的识别存在困难,进而导致其就业利益保护不足的原因,主要集中于农业用工关系主体资格认定问题、农业用工特性引发从属性认定障碍两大方面。第一,农业用工关系主体特殊性引发的劳动关系认定困境表现在:专业合作社等农业用工主体有无用人单位资格问题存在争议;部分农业劳动者为高龄但未享社保的劳动者,其是否享有劳动者身份存在争议。第二,农业用工特性引发从属性认定障碍表现在:农业临时性、季节性用工特点引发从属性认定障碍;经熟人募工的农业习惯引发从属性认定障碍。可见,正是农业行业用工的特殊性,直接引发了农业劳动者身份识别的障碍。

一、农业用工关系主体特殊性引发的主体资格争议

(一)农业专业合作社用人单位资格认定上的司法认识分歧

与非农行业不同,农业领域的大量用工主体属于专业合作社等新型农业经营主体。这些主体属于乡村振兴背景下国家的重点扶持对象,在

性质上具有特殊性。当前劳动法对用人单位资格,采取"外延封闭、内涵空白"的界定方式,导致司法机关对专业合作社是否具有用人单位资格的认识,存在分歧。

专业合作社的130个样本中,共有77个案件,明确表明了对专业合作社用人单位资格的态度(如表3-4所示)。但是实践中,在明确表明态度的案件上,司法机关往往呈现两种截然相反的态度:

一是明确肯定专业合作社的用人单位资格,一审、二审法院持这一观点的案件共有65个案件①,成为了当前司法实践的主流观点。该观点认为专业合作社是依法登记注册,具有法人资格的组织,具有可以独立承担权利义务的资格,是劳动法中适格的用人单位。

二是明确否认专业合作社的用人单位资格,一审、二审法院都持这一观点的案件共有6个案件。我国《农民专业合作社法》第2条规定,专业合作社属于"自愿联合、民主管理的互助性经济组织"。依据这一规定,部分司法机关认为专业合作社属于互助性质的组织,不是我国劳动法上的用人单位。

从司法实践看,不同地域的司法机关对该问题的认识存在较大分歧。对专业合作社用人单位资格持肯定态度的省份,主要有北京、湖南、江苏、内蒙古、山东、四川、山西、陕西等。而部分省份,如上海,则否认其用人单位资格的存在。还有的部分省份则存在分歧,如贵州与黑龙江。在黑龙江,一方面,部分案件判决如(2020)黑02民终3228号、(2020)黑06民终1836号等案件,认定双方存在劳动关系或支持劳动者的双倍工资请求;另一方面,还有部分案件判决如(2018)黑11民终469号、

---

① 主要包括:第一,判决书中明确表明司法机关认为专业合作社属于劳动法中的用人单位的案件;第二,判决双方存在劳动关系,进而间接承认专业合作社的用人单位资格的案件;第三,判决支持双倍工资、经济补偿金等,进而间接承认专业合作社的用人单位资格的案件。

(2021)黑81民终127号等,其一审、二审判决都以专业合作社不存在用人单位资格为由,认定双方不存在劳动关系。在贵州省,这种分歧则更为明显,既存在着一审认定专业合作社为用人单位,而二审改判的案件,如(2021)黔03民终6495号;也存在着一审不认定专业合作社为用人单位,而二审改判的案件,如(2019)黔05民终4881号、(2020)黔26民终4393号、(2017)鄂11民终2346号等。

此外,从不同的裁决机关看,劳动仲裁机构更倾向于否认专业合作社用人单位资格的存在;而法院尤其是二审法院,更倾向于肯定其资格的存在。

表3-4 专业合作社用人单位资格的司法认识分歧分析表

明确专业合作社是否具有用人单位资格的案件总数	类型	数量	典型案件
77个案件	(1)一审、二审认为存在用人单位资格的案件	65个	(2021)黔03民终10713号、(2017)鄂11民终2346号、(2021)辽13民终2010号、(2020)川01民终17975号、(2018)晋01民终3429号
	(2)一审、二审认为不存在用人单位资格	6个	(2020)闽08民终1504号、(2018)黑11民终469号、(2021)黑81民终127号、(2019)沪01民终9295号、(2019)沪02民终9885号、(2021)沪02民终8592号
	(3)一审认为存在,二审改判	1个	(2021)黔03民终6495号
	(4)一审认为不存在,二审改判	3个	(2019)黔05民终4881号、(2020)黔26民终4393号、(2017)鄂11民终2346号
	(5)仅一审表明不具有用人单位资格,二审以其他理由维持原判	2个	(2020)辽01民终12310号、(2017)鲁06民终2295号

(二)"农村空心化"引发的"高龄劳动者"劳动者资格认定问题

当前我国社会逐渐步入老龄化阶段,伴随农业劳动力的非农转移,农村出现"空心化"局面,农业劳动力短缺,并显现老龄化趋势。劳动力老龄化在农业领域,相比其他产业,更加严重与普遍,大量农业劳动者属于超龄劳动者。究其原因,一方面,是因为农业领域的辛苦与低收入,难以雇佣到年轻劳动者;另一方面,作为用工主体的新型农业经营主体在我国处于初创阶段,效益不高、生存困难,雇佣老龄劳动者,有利于节省成本。虽然大量超龄农业劳动者是中国农业生产的重要劳动力来源,但是,这些农业领域的雇佣劳动者却存在着劳动法上"劳动者"身份认定的障碍。

对于高龄劳动者是否具有劳动关系,我国立法存在两种不同的规定:第一,《劳动法》第73条及《劳动合同法》第44条第二项对高龄劳动者不构成劳动关系的认定标准采用的是"领取养老保险"的标准。第二,与前者不同,《劳动合同法实施条例》第21条,对此却采取了"退休年龄"的标准。我国立法对超龄劳动者认定规定的不一致,也进一步引发了不同的司法机关在农业领域的高龄劳动者劳动关系认定中的认识分歧。

1. 司法实践中"两学说"并存的现状及否认劳动关系存在的倾向

如表3-5所示,家庭农场、专业合作社和农业公司的样本案件中共有26个案件涉及高龄劳动者的劳动关系认定问题。

表 3-5 高龄农业劳动者劳动关系认定中司法机关的认定标准与裁判结果统计表

类别	案件号	最终认定存在劳动关系的案件
采用"年龄说"(11个案件)	(2020)黔 26 民终 4393 号、 (2021)鲁 15 民终 5177 号、 (2018)鲁 02 民终 4719 号、 (2018)渝 04 民终 603 号、 (2019)苏 01 民终 4942 号、 (2018)苏 01 民终 8117 号、 (2019)闽 08 民终 1452 号、 (2017)苏 10 民终 1708 号、 (2019)辽 0123 民初 1081 号、 (2017)川 11 民终 1382 号、 (2019)鲁 10 民终 1999 号	无
采用"社保说"(11个案件)	(2021)黔 03 民终 1624 号、 (2019)苏 06 民终 438 号、 (2017)晋 05 民终 862 号、 (2020)陕 04 民终 2605 号、 (2020)鲁 01 民终 9548 号、 (2013)宁民终字第 1927 号、 (2018)鲁 0781 民初 1989 号、 (2020)鲁 07 民终 5526 号、 (2018)赣 0721 民初 2542 号、 (2021)陕 08 民终 299 号、 (2017)辽 06 民终 1164 号	(2019)苏 06 民终 438 号、 (2017)晋 05 民终 862 号、 (2020)鲁 01 民终 9548 号、 (2013)宁民终字第 1927 号、 (2018)鲁 0781 民初 1989 号、 (2018)赣 0721 民初 2542 号、 (2020)鲁 07 民终 5526 号
从"年龄说"改判为"社保说"(3个案件)	(2017)鲁 06 民终 2295 号、 (2018)陕 01 民终 9721 号、 (2018)冀 01 民终 11733 号	(2018)陕 01 民终 9721 号
认定为特殊劳动关系(1个案件)	(2019)苏 03 民终 5731 号	无

（1）司法实践中"年龄说"与"社保说"的并存。在 26 个案件中，有 11 个案件两审法院都采用"年龄说"；11 个案件两审法院都采用"社保说"；3 个案件从一审的"年龄说"改判为二审的"社保说"；1 个案件既没有采用"年龄说"也没有采用"社保说"，而是将其认定为"特殊劳动关系"。

（2）司法机关更倾向于否认劳动关系的存在。尽管当前司法实践中裁判并不统一,一部分司法机关采用"年龄说",而另一部分司法机关又持"社保说"。但是,从判决结果看,司法机关更倾向于否认高龄农业劳动者与用工主体之间劳动关系的存在。

首先,虽然有11个案件一审、二审统一采用"社保说",但是部分案件是在查明劳动者已经享有社保的情况下,适用"社保说",进而排除劳动法对高龄农业劳动者的保护。"社保说"的适用,并非为了维护劳动者就业利益。因此,26个案件中,适用"社保说"而非"年龄说"最终将高龄劳动者用工关系认定为劳动关系的案件仅为7个(如表3-5所示)。

其次,一审采用"年龄说",二审改判采用"社保说"的3个案件①中,仅(2018)陕01民终9721号,是适用"社保说"将劳动者纳入劳动法的保护范围。而其他两个案件,二审之所以适用社保说,是在查明劳动者享受社保的基础上,采用"社保说"将劳动者排除在劳动法保护范围之外。

最后,还有1个案件,即(2019)苏03民终5731号案件,虽然将达到退休年龄未领取社保的人员认定为特殊劳动关系,但是司法机关否认劳动者与公司存在劳动关系,仅主张劳动者"可以向农业公司主张工伤保险待遇"。

综上,26个高龄劳动者劳动关系认定中,仅有8个案件侧重于劳动者就业利益的保护,采用"社保说"最终将享受社保待遇的高龄农业劳动者的用工关系认定为劳动关系,占比30.77%。而绝大多数案件都未将超龄劳动者的用工关系认定为劳动关系。

2. 司法实践"两学说"各自的裁判逻辑

(1)"年龄说"。采用"年龄说"的司法机关,仅考察年龄,认为其达到了退休年龄,就不再具有"劳动者"资格,并未考察其是否领取社保。

---

① 即(2017)鲁06民终2295号、(2018)冀01民终11733号和(2018)陕01民终9721号案件。

采用"年龄说"的司法机关,否定劳动关系的裁判逻辑在于,认为劳动者达到退休年龄就失去了劳动者资格,不再具有劳动权利能力。第一,我国立法对男女劳动者的退休年龄进行了规定①,退休不仅是劳动者的权利,也是其劳动权终止的时间。② 第二,将超越法定退休年龄但未享受社保的人员认定为劳动关系,缺乏法律依据。③ 不能依据《解释(三)》④第7条的规定,推定超过法定退休年龄但未享受社保的人员与用人单位之间构成劳动关系的结论。⑤

(2)"社保说"。采用"社保说"的司法机关,则与此不同,认为劳动者即使达到退休年龄,仍然具有劳动者资格,具有劳动权利能力。第一,从法律规定上看,劳动法仅规定了获得劳动者资格的年龄下限(即16周岁),但没有规定失去劳动者资格的年龄上限⑥,应以享受基本养老保险待遇为劳动合同终止条件。第二,部分高龄人员最初到用工主体工作时,并未达到退休年龄,即便后期达到了退休年龄,但未享受社保,也应认定其享有劳动者的资格。⑦

"年龄说"与"社保说"之争,关键在于对劳动者资格认识的分歧。可见,我国立法对劳动者内涵及劳动者权利能力界定的缺乏,一定程度上成为导致高龄就业人员问题出现的根本原因。

---

① 《中华人民共和国劳动合同法实施条例》第21条明确规定了法定退休年龄的到来是导致劳动合同终止的原因。参见(2018)渝0114民初983号案件判决书。
② 参见(2018)渝04民终603号案件判决书。
③ 参见(2020)黔26民终4393号案件判决书。
④ 即《最高人民法院关于审理劳动争议案件适用法律若干问题的解释(三)》。
⑤ 参见(2017)川1112民初309号案件判决书、(2018)渝0114民初983号案件判决书。
⑥ 将法定退休年龄作为法定劳动年龄的上限,是对《劳动合同法》第15条的反推,并无明确的法律依据。参见(2020)鲁07民终5526号、(2018)鲁0781民初1989号案件判决书。
⑦ 参见(2017)晋05民终862号、(2017)晋05民终532号案件判决书。

3."社保说"内部关于"享受新农保待遇人员"劳动者资格的认识分歧

部分法院在认定高龄劳动者的用工形式性质时,虽然考察了社保,但是认为享受新型农村社会养老保险待遇的高龄劳动者,属于《解释(三)》第7条"已经依法享受养老保险待遇"的人员,不具有"劳动者"资格。如(2021)黔03民终1624号、(2018)冀01民终11733号、(2020)陕04民终2605号、(2021)陕08民终299号等案件的司法机关。

然而另一部分案件的司法机关如(2018)赣0721民初2542号,则持相反的意见。不将享受"新农保"保险待遇的高龄劳动者,解释为《解释(三)》第7条中"已经依法享受养老保险待遇"的人员,进而认定其具有"劳动者"资格。

二、农业用工方式特殊性引发的从属性争议

(一)农业临时性、季节性用工方式引发的从属性认定障碍

相较于非农用工,农业生产存在季节性,且农业用工主体的灵活用工情况严重,进而导致农业领域存在大量的临时性、季节性劳动者。在司法实践中,司法机关对这些临时性、季节性农业劳动者的从属性认定,存在分歧。

1.以"从属性否定论"为主流的司法裁判现状

第一,当前对于按日计酬的劳动者与用工主体之间的用工关系,绝大多数法院都认为其属于松散的管理关系,具有临时性而缺乏持续性、稳定性。即使部分用工时间较长的按日计酬劳动者,其用工关系也难以被认定为劳动关系,如(2019)兵03民终49号、(2019)苏03民终5731号案件中的劳动者。

第二,对于季节工,司法机关一般不把这类劳动者与用工主体之间的用工关系认定为劳动关系。认为季节工的用工关系,因缺乏从属性和建立劳动关系的合意,而不属于劳动关系。

如(2020)鄂 02 民终 1861 号案件,其劳动者在 2014—2019 年间,每年在固定的农忙季节为合作社提供 4 个月左右的劳动,双方没有签订劳动合同。但一审以双方不具有从属性,二审以双方不具有建立劳动关系的合意,而否认劳动者与用工主体之间劳动关系的存在。此外,季节性劳动者,因用工时间的季节性或计酬方式的特殊性,易被认定为承揽关系,如(2019)闽 06 民终 1822 号案件中的劳动者。

第三,司法机关否认劳动关系存在的理由,主要有以下几点:(1)双方采用按日计酬或按件计酬,而不具有长期性。[1] (2)双方不存在管理与被管理的从属性关系,或虽然存在管理关系但是其较为松散。[2] (3)劳动者劳动时间不稳定,劳动报酬的支付不具有连续性。[3] (4)农业劳动过程中劳动者具有较大的自主性。[4] (5)部分司法机关强调农业用工的特殊性,认为雇佣大量临时性、季节性的劳动者,是农业的行业性特点,也是农业用工的习惯。进而认为临时性、季节性劳动者,并非用人单位的固定工作人员,其用工关系也并非劳动关系。[5]

2. 部分司法机关持"从属性肯定论"

虽然当前"从属性否定论"占据主流地位,但是部分裁判机关却持

---

[1] 参见(2017)黔 23 民终 246 号案件判决书。
[2] 参见(2018)川 01 民终 14793 号、(2018)渝 0114 民初 983 号案件判决书。
[3] 参见(2017)琼 97 民终 687 号案件判决书。
[4] 农业的特点,如砍树、打药、施肥、消毒、养蚕、除草等,大多属于简单的农业劳动,而且从事农业劳动的劳动者,本身也多为农民,熟悉农活的劳作方式。故而,司法机关认为劳动具有较强的自主性。
[5] (2018)苏 03 民终 4575 号、(2018)桂 04 民终 1376 号、(2017)黔 23 民终 246 号案件判决书。

有歧见。这主要表现为司法实践中存在的大量同案不同判现象,以及同一案件劳动仲裁、一审、二审法院判决不一致的现象,充分说明了持"从属性肯定论"的裁判机关的存在(如表3-6所示)。

表3-6 临时性、季节性劳动者从属性认定中司法机关的认识差异情况表

类别	同案不同判案件		改判案件(同一案件劳动仲裁、一审、二审司法机关存在不同认识)
	持"从属性否定论"的裁判机关	持"从属性肯定论"的裁判机关	
按日(件)计酬、长于6个月的劳动者	如(2019)苏03民终5731号、(2020)鄂02民终1861号、(2019)兵03民终49号	(2018)苏12民终3043号、(2020)川0121民初1279号、(2021)湘01民终9947号、(2021)湘01民终9053号、(2019)鲁06民终3449号	(2017)辽06民终1164号、(2018)川01民终14793号
按日(件)计酬、短于6个月的劳动者	如(2017)黔0221民初1713号	(2019)内22民终498号、(2021)陕04民终2628号	(2018)甘08民终895号、(2017)冀08民终2551号、(2020)云26民终138号、(2020)云26民终571号
按月计酬、短于3个月的劳动者	如(2020)辽01民终12310号	(2018)鲁02民终10222号、(2019)新28民终344号	无

(1)临时性、季节性劳动者从属性认定中同案不同判现象层出不穷,其中部分司法机关持"从属性肯定论"。

第一,按日(件)计酬、用工时间长于6个月的农业劳动者从属性认定中,存在部分持"从属性肯定论"的司法机关。这些司法机关认为,即

使劳动者的计酬方式为按日计酬,但是若劳动者的工资按月发放,且持续一定时间且较为稳定,也应认定为劳动关系。如(2018)苏 12 民终 3043 号、(2020)川 0121 民初 1279 号、(2021)湘 01 民终 9947 号、(2021)湘 01 民终 9053 号、(2019)鲁 06 民终 3449 号案件等。

第二,按日(件)计酬、用工时间短于 6 个月的农业劳动者从属性认定中,存在部分持"从属性肯定论"的司法机关。如在(2019)内 22 民终 498 号案件中劳动仲裁机构和一审、二审法院都认定劳动者与用工主体间存在劳动关系。此外,在订立用工关系时,若这类劳动者与用工主体间约定了工作期限,则更易被司法机关认定为存在劳动关系,如(2021)陕 04 民终 2628 号案件。

第三,按月计酬、用工期限短于 3 个月的农业劳动者从属性认定中,存在部分持"从属性肯定论"的司法机关。该类司法机关认为依据现行法律规定,只要双方用工超过 1 个月,没有签订劳动合同,也形成事实劳动关系,如(2018)鲁 02 民终 10222 号、(2019)新 28 民终 344 号案件的司法机关。

(2)临时性、季节性劳动者从属性认定中存在大量的改判案件,其中部分司法机关持"从属性肯定论"。

司法机关中"从属性否定论"与"从属性肯定论"的分歧,除了体现在大量案件的同案不同判上,也体现在部分案件在劳动仲裁、一审及二审中的改判之上。第一,部分涉及按日计酬、按月计酬、短于 6 个月的劳动者的改判案件中,部分司法机关持"从属性肯定论"。如(2018)甘 08 民终 895 号的仲裁机关[①];(2017)冀 08 民终 2551 号和(2020)云 26 民终 138 号、571 号案件的仲裁机关和一审法院[②]。第二,部分涉及按日计

---

① 该案一审、二审法院改判为不存在劳动关系。
② 这几个案件的二审法院改判为不存在劳动关系。

酬、用工时间长于6个月的劳动者的改判案件中,司法机关持"从属性肯定论",如(2017)辽06民终1164号案件的一审法院①、(2018)川01民终14793号案件的仲裁机关②等。

3. 劳动关系认定中的折中论

在临时性、季节性劳动者从属性认定中,司法实践还存在第三种观点。既不同于"从属性否定论",将劳动者排除在劳动法之外不给予任何保护;也不同于"从属性肯定论",将劳动者纳入劳动法的保护范围,对其适用劳动法所有的保护规则。该观点采取"劳动关系认定中的折中论",将用工关系认定为"非全日制用工关系",如(2019)桂01民终6582号案件即是一例。一方面,将用工关系认定为劳动关系;另一方面,又未判决用工主体支付双倍工资及经济补偿金,从而体现出司法机关在裁判中对劳资双方利益的考量。

(二)经熟人募工的农业习惯引发的从属性认定障碍

对于传统农业雇佣,农业雇工的招募途径往往是通过雇主的熟人介绍而来,这是各地农业雇佣的习惯之一。在农业产业化进程中,这一习惯仍然在延续。同时,农业生产所在的农业地区,因信息不畅,农业招聘更依赖于这种传统的熟人介绍的方式。其具体的路径有:第一,招聘或委托当地农民、村委作为管理人,由其负责在当地招工和管理用工;第二,由农业公司的当地员工、股东等招聘劳动者,并对劳动者的劳动进行管理。但是上述两种途径,都容易产生劳动者在劳动关系认定中的障碍。

---

① 该案劳动仲裁机构和二审法院认为不存在劳动关系。
② 该案一审、二审法院改判为不存在劳动关系。

1. "从事招聘管理工作的当地村民或员工"的角色认定困境

农业公司往往通过当地村民、村委招聘劳动者,并由该村民组织劳动者进行劳动,这些村民或村委进而成为农业雇佣的"中间人"和管理者。然而,作为管理者的该村民或村委,其本身与农业公司之间是否构成劳动关系,就存在疑问。其用工关系到底属于劳动关系还是承揽关系?

对此,部分司法机关否认双方劳动关系的存在,而认定为承揽关系。如(2020)桂02民终3923号案件中,劳动者从事合作社员工的招募与管理工作,其自身也是从事该合作社的季节性工作的劳动者之一,实行按日计酬。而该案一审、二审法院都认为该劳动者与合作社之间不构成劳动关系,而构成承揽关系。然而部分司法机关却持不同的看法。如前述(2019)桂01民终6582号案件中,从事劳动者招募与管理工作的当地村委与用工主体之间是否构成劳动关系,劳动仲裁与一审法院对此都予以否认;但是该案二审却被改判,二审法院认定二者构成非典型劳动关系。

2. 由中间人招募的劳动者与用工主体之间从属性认定的困境

如(2018)甘08民终895号案件中,当地的一名村委是农业公司雇佣劳动者的"中间人"和劳动用工的管理者。该案的劳动者属于临时性、季节性农业劳动者,由该名村委介绍到农业公司工作,并由其负责管理。该案的劳动仲裁机关认定劳动者与农业用工主体间存在劳动关系,然而一审、二审法院却否认劳动关系的存在。再如(2020)辽01民终9924号案件中,临时性农业劳动者被司法机关认定为中间人及合作社成员个人雇佣的劳动者,进而否认劳动关系的存在。[①]

---

① 类似案件还有(2019)甘07民终370号案件等。

第三节　制度原因：一体保护机制下利益保护的单一性规定

如实证部分所言，大量农业劳动者纳入劳动法保护的主要障碍，来源于农业产业化背景下新兴的专业合作社等用工主体的用人单位资格认定障碍；来源于"农业空心化"引发的"高龄劳动者"劳动者资格认定障碍；来源于农业临时性、季节性用工特点和经熟人募工的农业习惯，引发的从属性认定障碍。而上述障碍的形成，与农业生产的特殊性密切相关。但是，发人深思的一点在于，我国劳动法现行劳动者保护机制，何以无法包容具有特殊性的农业劳动者——这一异于"福特制"用工形式的劳动者？故而，有必要对现行劳动者保护机制予以检讨。

当前我国劳动法对劳动者采用的保护机制为劳动者一体保护机制，这种机制主要有两方面特点：一是在保护范围上，除了非全日制用工和劳务派遣外，主要对典型劳动者进行保护，在劳动关系认定标准上具有单一性特点；二是在保护手段上，表现出对纳入劳动法保护的劳动者适用一体性的保护标准，而对未纳入劳动法保护范围的劳动者完全不保护的特点。

一、利益保护范围的狭窄性

劳动法一体保护机制，以劳动关系认定为分界线，仅对通过劳动关系认定的劳动者利益，给予劳动法一体化保护；对于没有通过劳动关系认定的劳动者利益，该机制不给予任何保护。而且当前劳动法设置的劳动关系认定标准，主要针对典型劳动者设置，非典型劳动者则难以通过这一标准纳入劳动法保护范围。因此，当前纳入劳动者一体保护机制保护的劳动者主要为，除非全日制用工和劳动派遣两类非典型性劳动者外的典型劳动者。

劳动者一体保护体制的这一特点,使得就职于农业领域专业合作社的劳动者、因"农业空心化"而存在的大量高龄农业劳动者,以及因农业行业特殊性而存在的临时性、季节性劳动者,在身份识别上存在困难(如图3-2所示)。

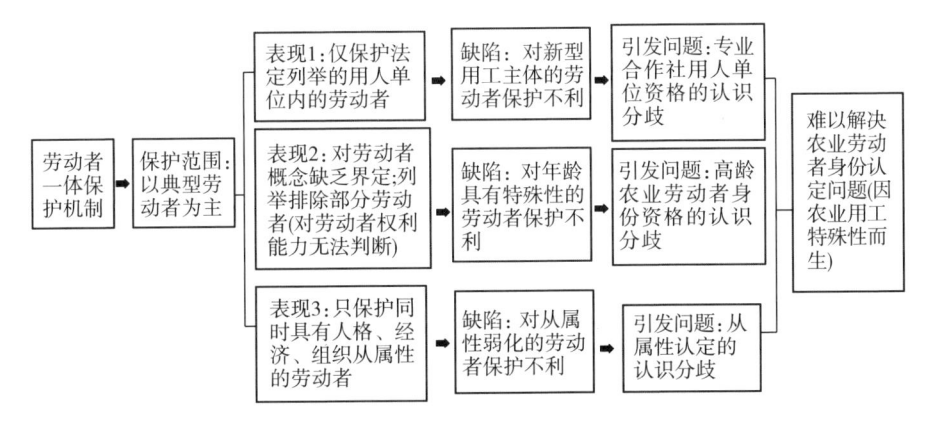

图3-2 一体机制保护范围狭窄导致劳动者身份识别困境的逻辑图

(一)一体保护体制以典型劳动者为主要保护对象,首先表现在:仅将劳动法明文规定的用人单位的劳动者,和符合劳动者资格的劳动者纳入利益保护范围。

一体保护机制的这一特点,导致了农业产业化进程中新兴的专业合作社等用工主体的用人单位资格认定障碍,以及"农业空心化"引发的"高龄劳动者"劳动者资格认定障碍。与一些国家重视从劳动关系内容来判定劳动关系是否成立的国家不同,我国立法重视从劳动主体的适格性来判定劳动关系是否成立。从主体角度,对劳动关系的存在与否进行判定,具有一定的现实意义。① 然而,我国以主体为标准对劳动关系进行判定

---

① 如强调用人单位需登记注册,具有市场主体资格,可以从一定程度上保障国家对用人单位的监督与管理,进而保护劳动者就业的安全,与具备劳动权益实现的基本条件。再如,劳动主体是否登记注册,劳动者的年龄与职业,是易于被外界识别的信息,将其作为区别是否具有劳动关系主体资格的条件,具有现实可行性。沈建峰:《论劳动关系的实践界定——以中德司法机关的判决为考察重点》,《法律适用》2012年第12期。

的制度设计还有待完善。

第一,我国《劳动法》《劳动合同法》等劳动法律文件,在现行一体调整体制下,对用人单位采用的是"内涵空白、外延封闭"的立法模式①,对用人单位的范围采取列举的形式②,立法列举以外的用工主体,则不能被认定为用人单位。这就使得不符合法律列举的用人单位范围的其他用工主体,如专业合作社等,不具有用人单位资格。此种模式虽然有利于国家对用人单位范围的控制,但是缺乏灵活性,不能及时将新型用工主体纳入到用人单位的范畴之中。

第二,在劳动者资格认定上,立法对劳动者的概念未做界定,未对什么样的劳动者享有权利能力作出规定。这使得立法对于劳动者的认定,主要通过用人单位的范围来界定劳动者,以及通过列举排除的方式,将部分劳动者排除在劳动法适用的范围之外。高龄劳动者就属于被立法所排除的劳动者之一,但是囿于现行劳动立法对高龄劳动者劳动关系的终止存在两种不同的规定,进而导致司法实践中关于高龄就业人员身份资格认识的分歧。但是,深究两种分歧出现的原因,根本还在于劳动法关于劳动者概念及劳动者权利能力规定的尚付阙如。

(二) 一体保护体制以典型劳动者为主要保护对象,还表现在:劳动法在从属性认定中要求同时具备人格从属性、经济从属性与组织从属性,仅将同时具备三种从属性的劳动者纳入保护范围。

然而,农业劳动因季节性的存在,而需要大量的临时性、季节性劳动者,一体保护机制的上述特点,不利于从属性弱化的农业临时性、季节性劳动者的保护。

---

① 秦国荣:《劳动法上用人单位:内涵厘定与立法考察》,《当代法学》2015 年第 4 期。
② 立法列举的属于用人单位范围的主体,仅包括:企业、个体经济组织、民办非企业单位、国家机关、事业单位、社会团体以及会计师事务所、律师事务所等合伙组织和基金会等。

1. 农业劳动者（尤其临时性、季节性农业劳动者）从属性的弱化

第一，农业用工主体的特殊性，使得农业用工关系的从属性相较于工业领域，可能存在弱化。农业用工主体大多为新型用工主体等小微用工主体，在用工关系中的强势地位弱于工业领域的大型企业，进而决定了农业用工关系中从属性可能存在弱化。小农经济的特点以及乡土社会的背景，决定了农业用工关系中的管理控制模式，不同于劳动法所规定劳动关系管理模式。前者存在表面用工关系从属性弱化，实质通过"关系"实现控制的现象。从其劳动力来源看，与许多国家使用农业移民不同，我国农业用工主体的劳动力构成除了家庭成员外，很大一部分来源于本村的村民。因此，农业雇主与劳动者都局限于"熟人社会"的背景之下，这一特性使得农业雇主在劳动管理过程中，可能更多是基于"关系的控制"，而非用人单位的规章制度对劳动者进行管理。这一点与工业存在较大差别，也使得以工业生产为模本制定的劳动法，适用于农业雇佣领域时，无法将从属性较弱的农业用工关系纳入调整范围。因为用人单位的微小及乡土社会的背景，使得用人单位较少制定规章制度，也不存在众多层级结构下的管理人员。

第二，从劳动关系持续时间看，农业劳动者具有自身的特殊性。农业劳动具有"农忙"与"农闲"之分的季节性[①]，使得农业产业工人的用工时间上容易出现农闲时节的中断。因此，即使大量农业劳动者与用工主体之间的用工关系具有长期性，也难以被认定为具有劳动关系的持续性，因为其用工时间可能存在中断。

第三，从劳动报酬的计酬形式看，大量农业劳动者，劳动报酬一般

---

① 唐军：《新型农业经营主体之法治思考：理念检视与路径选择》，《农村经济》2018年第1期。

"按日计酬"。我国传统农业雇佣中,农业雇工一般就按"日"计酬①。当前农业用工中,这一农业习惯得以延续,这为产业化背景下农业劳动者纳入劳动法保护造成了障碍。

第四,从工作时间看,农业劳动者受天气影响严重,对其适用标准工时并不合适。虽然我国特殊工时制度被立法所确认,但其适用范围的规定存在缺陷。② 这使得综合工时等特殊工时规定在农业领域的适用范围有限。

第五,从生产过程中生产资料的来源看,农业领域通常具有小型劳动工具由劳动者自行携带,大型劳动工具由用工主体提供的雇佣劳动惯例。这也使得在劳动关系从属性认定中,司法机关可能认定劳动者对农业生产投入了生产资料,进而认定用工关系的从属性较弱。

第六,从劳动关系是否具有唯一性看,很多农业劳动者的用工关系具有多重性。大量农业劳动者属于兼职劳动者,具有劳动关系多重化的特点,与两个乃至多个用工主体建立了用工关系,属于非标准劳动关系。

2.一体保护体制中以典型劳动者为主要保护对象的劳动关系认定标准难以适用于农业领域

2005年《通知》③第1条规定的"规章制度的适用""管理与被管理的关系""属于有报酬的劳动""构成用人单位业务组成部分"是我国劳动关系认定的从属性考量标准。然而,这一从属性标准的规定主要针对"福特制"下标准劳动关系而设计,进而要求纳入劳动法保护的劳动者必须同时满足人格从属性、经济从属性和组织从属性。但是这一具有单

---

① 即将农业劳动者工作一日即算一个工日,根据种植的作物种类、种植面积、该作物每公顷需要的劳动工日数,进而付给农业雇工报酬。索瑞霞等:《农村剩余劳动力估算的工日法的分析与改进研究》,《数学的实践与认识》2011年第3期。
② 粟瑜:《劳动关系从属性理论研究》,湖南大学2016年博士学位论文,第27页。
③ 即《关于确立劳动关系有关事项的通知》(劳社部发[2005]12号)。

一性的劳动关系认定标准，难以实现对农业领域非典型劳动者的保护。大量的农业临时性、季节性劳动者，在人格从属性上存在弱化，但具备经济从属性。

另一方面，我国劳动关系认定标准设置的从属性的考量因素，主要针对人格从属性而设置，且考量因素单一。如要求必须具备用人单位的规章制度适用于劳动者、劳动者接受用人单位管理等情形。然而，从农业领域用工状况看，新型农业经营主体中因为规模较小和管理的不完善，绝大部分农业用工主体都没有制定规章制度，对于农业劳动者的管理更多的是通过管理人员的现场管理得以完成。而且农业劳动受天气影响，工作时间具有灵活性，难以如工业领域一般，在规章制度中明确规定统一的、具体的作息时间。

相较于劳动关系认定标准中人格从属性的强调，立法对经济从属性的规定明显不足。我国劳动关系认定标准中经济从属性规定过于简略与笼统，《通知》第1条规定的三个认定要件中，唯有"从事用人单位安排的有报酬的劳动"这一要件，与经济从属性有一定联系。但"有报酬的劳动"规定释义不明，未涉及劳动报酬的支付形式。如是否必须定期支付，也未涉及该劳动报酬是否必须为劳动者唯一生活来源。也正是我国劳动法对经济从属性考量的忽视，造成了我国劳动关系认定标准的单一化，导致了大量农业劳动者难以获得劳动法的保护。在劳动关系种类多元化的背景下，劳动关系认定标准的使命不仅仅在于准确识别出标准劳动关系，也应有能力识别出非典型劳动关系，进而实现劳动法对两种关系的劳动者的恰切保护。

然而，对经济从属性的重点考察，对于农业劳动者的保护而言，具有非常重要的作用。在美国，控制权标准和经济现实标准是两种主要的劳动关系的认定标准。其中，控制权标准强调雇主对劳动者劳动过程的控制,而经济现实标准在控制权标准的基础上,进一步强调了经济因素在劳动者劳动关系认定中的重要作用。有学者就指出,控制权标准适合运用于传统农业用工关系中劳动关系识别的标准①,因为它以假定雇主能够指导工人在工作中采用的技术方法为前提。在传统农业社会中,生产资料的拥有者同时拥有技术知识和技能,可以准确地呈现出农场工人和农民之间的控制与被控制的劳动关系。然而,20世纪全球非典型用工的发展,使得传统农业用工关系发生着变化。在此背景下,有观点认为,完全依靠控制权标准对农业工人的雇员身份加以判定,已不能完全适应时代的发展。控制权标准只关注工人在工作场所对雇主的人身从属关系,而忽视了雇员对雇主阶层的至关重要的社会经济依赖。② 这主要是因为:一方面,对于美国季节性农业移民这一非典型劳动者而言,即使农业雇主因雇佣时间与形式的灵活性对雇员的人身控制力有所减弱,但其对雇员的经济控制力却仍然存在;另一方面,在农业产业化和一体化发展背景下,大型农业公司在"订单农业"等外包经营模式中,是否与签订协议的农业承包商构成雇员的"共同雇主"的问题,仅仅依靠控制权标准恐难以解决。雇员是否受到身体和行为方面的控制,相对于经济上的依赖而言,是一个次要问题。③ 可见,现代农业的劳动关系认定中,更应重视劳动者对雇主的经济依赖性的考察。国外学者的研究,也为我国改革现行劳动关系认定标准中经济从属性立法缺陷,提供了启示。

---

① Kahn-Freund O. "Servants and Independent Contractors" Modern Law Review, 14.4 (1951):504-509.

② Linder M. "Employees, Not-So-Independent Contractors, and the Case of Migrant Farmworkers: A Challenge to the 'Law and Economics' Agency Doctrine." New York University Review of Law and Social Change, (1987):20-21.

③ N.L.R.B. v. Hearst Publications, 322 U.S. 111, 64 S. Ct. 851, 88 L. Ed. 1170 (1944).

（三）劳动者一体保护体制以保护典型劳动者为主,还表现在劳动法对非典型劳动者保护范围的有限性上。

虽然劳动法明文规定了两类受其保护的非典型劳动者,即非全日制劳动者与劳务派遣劳动者,但是,法定受保护的非典型劳动者种类太少,且劳动法对法定受保护的非典型劳动者的认定还有着严格的限制。如我国对于非全日制劳动关系认定就存在严格限制,要求劳动者每日工作不超过4小时、每周工作累计不超过24小时。因此,实践中大量用工时间具有灵活性的非典型劳动都难以被认定为非全日制用工形式,无法纳入劳动法进行保护。这是我国大量农业劳动者在事实劳动关系认定无果的情况下,也难以通过非典型劳动的认定获得劳动法保护的重要原因。

二、利益保护标准的一体性

一体保护体制除了在利益保护范围上较为狭窄外,另一个重要的特点就在于,在利益保护手段上,对纳入劳动法保护的劳动者适用了一体性的保护标准。如图3-3所示,一体保护体制未区分用人单位的不同,也未区分劳动者的不同,给予所有劳动者利益以相同保护标准。这看似表面平等,实则没有契合不同类型的劳动者的利益需要。并且最为重要的是,在当前经济下行的经济环境下,不当增加了农业用人单位的用工成本。这一方面会刺激农业用人单位为减少用工成本而灵活用工;另一方面也会促使司法机关在利益衡量中侧重于经济发展利益的考量,而防止劳动关系认定的泛化。这些后果最终会进一步加剧农业劳动者,尤其是非典型农业劳动者,在劳动关系认定中的困难。

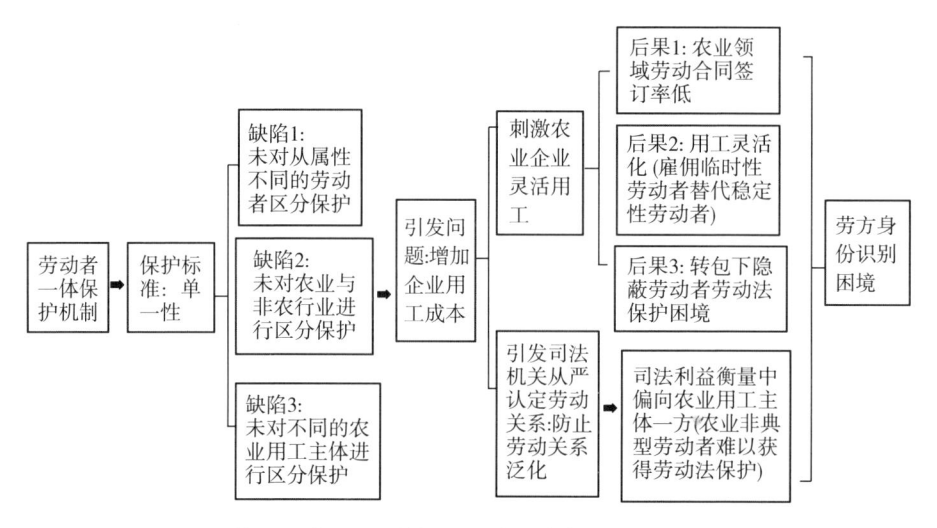

图3-3 一体机制单一性保护标准导致劳动者身份识别困境的逻辑图

（一）一体保护机制中保护标准的一体性，使得劳动者受到的保护程度与其从属性不相匹配，不当增加了用人单位的用工负担。

一体保护机制对于劳动者采取"一刀切"式的保护方式。劳动法设置的倾斜性保护措施，包括劳动基准规定、劳动合同规定、集体权利保护规定等等，都仅有"适用"与"不适用"的区别。概言之，劳动法一体保护机制的重大缺陷在于，其保护程度与不同劳动者的从属性程度没有联系。对于农业劳动者而言，既存在典型劳动者（即前述稳定性农业劳动者），也存在非典型劳动者（如临时性、季节性农业劳动者），二者从属性并不相同。一体保护体制下，若将所有从属性弱化的非典型劳动者都认定为劳动关系，适用典型劳动者一体化"高标准"保护规定，将增加农业用人单位的成本；若不将其认定为劳动关系，不对其进行任何保护，又无法保障非典型劳动者自身的就业质量利益。此外，典型劳动者也还可以进一步分为无固定期限劳动者、固定期限劳动者和以完成一定任务为期限的劳动者。当前对这三类劳动者都适用相同的保护方式,如离职都需要支付高额经济补偿金。然而,上述三类劳动者尽管都具有从属性,但是因用工时间的持续性长短不同,从属性强弱也存在着差异性。故而劳动法应针对其从属性的不同,设置不同的劳动合同制度,以实现区分保护。避免一体标准之下,农业用人单位用工成本的增加。

(二)一体保护机制中保护标准的一体性,未对农业与非农行业进行区分保护,不当增加了用人单位的用工负担。

从我国农业整个行业来看,工农产品价格存在"剪刀差",农业公司经济效益差。第一产业的人均国内生产总值低于其他行业,工资处于所有行业中最低的水平。[1] 农业劳动者收入的低下,是我国农业劳动力长期过剩,农业生产中劳动密集化与"内卷化"的结果[2],这就需要我们正视这一现实,并在立法中给予合理的考量。然而,当前我国劳动法在构建劳动者保护体制中,由于对行业收入差异程度考虑得不够,对农业与非农行业劳动者实施相同的劳动法保护水平,对农业用工主体造成了沉重的负担,也间接减损了农业劳动者群体的就业数量利益。劳动者一体保护体制未区分农业与非农行业,实施一体化保护标准,其不周延主要体现在以下两个方面。

1. 最低工资标准的设定,未区分行业的差异性而规定最低工资标准。

用人单位对最低工资的承担应在不影响其正常发展的合理范围

---

[1] 如2017年,第一产业就业人数为20944万人,从人均国内生产总值看,第一产业为31258.4元,但是第二产业是第一产业的4.91倍,第三产业的人均国内生产总值是第一产业的3.92倍。参见国家统计局:《中国统计年鉴2018》,http://www.stats.gov.cn/tjsj/ndsj/2018/indexch.htm。

[2] 黄宗智:《中国的隐形农业革命》,法律出版社2010年版,第30页。

内。① 最低工资的制定目的在于提升低收入劳动者的工资水平,平衡劳资之间的工资议价能力。② 一方面,因为农业劳动者的低收入及集体谈判在农业领域的薄弱现状,需要政府以最低工资的形式对其最低生活水平加以保障;另一方面,最低工资也提升了农业部门的劳动力成本,促使企业通过裁员或灵活用工的形式降低成本。③ 因此,制定科学合理的最低工资标准十分重要,不但有利于农业劳动者的工资利益的合理保护,也不至于对农业用人单位造成过重负担,进而构建可持续发展的和谐用工关系。④ 否则,最低工资标准过高将对低收入的农业行业的就业及产业发展产生负面影响。较高的最低工资标准对工资较低的行业具有抑制作用,进而对低薪行业的就业具有负面影响⑤,导致效益较差的企业难以存活。⑥ 研究发现,行业的平均工资水平越低,最低工资的实施对该行业的就业负面影响效应越大。⑦ 每提高1%的最低工资水平将导致农业就业人员减少0.46%。⑧

当前劳动法没有具体区分行业差别,而实行统一的最低工资标准,也没有采用丹麦、芬兰、韩国、澳大利亚、德国等国所适用的行业性最低工资制度。在我国,对于最低工资在行业之间的差别设立,尽管《劳动合

---

① 田青久:《最低工资制度中外比较研究》,东北师范大学2015年博士学位论文,第28页。
② 刘贯春等:《最低工资制度如何影响中国的产业结构?》,《数量经济技术经济研究》2018年第6期。
③ 刘贯春等:《最低工资制度如何影响中国的产业结构?》,《数量经济技术经济研究》2018年第6期。
④ 苟正金:《我国最低工资立法思考》,《河南师范大学学报(哲学社会科学版)》2010年第1期。
⑤ 傅端香:《美国最低工资标准行业就业效应分析》,《统计与决策》2019年第13期。
⑥ 刘贯春等:《最低工资制度如何影响中国的产业结构?》,《数量经济技术经济研究》2018年第6期。
⑦ 傅端香:《美国最低工资标准行业就业效应分析》,《统计与决策》2019年第13期。
⑧ 李文溥、陈贵富:《工资水平、劳动力供求结构与产业发展型式——以福建省为例》,《厦门大学学报(哲学社会科学版)》2010年第5期。

同法》第51条规定可以通过集体合同的形式设立,但是该条规定也存在一定缺陷:第一,根据《劳动合同法》第51条的规定,该行业集体合同并不是"必须"签订,而只是"可以"签订。第二,《劳动合同法》第53条进一步列举的重点适用行业性集体合同的行业中,并没有农业,主要为建筑业、采矿业、餐饮服务业。第三,当前农业领域的月平均最低工资和第一产业人均每月国内产值之间的差距较小①,行业性集体合同协定难以在如此小的差距之间寻找到合适的存在空间,因此行业性集体合同在农业领域存在的价值较小。综上,我国最低工资保护标准仍然主要停留在法定最低工资标准阶段,难以实现行业和工种上的区分,未能给予农业用工关系以合理的规范。

2. 工时制度的设定,缺乏灵活性,难以适用于农业行业。

在现行劳动法对劳动关系一体同用的调整模式下,工时制度主要以标准工时为主。但农业的季节性,使得农业生产在春耕秋收的农忙时节,为了作物的及时播种和抢收而加班,其工作时间往往较长,八小时工作制难以适应农业生产的需要。而在农闲时节或天气恶劣的日子,又往往出现工作量较小或无法进行农业生产的情况。若采取标准的工时制度,那么用人单位需支付高额的劳动用工成本。因此,对于具有季节性特征的农业工人执行现行固化的工时制度,将难以适应其生产特点。在标准工时制度之外,我国立法中的特殊工时制度也存在缺陷。第一,特殊工时制度的适用范围过窄。《关于企业实行不定时工作制和综合计算工时工作制的审批办法》(以下简称《办法》)的"特殊工时制度"适用范围仅限于"企业"。② 而对于农业领域而言,部分农业用工主体为专业

---

① 尤其是浙江、天津、北京等地,二者之间每月差额只有300元。
② 参见《关于企业实行不定时工作制和综合计算工时工作制的审批办法》(劳部发〔1994〕503号)第2条。

合作社,其性质上并不属于"企业"。在当前大部分司法机关将专业合作社作为合法劳动法用人单位的现状下,对于这部分用工主体的劳动者是否适用《办法》规定的特殊工时规定,值得商榷。第二,法定的特殊工时适用范围中,明确列举的应当适用特殊工时制度的农业雇员种类过少。依据《办法》第5条的规定,仅将农业行业的渔业和制糖业明确规定为可以适用综合工时的领域。① 尽管《办法》第5条,在列举方式之外,存在一项兜底条款。但是,由于该兜底条款"过于原则,内涵模糊"②,往往对行政机关审批法律列举范围之外的劳动者,很难起到应有的指引功能。

(三) 一体保护机制中保护标准的一体性,未区分农业用工主体的差异性而进行一体化规制,不当增加了用人单位的用工负担。

中国农业具有小农经济特点。不仅传统农业为小农经济,中国当前大部分农业用工主体也为小农场,甚至中国未来农业的发展方向,也并不是建立国外的那种资本主义大农场③,而是发展新时期的小农经营。可以预见,如何制定符合中国小农经济国情,构建调整以专业合作社、家庭农场为代表的小型农业用人单位的劳动法规则体系,是中国劳动法的重要任务,也是中国农业劳动者对劳动法的期望。

我国劳动法在农业领域的适用更应立足于中国的具体国情,关注农

---

① 对于农业劳动者而言,不仅仅《办法》第5条列举的"制糖"和"渔业"职工具有特殊性,其他农业劳动者也具有季节性以及需要具有连续工作的性质。
② 李娟:《农业产业工人职业转型中工匠精神的法律塑造》,《西北农林科技大学学报(社会科学版)》2019年第2期。
③ Sowerwine Jennifer, C. Getz & N. Peluso. "The myth of the protected worker: Southeast Asian micro-farmers in California agriculture." Agriculture & Human Values, 32.4(2015):1-17.

业用人单位在小农经济背景下规模较小、实力较弱的特点。而当前劳动法的劳动者一体保护机制,未对用人单位的规模、性质加以区分,没有对农业产业化背景下产生的家庭农场、专业合作社等"自下而上"资本化运动产生的农民自治组织,给予劳动法的区别对待。这是我国当前劳动法劳动者一体保护机制的重大缺陷。

例如,该机制一体化标准中,未签书面合同的二倍工资处罚规定,没有区分用人单位和适用的场域背景,未能契合中国农村的熟人社会的背景,从而给农业领域大量的小微型农业公司、家庭农场、专业合作社带来了较大的用工压力。① 一体化标准对所有用人单位采取相同的处罚规定,有违公平。② 又如,该机制的一体化标准,没有区分用人单位,而一体化适用的不定期合同规则,会使得农业领域小微型农业公司、家庭农场、专业合作社的用工自由受到限制,用工成本增加。再如该机制的一体化标准,没有区分用人单位而一体化适用的解雇保护规则,也难以适用于农业领域的小微型用工主体。小微型用工主体,人员少、抗风险能力弱,需要建立更为灵活的用工制度,以应对瞬息万变的市场风险。有观点就曾指出,个体工商户应该豁免适用包括解雇保护在内的部分劳动法规定。③ 而新型农业经营主体中的家庭农场等,在工商登记部门基本都登记为个体工商户④,也应属于豁免适用的主体之一。而我国与解雇

---

① 若依据我国《劳动合同法》第 10 条、第 14 条、第 82 条的规定,大量的农业用工主体都将承担不签订劳动合同的"二倍工资罚则"的法律后果。这其中包括大量的小微型用工主体。这些属于新型农业用工主体的用人单位,其创办人多为农民或返乡就业人,规模小,创办人缺乏管理经验,也缺乏专业的人力资源等管理团队,严格遵守劳动法规定存在困难。
② 谢增毅:《劳动法与小企业的优惠待遇》,《法学研究》2010 年第 2 期。
③ 谢增毅:《劳动法与小企业的优惠待遇》,《法学研究》2010 年第 2 期。
④ 少部分登记为合伙企业或有限责任公司。

保护密切相关的经济补偿金标准规定,也远高于其他国家。① 如此高标准的经济补偿金规定,一体化适用于经济效益极差的农业小微型公司、家庭农场或专业合作社,必然会加重用人单位负担,阻碍经济的发展。

正是因为一体保护机制存在上述弊端,导致了农业领域用工成本的提高,才引发了用工主体的灵活用工和司法机关在利益衡量中更偏向于保护用工主体经济利益的现状。农业领域广泛存在的用工灵活性,虽然在很大程度上是基于农业本身生产的季节性,但是也和农业经营主体效益低下密切相关。效益的低下,使其难以承担高标准立法下沉重的用工负担,从而更加偏好雇佣临时性农业劳动者,而非雇佣稳定性农业劳动者。

概言之,劳动法起源于工业革命,其调整对象主要为"福特制"下的标准劳动关系。大量农业劳动者难以通过劳动关系认定标准纳入劳动法进行保护,从根本上反映出农业文明与工业文明的区别,反映出农业用工方式与传统"福特制"用工方式的差异性,进而突显出农业劳动者的特殊性。然而,我国现行劳动法不区分劳动者类型,不区分劳动者就业的用人单位行业、规模与性质,对劳动者利益保护适用一体保护机制的单一性规定,没有具体考虑农业雇佣的特殊性,是造成大量农业劳动者难以纳入劳动法保护的根本制度症结。

---

① 首先,从支付种类上看,我国同时规定了经济补偿金和赔偿金,而很多国家只规定了其中的一种。其次,我国立法规定的支付经济补偿金的事项远远多于域外众多国家和地区。他国多在经济型裁员的时候给予经济补偿金,甚至美国和日本就无经济补偿金制度。而德国也仅规定了赔偿金,而无经济补偿金的规定。再次,在经济补偿金的数额上,中国立法也规定了较高的标准。我国一般按 1 个月工资/年的标准支付,而其他国家的支付标准仅为 0.5 个月工资/年,乃至 0.5 周—1.5 周工资/年。中国经济补偿金的数额明显过高。谢增毅:《用工成本视角下的劳动合同法修改》,《法学》2017 年第 11 期。

第四节　理论原因：一体保护机制下农业劳资利益的失衡

法律是调整与平衡利益关系的工具。劳动法的价值在于矫正劳资利益关系，纾解劳资利益矛盾。当前劳动法中劳动者一体保护机制，主要针对"福特制"用工形式下的劳资利益关系进行规范。一方面，使得不符合"福特制"用工形式的农业用工关系，难以通过劳动关系认定，进而导致劳动者就业利益保护不足；另一方面，也使得通过劳动关系认定的农业用工关系，仅能适用"福特制"用工形式下的劳资利益调整标准，从而导致农业用工主体的经济利益未被合理兼顾。在减损农业劳动者就业数量，并激发资方灵活用工的同时，导致农业劳动者身份识别更加困难。可见，劳动者一体保护机制下的利益保护单一规定，实则是劳动法未合理平衡不同类型的劳资利益关系，僵化适用"福特制"劳资利益调整方式的产物。而农业领域劳动者身份识别困难，从根本看，就是劳动法一体保护机制未合理平衡农业劳资利益的体现。

一体保护机制下农业劳资利益的失衡，包括两个方面：一是不符合利益衡量的价值权衡分析，对农业劳动者就业利益保护不足，导致农业劳资利益失衡；二是不符合利益衡量的经济权衡与综合平衡分析，某些领域对劳动者过度保护，未兼顾农业用工主体经济利益，导致农业劳资利益失衡。

一、僵化机制与劳方利益保护的不足

一体保护体制以"福特制"用工形式下的劳动者为主要保护对象，并据此设计劳动法的利益确认制度和利益保护制度。这两种制度缺乏

对农业劳资利益特殊性的关注,难以实现利益衡量视角下农业劳动者利益优先保护的目标。

第一,一体保护机制的利益确认制度,不能准确地将具有从属性的农业劳动者就业利益纳入劳动法利益调整范围,进而不能在劳资利益冲突中,实现对属于优势利益的劳动者利益的合理保护,有违利益衡量的价值权衡分析要求。对社会中多元化的利益的选择与衡量,进而将其上升为法益,赋予法律权利,是法律对调整对象的利益保护的重要方式。劳动法通过劳动关系的认定,实现对保护利益的确认。我国重视从劳动主体的适格性来判定劳动关系是否成立。然而,以主体为标准的劳动关系判定方式却存在制度缺陷。一方面,致使农业领域的专业合作社等新型农业用工主体的用人单位资格争议问题突出;另一方面,也使得大量农业雇佣劳动者,难以获得劳动法中"劳动者"的身份资格的认同。在从属性认定上,该机制则要求必须同时具备人格从属性、经济从属性与组织从属性。且在从属性的考量因素的设计上,主要针对人格从属性设置,考量因素单一。致使农业领域季节性用工形式下的临时性劳动者,难以通过现行劳动关系认定标准。

第二,一体保护机制的利益保护制度,未依据农业劳资利益关系特点、劳动者弱势程度与用人单位强势程度,构建适宜性保护标准。其违反立法中利益的经济权衡分析与综合平衡分析的同时,对属于经济理性人的用人单位的灵活用工,形成激励。最终减损了农业典型劳动者群体就业数量利益和减损了农业非典型劳动者群体就业质量利益。

如前所述,从整体看,农业劳动者整体就业利益保护水平,不及以汽车制造业为代表的"福特制"用工行业。从当前农业领域灵活用工程度高,劳动合同签订率、事实劳动关系认定率在整体上相对较低的客观现实,可以管见一体保护机制未合理保护劳动者就业利益的立法疏失。从局部看,农业领域非典型劳动者就业质量利益保护水平尤其低下,无疑是一体保护机制无视农业领域季节性用工特点,导致农业非典型用工中劳资利益失衡的最重要证明。

二、僵化机制与资方利益兼顾的缺失

虽然在劳资利益关系调整中实现对劳动者就业利益的保护,是劳动法的重要功能,但是如果仅将其作为劳动法唯一的功能和目标,则存在缺陷。可能会导致立法者脱离利益平衡的理念,对劳动者利益的保护没有边界,无法衡量应有的保护程度,使得立法因矫枉过正而再次导致劳资利益关系的失衡。依据利益衡量的经济权衡分析与综合平衡分析,劳动法在保护劳动者就业利益之外,还应合理兼顾用人单位经济利益,平衡劳资利益关系。现行一体保护机制下的单一性利益保护标准,正是存在着未合理兼顾农业用工主体经济利益,进而违反劳资利益平衡的问题,因而有违利益衡量的利益选择要求。

现行劳动者一体保护机制,以"福特制"用工形式下的劳资利益关系为规范对象,进而制定一体化的利益保护标准,适用于所有劳动者。未考量农业行业的特殊性,也未对农业用工主体的经济利益予以合理兼顾。如,从整体看,一体保护机制未对农业领域实施例外的劳动法适用规定,未合理平衡农业劳资利益关系。再如,从局部看,一体保护机制下的单一性利益保护标准,未依据家庭农场、专业合作社性质的特殊性进行例外性规制,使其用工领域内的劳资利益存在失衡。如实证部分的表3-2所示,家庭农场的未签订劳动合同的稳定性劳动者中,42.86%的劳动者主张经济补偿金,28.57%的劳动者主张双倍工资。而如表3-3所示,家庭农场中稳定性劳动者的劳动关系认定率则高达70%。这意味着,在现行劳动法一体化保护标准下,经济补偿金、双倍工资等法律规定,可能给家庭农场带来较重的用工负担。从另一个角度看,当前家庭农场、专业合作社灵活性用工程度更高,劳动合同签订率更低,在某种意义上,正是对这一制度流弊的反映。此外,农业公司内部,也存在规模大小的差异,一体化利益保护标准的适用,也将导致小微型农业公司用工领域的劳资利益关系失衡。

一体保护机制下的单一性利益保护标准,从本质上看,是未对调整的具体利益类型加以区分的体现。劳动法调整的对象具有社群性与具体性,以具体的、社群性劳动者共同利益作为保护对象。这要求劳动法在调整利益关系时,进行两次具体化的区分。第一次对利益关系的具体化区分,是为了从平等的利益关系中识别具有从属性的劳资利益关系,纳入劳动法保护范围进行调整。第二次具体化区分,则是已纳入劳动法保护范围的劳资利益关系的再次类型化,对不同的劳资利益关系实施不同的利益调整措施,以实现纳入劳动法保护的劳动者进一步的"群体性"分类调整。[①] 然而,现行劳动者一体保护机制对劳资利益关系的一体化调整方式,正是欠缺了对劳资利益关系的第二次具体化区分,进而导致了农业劳资利益关系——这一不同于"福特制"用工形式下的劳资利益关系——利益失衡的产生。

第五节 本章小结

上一章运用利益衡量理论,分析了农业劳动者保护机制中应然的利益选择与权衡方式,进而诠释了农业劳动者保护机制中,合理保护农业劳动者利益,适当兼顾农业用人单位经济利益,以实现农业劳资利益平

---

① 张翼飞:《公司管理人员的劳动法适用问题研究》,华东政法大学2012年博士学位论文,第117页。

衡的必要性。对此,本章进一步对现行劳动法一体保护机制下的农业劳动者利益状况进行研究,进而检视我国当前农业劳资利益的实然状态,是否与上一章揭示的应然状态相符合。

当前劳动法采用劳动者一体保护机制,以劳动关系的认定为界限,对通过劳动关系认定的劳动者采取一体化保护方式,而对没有通过劳动关系认定的劳动者则不做任何保护。为此,本章对劳动法劳动者一体保护机制下,农业劳动者的劳动关系认定情况进行实证分析,以此为视角审视该机制下农业劳动者的就业利益保护情况,进而分析一体保护机制下农业领域的劳资利益调整情况,实现实践与理论两个场域的联接。

一、通过农业劳动者与以汽车制造行业为代表的非农业劳动者,共计379个案件的839份判决书的统计对比分析,发现:

1. 农业劳动者与以汽车制造行业为代表的非农业劳动者相比,在劳动关系的认定上,存在较大的差异。两相比较,农业劳动者在劳动者身份识别上存在更大的困难,更难纳入劳动法保护的范围。这主要表现在:第一,不同于以汽车制造行业为代表的非农行业,农业行业灵活用工情况严重;第二,农业劳动者的劳动合同签订率低于非农劳动者,农业领域事实劳动关系认定案件在所有争议案件中占比很高。第三,相较于以汽车制造行业为代表的非农业劳动者,农业劳动者事实劳动关系认定率低下。

2. 农业行业内部的劳动者,在劳动关系的认定这一身份识别过程中,也存在较大差异性。第一,不同类型的用工主体之间,灵活性用工程度、劳动合同签订率、事实劳动关系认定率不同。家庭农场、专业合作社相较于农业公司,灵活性用工程度更高(尤其是家庭农场),而劳动合同签订率、事实劳动关系认定率更低。这一发现为后文进一步追问不同类型的用工主体是否应当适用不同的劳动法调整规则,提供了依据。第二,不同用工形式的农业劳动者之间,存在较大差异:稳定性农业劳动者的用工关系中,存在较低的劳动合同签订率与较高的事实劳动关系认定率;而临时性、季节性农业劳动者的用工关系中,劳动合同签订率与事实劳动关系认定率都很低。

3.通过农业劳动者劳动关系认定中身份识别情况的统计分析结果,我们不难得出如下结论:当前农业产业化背景下,农业劳动者就业利益保护水平的低下与不均衡。第一,农业劳动者就业利益保护水平的低下,主要表现在:相较于以汽车制造行业为代表的非农业劳动者,农业劳动者整体就业利益保护水平较低;农业临时性、季节性劳动者就业质量利益保护亟需加强;农业稳定性劳动者就业数量有待提升。第二,农业劳动者就业利益保护的不均衡性,主要表现在:不同农业用工主体的劳动者就业利益保护存在不均衡,进而需要立法立足于现实,对不同的用工主体实施不同的规制措施;不同用工形式的劳动者就业利益保护存在不均衡,需要立法立足现状,对农业领域的典型劳动者(即稳定性农业劳动者)和非典型劳动者(如临时性、季节性农业劳动者)采取不同的保护方式。

二、对农业劳动者身份识别困难原因的进一步分析,表明:农业劳资利益关系的特殊性是导致其身份识别困难的直接原因。这主要表现在:第一,农业用工关系中利益主体具有特殊性,进而引发劳动关系认定上的主体资格认定障碍。一方面,从用工主体角度看,农业领域用工主体之一的专业合作社,其用人单位的资格问题,当前在司法界存在较大的争议,形成了"肯定说"与"否定说"两种观点。大量就职于专业合作社的农业劳动者也因此不能获得劳动法的保护。另一方面,从劳动者角度看,"农业空心化"引发的"高龄劳动者"劳动者资格认定问题,较为突出。当前农业领域存在大量达到退休年龄而没有领取社保的农业劳动者,或者仅仅领取农村"新农保"的农业劳动者,对于这一类的劳动从业人员是否具有劳动者资格,司法机关之间分歧较大。第二,农业用工方式的特殊性引发了劳资利益关系的从属性认定障碍。一方面,农业临时性、季节性用工方式引发的从属性认定障碍。当前司法实践对于农业临时性、季节性用工的劳动关系认定混乱,亟需厘定劳动关系认定的标准。而目前以"从属性否定论"为主的司法认知,很难解决好人格从属性弱化但具有经济从属性的农业劳动者的保护问题。另一方面,经熟人募工的农业习惯引发的从属性认定障碍,导致大量农业劳动者无法获得劳动法保护,进而需要立法加强对农业领域隐蔽雇佣关系的关注与规制。

三、当前农业劳动者身份识别困难,背后的制度原因则在于现行劳动法一体保护机制下利益保护的单一性规定。因农业劳动者特殊性,司法实践中形成的认识分歧隐含了制度缺陷之下司法机关地位的尴尬。劳动法一体保护机制的单一性规定的存在,才是导致现行劳动法无法合理保护具有特殊性的农业劳动者就业利益的制度原因。第一,一体保护机制的利益保护范围具有狭窄性,主要将典型的具有"福特制"用工形式特点的劳动者(简称为"典型劳动者")作为保护对象,并因此制定了单一的劳动关系认定标准,进而导致了农业劳动者身份识别障碍。这是导致专业合作社等用工主体的用人单位资格认定障碍,以及"农业空心化"引发的"高龄劳动者"劳动者资格认定障碍的重要原因。第二,一体保护机制利益保护标准的单一性,不当增加了农业用工主体的用工成本。这一方面刺激了农业用工主体为减少用工成本而灵活用工;另一方面也促使司法机关在利益衡量中侧重于经济发展利益的考量,而防止劳动关系认定的泛化。这些后果最终会进一步加剧农业劳动者,尤其是非典型农业劳动者,在劳动关系认定中的困难。

四、当前农业劳动者身份识别困难,其最终的理论根源在于:一体保护机制在立法中未具体考察不同类型的劳资利益关系的差异,未合理平衡农业领域中的劳资利益关系。正是这一理论认识问题的存在,才导致了劳动法采用了一体保护机制下的单一性保护规定。

通过本章的分析,可见,我国现行劳动法一体保护机制并未实现农业劳资利益关系平衡的应然状态。因而,需要对现行劳动者一体保护机制的合理性进行反思,进而运用利益衡量分析,实现农业劳动者保护机制的重构和转变。

第四章　利益衡量分析下农业劳动者分类保护机制的证成

制度性利益冲突解决机制,是国家立法介入劳资利益关系,实现对劳动者倾斜性保护的重点。① 当前我国劳动法中制度性利益冲突解决机制,具有单一性的特点。该机制以抽象的"资强劳弱"为基础,没有具体考察不同劳动者的差异性,进而使得属于优势利益的农业劳动者利益未获合理保护;该机制以工业"福特制"用工形式下的典型劳动者为对象,制定了一套高标准的劳动保护规则,没有具体区分用人单位的差异性,一体化适用于所有的用人单位,增加了用人单位的用工负担,减损了其经济利益。针对现行一体保护机制的上述弊端,我国劳动法应在利益衡量方法的指引下,构建农业劳动者分类保护机制,以纾解农业劳资利益的矛盾,平衡农业领域的劳资利益关系。

本书第二章中运用利益衡量分析,揭示了农业劳动者保护机制中实现劳资利益平衡的利益选择方法。虽然一体保护机制并不符合应然利益选择的要求,但是农业劳动者分类保护机制却吻合了利益选择的价值权衡分析、经济权衡分析与综合平衡分析的要求,可以实现利益衡量的目标,成为符合利益衡量标准的农业劳动者保护机制。

---

①　李敏华、刘忠杰:《劳资利益博弈之理性——以劳动合同解除为例》,《社会科学家》2008年第8期。

第一节　价值导向下劳方利益优先保护目标的实现

劳动者分类保护机制,在解决劳资利益冲突问题时,将劳动者就业利益作为优先保护的利益。虽然从形式上看,劳动者分类保护机制中不同的劳动者保护方式具有差异性,但是形式的不平等往往是为了实现实质的平等。劳动法分类保护机制,对农业劳动者等具有特殊劳动者构设专门性保护规则,而这些规则都围绕"保障劳动者权益"的劳动法宗旨而构建。① 劳动法中差异性调整规则的存在,但并不意味着具有歧视性。是故,劳动法分类保护机制中的分类调整与区分调整,最终目的在于调整利益保护方式,进而使立法在农业劳动者利益保护中,更具针对性、具体性与合理性。这是新时期农业产业化进程中,针对农业劳动者的特点,为实现劳资利益平衡,而进行的必要立法转变。

一、农业劳动者整体利益的合理保障

农业劳动者分类保护机制,深度关注了农业劳动者群体具有的特殊性,强调对其实施专门化保护,满足了农业劳动者群体的就业需求。从整体看,实现了农业劳动者群体利益的合理保护。

(一) 劳动法上劳动者的具体性、社群性特征

作为劳动法保护对象的劳动者,具有具体性和社群性特点。第一,劳动者具有具体性的特点。劳动法以实质正义为目标,介入到劳资利益

---

① 涂永前:《应对灵活用工的劳动法制度重构》,《中国法学》2018年第5期。

关系中,对弱势地位的劳动者利益予以倾斜性保护。但是作为社会法的劳动法,在实际运用中,保护的对象是具体劳动关系中的劳动者,这些劳动者之间可能存在差异性。劳动法只有实际针对具体劳资利益关系中不同劳动者的弱势程度,进而设计合理的保护措施,才能真正实现社会法实质正义的目标。第二,劳动者具有社群性的特点。所谓社群,是指内部成员之间,基于群体成员的身份,而存在共同利益目标的群体。社群化的劳动者群体就是以共同利益为基础的群体。劳动法之所以将劳动者利益作为保护对象,是因为劳动者群体基于自身受雇者的身份,在劳动中面临相似的生存利益威胁,并且依靠自身力量难以在利益博弈中处于有利位置。基于劳动者与雇主的身份,形成的强弱两个群体,进而成为劳动法规制的对象。① 劳动者作为一个群体,具有相同的利益需求,但是不同的情形下,不同的劳动者因为自身弱势程度的不同,而对劳动法的利益保护有着不同的需求。申言之,从抽象上看,劳动者基于劳资利益关系中的弱势地位,形成具有共同利益需求的劳动者群体;从具象上看,不同类型的劳动者弱势地位的程度不同,进而形成了不同利益需求的劳动者群体。

因此,劳动法应进一步区分不同的劳动者群体,在实现劳动者群体类型化的基础上,更加精准地实现对不同劳动者群体的区分保护。

(二) 农业与非农业劳动者社群的不同利益需求

第一,农业劳动者与以工业为代表的非农业劳动者,虽然都属于劳动者群体,但是二者所属的行业与领域不同,在劳动形式上具有较大的差异性,属于不同的劳动者社群。

---

① 张翼飞:《公司管理人员的劳动法适用问题研究》,华东政法大学2012年博士学位论文,第128页。

工业社会的文明,意即托夫勒意义上的"第二次浪潮文明",兼具生产规模化、劳动组织集中化、劳动分工精细化等特点。而传统的农业文明则是以自给自足、个体劳动、简单协作为特征。工业与农业生产之间本身就存在较大差异。一方面,对农业生产而言,不在工厂进行劳动,而是在田间地头进行劳动,虽然存在一定的分工,但是没有工业生产分工的细致。而从农作物生长的角度看,其生长的连续性本身就与工业生产中劳动的强制性拆分相违背。另一方面,对于从事农业劳动的人,在传统的生产模式下,具有极大的自由性,没有用人单位管理人员对劳动过程及结果的监督。正如孟德拉斯所言,"不必服从雇主"或"不必受人监视",这是农业劳动者的自豪。

在当前农业产业化、规模化发展背景下,农业劳动者既保留农业生产劳动的部分特点,又部分丧失了原本自给自足状态下的自由,异化为资本运作与赚取利润的附属品,成为产业化生产链条中的重要一环。农业劳动者成为了兼具农民与工人特点的劳动者。但是,与高度规模化、集中化的工业劳动者相比,还存在着用人单位特殊、自身从属性弱化等特点。农业劳动者与非农劳动者分属不同的劳动者社群,也决定了二者对劳动法有着不同的利益需求。工业劳动者对劳动法在就业质量利益的保护标准上,有着更高的要求,如对劳动合同权利的充分享有。而农业劳动者,基于自身从属性的弱化和用工形式的多样性,在农业领域劳动法覆盖范围有限的背景下,对劳动者利益保护的需求在于,获得劳动基准保护。在就业质量利益保护的标准上,更应构设与各类农业劳动者从属性相适应的、多样性的差异化保护标准。

然而,当前劳动者一体保护机制的劳动保护标准,以"福特主义"生产模式为保护原型,结构单一、刚性较强、灵活性缺乏。仅虑及稳定就业的标准劳动关系中劳动者保护问题,而缺乏对非标准用工形式下劳动者

第四章　利益衡量分析下农业劳动者分类保护机制的证成

的保护规则的构建。① 然而,大量的农业劳动者,因农业用工形式与工业用工形式的差异性,而难以获得一体保护机制的保护。因此,以"福特主义"生产模式为调整原型的劳动法一体保护机制,未实现农业劳动者权益的有效保护。立法更应在"分类调整"的理念下,针对农业劳动者特殊性,设置专门保护的规则。

第二,中国农业的"小农经济"的特点,使得中西农业劳动者存在差异性。而劳动法作为西方舶来品,以高度工业化生产下的劳动者为主要保护对象,难以实现中国农业劳动者的妥善保护。

世界农业的发展一般有三种模式:盎格鲁——撒克逊模式、莱茵模式、东亚模式。② 中国就是东亚模式的典型代表。东亚模式下的农业经营形式主要表现为小农经济,与其他两种农业模式存在较大差异。温铁军教授认为东亚小农经济是以家庭为单位从事农业生产,自负盈亏、自担风险的小规模经营方式。③

中西农业发展不同的历史进程,决定了二者经济形态的不同。在西方,早在古罗马时期,农业领域经济的模式,就以综合形式进行生产的奴隶主庄园经济为主。采取了以市场为导向、具有完整的生产链条以及细致的劳动分工的生产方式。而后,伴随农业劳动力的城市化转移,农业生产结构从种植业向畜牧业的转型④,这种生产模式也促使资本主义在农村发展起来。⑤ 然而,与西方不同,中国农业存在不一样的生产劳动形态。从历史上看,中国早在先秦两汉时期就建立了小农经济的生产方

---

① 粟瑜:《劳动关系从属性理论研究》,湖南大学2016年博士学位论文,第169页。
② 温铁军等:《从农业1.0到农业4.0:生态转型与农业可持续》,东方出版社2021年版,第79页。
③ 温铁军等:《从农业1.0到农业4.0:生态转型与农业可持续》,东方出版社2021年版,第101页。
④ 如英国的"圈地运动"。
⑤ 隋一卓:《中国劳动法治模式研究》,吉林大学2018年博士学位论文,第27页。

式。这一农业经营特点在中国历史上得到传承。至今中国农业仍然以小农经营为主。中西农业发展不同的历史进程,决定了中西农业存在的差异,进而决定了二者在适用劳动法过程中存在的差异。一方面,西方农业为大庄园,农业与工业区别不大,农业高度发达,存在剥削。中国为小农经济,农业与工业区别很大,农业不发达,资强劳弱的程度远不及其他行业。中国当前大部分农业用工主体为小农场,部分小农场是通过亲朋好友之间出租、转让、返租倒包等形式建立起来的。① 即便是在资本下乡背景下建立的具有资本与劳动密集型特点的农场,规模往往也很难超过西方的大农场。中国农业专业化、产业化水平不高,在大部分农作物产区,处于"大生产、小规模"的生产模式。② 另一方面,中国的小农经济特点,不仅体现在传统农业的小农经济特点上,当前的农业形态及农业以后的发展形态多为小农经济。因为我国政府将中国农业未来的发展方向定位于"坚持家庭经营的基础性地位,发展适度规模经营"。③ 这表明以小农经济为主的生产方式,仍然是中国农业未来很长时间内的主要生产方式。可见,制定出适应于家庭农场、专业合作社等小农经济用工的劳动法,是中国农业对劳动法改革的期许。

(三) 分类保护机制中农业劳动者社群利益的专门化规定

尽管中国农业领域具有本土化国情,但是作为法律移植产物的中国现行劳动法,对劳动者保护采取一体保护机制,并未针对中西农业劳动

---

① 黄祖辉、王朋:《农村土地流转:现状、问题及对策——兼论土地流转对现代农业发展的影响》,《浙江大学学报(人文社会科学版)》2008 年第 2 期。

② 周婕:《国外农业经营方式的比较研究:以美国和日本为例》,《世界农业》2017 年第 12 期。

③ 参见中华人民共和国农业农村部官网:《乡村振兴战略规划(2018—2022 年)》,http://www.moa.gov.cn/xw/zwdt/201809/t20180926_6159028.htm。

第四章　利益衡量分析下农业劳动者分类保护机制的证成

者的社群差异性和工农劳动者的社群差异性,而作出关于农业劳动者的本土化专门性立法规定。在未来劳动法劳动者保护机制的变革中,应针对一体保护机制的不足,在分类调整理念的指引下,关注于中国农业劳动者不同于非农行业劳动者的社群性特点,制定出适应于小农业经济语境的劳动法规则。如在分类保护的机制中,改革既有利益确定规则,扩展非典型劳动者保护种类,以扩大劳动法对农业领域劳动者的保护范围。再如,设置合理的劳动者分类标准和保护手段,对农业劳动者与非农业劳动者区分保护、对农业内部的不同劳动者进行区分保护。

二、不同类型农业劳动者利益的合理保障

劳动法中劳动者这一抽象概念,实质上是大量具体劳动者的概括。将这一抽象的概念还原为现实中具体的劳动者的本相时,也应注意不同劳动者之间的差异性。如不同用工形式下的劳动者,因从属性不同,需要立法予以倾斜性保护的程度要求不同。而农业劳动者分类保护机制,实现了对不同劳动者的区分,满足了不同劳动者的利益需求。

（一）分类保护机制中农业典型劳动者群体就业数量的促增

当前劳动者一体保护机制,对于未纳入者,完全不保护;而对于纳入者,则给予锦上添花的劳动基准保护。农业劳动者中严格的劳动基准,是围绕着"福特制"下标准劳动关系制定的。将这些规则不加区分地适用于,经济效益低下的农业领域各类劳动者,会导致农业用工主体用工成本的增加。当前农业用工主体雇佣的稳定性劳动者数量相对较少,订立书面劳动合同的农业劳动者更少。农业用工主体从事农业生产,严重依赖于临时性、季节性劳动者。这些现象都是一体保护机制,减损农业领域典型劳动者就业数量利益的具体体现。反映出现行单一保护机制,

违反利益衡量的经济权衡分析,不考虑经济理性人守法成本的必然结果。

从长远看,为增加农业劳动中稳定性劳动者等典型劳动者的数量,提高其在劳动力构成中所占的比例,劳动法须改革当前劳动者一体保护机制,基于分类保护的理念,对农业领域的用工标准做出专门性规定。劳动者分类保护机制,基于农业领域的经济状况与农业用工的特点,对农业劳动者作出专门性规定,将有效减少农业用工主体的用工成本。如在工时制度上适用更具灵活性的弹性制度;在农业领域适用例外的无固定期限合同适用规则,实现农业用工主体更大的自主用工权;在固定期限合同的经济补偿金支付规则上,给予其优惠待遇;对农业小微型用工主体适用例外规则,减轻其用工负担;等等。此外,劳动者分类保护机制,在农业稳定性劳动者等典型劳动者的保护中,重视精神利益的保护,以改变现行立法仅重视物质利益保护的缺陷。进而在满足劳动者利益需求的同时,降低农业用工主体的用工成本,促进农业典型劳动者就业数量的增长。

(二) 分类保护机制中农业非典型劳动者群体就业质量的提高

现行劳动法劳动者一体保护机制,在依据价值序列对劳动者进行优先保护的过程中,存在着弊端。仅将典型劳动者和极其有限的非典型劳动者的利益,作为优先保护的对象。非典型劳动者中除了法定的两种外,一体保护机制都未将其就业质量利益,放在优先保护的位置。而是放任非典型劳动的发展,对其缺乏规范。基于一体保护机制的上述种种不足,大量农业非典型劳动者难以获得劳动法的保护。这些劳动者进而只能被认定为雇佣劳动关系,由民法和农业习惯法加以调整。然而,民

第四章 利益衡量分析下农业劳动者分类保护机制的证成

法和农业习惯法囿于平等调整的性质,以及自身存在的缺陷①,并不能有效维护劳资关系中处于弱势地位一方的劳动者利益。当前,农业用工主体存在着雇工难的问题。这一问题的形成原因,除了源于我国农业优质劳动力的短缺②,也在于农业领域雇工大多为非典型劳动者,而这些劳动者难以获取劳动法保护。从实质上看,雇工难是劳动者对低收益与低工资的农业行业的逃离。

基于现行劳动法劳动者一体保护机制,对非典型劳动者就业质量利益保护不力的现状,劳动法在完善劳动者保护机制时,应提出"分类"的理念,在既有立法已经对典型劳动者就业质量利益保护良好的基础上,着重加强对非典型劳动者就业质量利益的保护。完善现行劳动关系认定标准,增加劳动法非典型劳动者的保护种类,实现这类劳动者的就业利益保护;在保护手段上,基于"分类"的思想,构设符合非典型劳动者就业质量利益保护的合理措施,在劳资利益之间寻求平衡。

总之,农业劳动者具有特殊性,农业与非农业劳动者之间存在不同的利益需求。即使二者都属于劳动者群体,也属于不同的社群。此外,在农业劳动者内部,不同的劳动者之间也具有不同的利益需求,尤其是长期性农业劳动者与临时性农业劳动者间,利益的内容并不相同。循

---

① 民法没有对雇佣关系予以明确规定,未将雇佣合同规定为有名合同,进而影响了农业雇佣关系法律适用的安定性。另一方面,农业习惯法与劳动法相比,难以有效维护农业雇佣劳动者的劳动权益,无法使其获得最低工资、最高工时等方面的保护。参见郑尚元:《民法典制定中民事雇佣合同与劳动合同之功能与定位》,《法学家》2016年第6期。

② 《第三次人口普查公报》数据显示,从年龄结构看,农业劳动力中33.58%的50岁以上的老年人,从性别结构看,中国农业劳动者中有47.5%的女性。基于老年妇女因身体原因参加劳动的数量不多的事实,中国农业劳动力很大可能即是由33.58%的50岁以上的男性老年人,47.5%的50岁以下女性和18.98%的50岁以下的男性劳动力构成。这一现状反映出农业劳动力看似数量过剩的背后,暗藏着优质劳动力孱弱与缺乏的严重危机。当前我国农业劳动力正以年均0.0425%的速度减少(该数据依据《中国统计年鉴2018》2013—2017年就业人数计算获得),数量的减少与年轻优质男性劳动力的缺乏,都将严重影响农业的发展,也使得农业的雇工难度进一步加剧。

此,劳动法应当从农业劳动者的特殊性,以及不同农业劳动者的差异性出发,对不同劳动者进行区分保护。

第二节 经济导向下制度效率目标的实现

"经济人"的思想为许多学者所强调。以理查德·A.波斯纳为代表的经济分析法学派,将"经济人"理论进一步运用于法学领域,将其作为分析法律问题的前提。为法律的完善,提供了科学的分析路径。[①] 从利益选择的过程看,对不同的价值进行选择与取舍,这种选择须遵循"经济人"理性。正义是法律所追求的重要价值,效率是经济所追求的重要价值。只有以"经济人"理性为前提,在立法利益衡量中,进行合理的利益选择,才能使法律成为有效率的制度。故而,在立法者面临立法利益衡量时,除了依据价值位阶对利益作出选择外,还应对利益选择的结果进行利益预估,进而借鉴经济分析方法,选择最有利于资源优化配置的方案,实现整体效益的最大化,实现法律制度的效率性。[②]

在立法的利益衡量中,只有实现效益大于成本的立法结果,才是有效率的法律制度。[③] 作为立法"效率"评判标准的卡尔多-希克斯标准,就要求立法在两个具有冲突关系而无法并存的利益选择中,通过对效益与成本的计算,选择对利益损害最小的方案,进而实现社会财富总体上的增长。

为实现对法律制度成本与效益的分析,从而实现对法律制度效率性的评判,有必要从各方利益主体的成本与效益、从利益受损方的损害和

[①] 张斌:《现代立法中的利益衡量》,吉林大学2005年博士学位论文,第106页。
[②] 周杰:《环境影响评价制度中的利益衡量研究》,武汉大学2012年博士学位论文,第124页。
[③] 王丽:《地方立法利益衡量问题研究》,吉林大学2015年博士学位论文,第73页。

第四章 利益衡量分析下农业劳动者分类保护机制的证成

从整体利益的成本与效益三个方面进行分析。① 依据上述方法,对现行劳动法一体保护机制进行经济分析,可知:第一,在一体保护机制下,劳动者群体的收益,主要由效率较高的典型劳动者获得。一体保护机制的高标准保护规定,使其就业质量利益获得了较好的保护。而劳动者群体的成本则体现在:低效率的典型劳动者就业数量利益的减损、非典型劳动者就业质量利益的减损。因此,一体保护机制下,劳动者群体就业利益保护可能收益并非大于成本,因为获利的为少数效率较高的劳动者,而利益受损的却包括效率较低的典型劳动者与非典型劳动者两类主体。第二,从利益受损方的损害看,一体保护机制的高标准保护规定,导致农业用人单位承担了较大用工成本,从而使得用人单位成为重要的利益受损方。这是激励农业用人单位减少低效率的典型劳动者就业数量,并灵活用工的重要原因。第三,从一体保护机制下劳资整体利益的成本与受益上看,一体保护机制对用人单位的经济利益带来了损害,而对劳动者就业利益的保护,也仅实现了部分典型劳动者就业质量利益的提高。因此,一体保护机制对劳资整体利益保护不足,并未使得劳资整体利益实现最大化。这一点从近年来经济下行,城市就业困难的现实状况中可见一斑。是故,针对一体保护机制因违反成本与收益分析而导致农业领域劳资利益失衡的状况,劳动法应推动农业劳动者保护机制从一体向分类转化。

劳动者分类保护机制,对劳动者的区分保护,对用人单位的差异化规制,不仅可以更合理地保护各类劳动者就业利益,使得整体利益的效益增长,而且通过对不同劳动者、不同用人单位差异性法律规则的适用,有效减少劳动法因劳动者就业利益保护,而给用人单位利益带来的损

---

① 张斌:《现代立法中的利益衡量》,吉林大学2005年博士学位论文,第106页。

害。劳动者分类保护机制促进劳动者就业利益增长与减少对用人单位利益损害,有利于法律制度成本效益的均衡,有利于劳资整体利益的增加,也有利于社会资源的优化配置。第一,劳动者分类保护机制,更合理地保护各类劳动者就业利益,促进了劳动者就业利益效益的增长。分类保护机制,对农业领域典型劳动者与非典型劳动者进行分类调整,强调对农业领域典型劳动者就业数量的促进与非典型劳动者就业质量的保护。这将有效弥补现行一体保护机制下,两种农业劳动者就业利益保护的不足,进而促进劳动者就业利益整体上的增长。第二,劳动者分类保护机制,强调对具有特殊性的农业领域适用专门性的劳动法法律规则,对不同性质、不同规模的农业用人单位分类规制。这将有效减少现行一体保护机制下单一性的保护高标准对农业用人单位利益的损害,符合了卡尔多-希克斯标准对法律效力的要求。从另一个视角看,基于经济分析的边际分析法,也可以得出劳动法在改革现行一体保护机制时,更应将资源与利益分配给性质特殊、规模较小的农业用人单位,而非分配给农业典型劳动者的结论。因为在农业典型劳动者已经纳入劳动法,其生存利益已获保障的情况下,将资源与利益偏向于家庭农场、专业合作社等性质特殊、规模较小的农业用人单位,将产生更大的边际效用。概言之,劳动者分类保护机制,促进了劳资利益整体上的增长,符合法律制度的效率性要求。

第三节 平衡导向下劳资利益整合目标的实现

现行劳动者一体保护机制,强调抽象的劳动者就业利益的保护,不仅未实现农业领域各类劳动者的合理保护,也未实现农业劳资利益关系的平衡。而不同于一体保护机制的单一性调整方式,劳动者分类保护机

第四章　利益衡量分析下农业劳动者分类保护机制的证成

制,基于分类调整的思想,强调对农业劳动者社群利益的专门性保护,以及农业内部劳动者的区分保护。不仅合理保护了各类农业劳动者就业利益,也合理兼顾了各类农业用人单位的经济利益,实现了农业领域劳资利益的平衡。如前所述,比例原则、整体利益最大化原则和合理差别原则是立法利益衡量中,用以实现利益平衡的重要原则。故而,农业劳动者分类保护机制更利于农业领域劳资利益平衡的实现,可以从该机制对比例原则、整体利益最大化原则、合理差别原则的遵守和践行上予以分析。

一、符合比例原则的分类保护机制

农业产业化背景下,为解决劳动者保护中产生的内外部利益冲突,有必要在农业劳动者保护机制的重构时,以利益平衡为目的,遵循比例原则的要求,构建不同劳动者的分类保护制度。

(一) 农业劳动者分类保护机制,遵循比例原则的适当性要求,侧重保护典型劳动者与非典型劳动者就业利益的不同方面,对劳动者进行分类保护,合理解决了劳动者就业利益保护中的内部矛盾。

用人单位经济效益既定的情况下,在岗劳动者就业质量的提高与未就业劳动者就业岗位数量的增加之间存在矛盾,即劳动者就业利益保护的质量与数量方面存在矛盾。从我国劳动法立法进程看,对于劳动者就业质量与就业数量利益关系的调整,存在着走不同极端的问题,形成了就业利益保护的"天平效应",并未实现二者关系的平衡。一方面,我国《劳动法》在20世纪90年代出台时,为松绑劳动者与国企之间的关系,打破铁饭碗而实现合同制用工,将劳动者就业利益保障的重心放在就业数量利益上,而在就业质量利益保护上《劳动法》的保护存在不足。另一方面,2007年《劳动合同法》出台时,为规范《劳动法》颁布以来,因劳动力市场灵活性过强而形成的大量用工不规范的现象,而将重心放在了劳动者就业质量利益的保护上,减损了劳动者群体的就业数量利益。我国立法存在上述"天平效应"缺陷,使得劳动立法在某一时期对市场用工采取放任态度,不重视市场上劳动者就业质量利益保护;而在另一时期又只重视已就业人员的就业质量利益的保护,不考量用人单位的承受能力,也不考量因此给就业数量利益带来的负面影响。①

而今,在处理农业劳动者就业利益的内部矛盾时,更应反思以往立法的不足,针对各类劳动者保护的现实状况,采取合理的手段妥当处理就业质量与就业数量的关系。这就要求农业劳动者保护机制针对不同劳动者的就业利益保护情况,进行分类调整,这是基于比例原则适当性要求的理性选择。比例原则之适当性要求,意指立法的手段对立法的目标的实现,具有适当性与妥当性。当前农业领域,典型与非典型劳动者就业利益保护中,基于比例原则之适当性要求,应当重点保护的就业利益内容并不相同,需要立法予以分类调整。

第一,当前典型劳动者在就业利益保护中面临的问题在于,将这类劳动者纳入到现行劳动法,适用以工业劳动者为标准制定的劳动法保护规则,给其就业数量利益带来了负面影响,导致在岗的典型劳动者数量下降。因此,分类保护机制的立法改革,应基于立法手段对立法目标实现的适当性要求,采取合理措施,重点对这类劳动者的就业数量予以促进。

第二,当前非典型劳动者在就业利益保护中面临的问题在于,这类劳动者中的很大一部分无法获取劳动法的倾斜性保护,在岗劳动者就业质量利益保护不足。因此,分类保护机制的立法改革,应遵循立法手段

---

① 阎天:《供给侧结构性改革的劳动法内涵》,《法学》2017年第2期。

对立法目标实现的适当性要求,重视非典型劳动者的就业质量利益保护,进而采取扩大劳动法保护范围、增加非典型劳动者保护种类等具体措施。

(二)农业劳动者分类保护机制,遵循比例原则的必要性要求与相称性要求,依据劳动者从属性的不同、就业的用人单位规模的不同,对劳动者进行分类保护,合理解决了劳动者就业利益保护中的外部矛盾。

劳动者就业利益与用人单位的经济利益的矛盾是劳动者就业利益保护的外部矛盾。在这一异质矛盾的解决中,优先保护劳动者就业利益的同时,也应利用比例原则对用人单位的经济利益予以兼顾。不能过分增加用人单位的用工成本,阻碍经济发展。著名的"诺思悖论"启示我们,政府对市场的干预虽具有合理性,但是过度干涉则可能阻碍经济发展。这一原理也同样适用于国家立法对劳动力市场的调整中。若一味地强调对劳动者利益的保护,罔顾用人单位经济利益的兼顾,则可能导致劳资利益关系的失衡,进而出现"诺思悖论"意义上的经济衰退。[①]

为了合理平衡农业领域的劳资利益关系,应遵循比例原则必要性要求与相称性要求,构建农业劳动者保护机制。必要性要求与相称性要求是比例原则的重要要求。必要性要求强调立法所采用的方案是最优方案,立法手段实施的后果对利益损害方带来的损害最小;相称性要求立法手段与立法目标之间成比例,法律实施的后果损害应小于收益。在一体保护机制中,即使劳动者从属性程度低、用人单位规模小或具有特殊性质,也要对劳动者适用一体化的高标准保护规则。这给用人单位带来较大的经济负担,阻碍了经济发展。其结果是损害大于收益,进而构成对比例原则必要性要求与相称性要求的违反。劳动者分类保护机制则

---

① 谢天长:《我国劳动关系社会协调机制研究》,湖南大学 2014 年博士学位论文,第172 页。

与一体保护机制存在不同,其保护标准依据劳动者从属性的强弱、用工主体的差异性,基于比例原则的要求,予以合理设置。具体而言,农业劳动者分类保护机制,遵循了比例原则必要性要求与相称性要求,合理整合了劳资利益关系,主要表现在:

1. 农业劳动者分类保护机制,基于比例原则必要性要求与相称性要求,以劳动者从属性的差异为依据,设置了与之相适应的保护标准。

农业产业化进程中的劳动者,一部分属于以稳定性农业劳动者为代表的典型劳动者,另一部分属于以临时性、季节性农业劳动者为代表的非典型劳动者。第一,农业领域以稳定性农业劳动者为代表的典型劳动者,相较于工业领域等非农领域的典型劳动者,存在着从属性弱化的特点。将其纳入劳动法,不宜直接适用以工业劳动者为标准制定的现行劳动法保护标准,因为现行劳动法的保护标准与其从属性程度不匹配,否则有违比例原则的相称性要求。另一方面,若直接对农业典型劳动者适用现行劳动法较高的劳动者保护标准,则会不当地增加用人单位用工负担,损害了用人单位的经济利益,有违比例原则的必要性要求。故而,劳动法需要建立分类保护机制,针对农业劳动者特殊性,进行专门化立法保护。在专门性立法中,对农业典型劳动者的适用规则予以特殊规定。第二,对于临时性、季节性农业劳动者这类非典型劳动者,其从属性弱于典型劳动者,但是仍然存在从属性。在现行一体保护机制下,这类从属性弱化的非典型劳动者,因难以纳入劳动法保护范围,而完全不能获得劳动法的任何倾斜性保护。这也使得劳动者获得的劳动法保护标准与其自身的从属性不匹配,违反了比例原则的相称性要求。对此,为加强非典型劳动者保护,劳动法应构建农业劳动者分类保护机制,一方面,依据其劳动过程中从属性的存在,将其纳入劳动法保护的范围;另一方面,依据农业领域非典型劳动者从属性弱于典型劳动者的特点,基于比例原则的相称性要求,对其设置适当的保护标准,与农业领域典型劳动者的保护标准相区分。

2. 农业劳动者分类保护机制,基于比例原则必要性要求与相称性要求,以劳动者就业的用人单位规模、性质的差异为依据,设置了与之相适应的调整标准。

第一,从整体看,农业劳动者分类保护机制,针对一体保护机制的不足,对农业与非农业用人单位进行区分调整,在制定劳动法规则时充分考虑了农业领域用人单位较差的经济效益现实状况。使得立法规则的强度与立法调整的对象相匹配,立法的手段与立法的目标成比例,也将立法对经济效益较差的农业用人单位的损害降低,进而符合了比例原则必要性要求与相称性要求。第二,从农业行业内部看,农业用工主体存在多种类型,既包括自上而下资本下乡形成的农业公司,也包括自下而上农民自发化组织形成的家庭农场、专业合作社。而农业劳动者分类保护机制,区分农业用工主体的不同,对家庭农场、专业合作社等用工主体适用例外性规定,适用与其性质相匹配的特殊性调整规则。减轻了这些用工主体的负担,符合了比例原则必要性要求与相称性要求。第三,在农业经营主体中,大量用人单位属于规模小、人员少的小微型用人单位。对此,农业劳动者分类保护机制,基于比例原则,对其豁免适用劳动法部分规定,促进其发展,以符合必要性与相称性要求。

总之,农业劳动者分类保护机制,依据农业劳动者从属性的不同、劳动者就业的用人单位规模大小的不同及性质的差异,适用不同的倾斜性保护措施,遵循了比例原则的必要性要求与相称性要求。既实现了农业劳动者的保护,增加了法律实施带来的收益,又兼顾了农业用人单位的经济利益,减轻了法律实施带来的利益损害。

二、符合整体利益最大化原则的分类保护机制

在法律中,对权利和利益的不同配置状态,会对社会生产产生重大影响。法律只有设计出合理的制度性利益冲突解决机制,才能合理地缓解利益冲突,使得权利配置下的社会生产产生最大的效益。[①] 为此,整体利益最大化原则,以整体利益最大化作为法律构建方式的最终确定目标,指引立法制定科学的利益衡量标准。整体利益最大化原则也是劳动法在构建劳动者保护机制时,需要适用的利益衡量原则。对劳动者就业利益的优先保护受制于劳资整体利益。为了实现整体利益的最大化,必须对劳资利益予以平衡,在劳动者保护的同时兼顾用人单位经济利益的最大化。若仅追求单方利益的最大化,在劳动者保护中,不兼顾用人单位利益,那么必将影响劳资利益关系的整体利益,是缺乏全局利益观的表现。[②] 现行一体保护机制,就违反了整体利益最大化原则,仅单纯追求劳动者就业质量利益的保护,尤其是典型劳动者的就业质量利益保护,而导致了劳资利益的失衡。为实现利益衡量的整体利益最大化,我国劳动法应构建农业劳动者分类保护机制,促进农业经济发展,通过兼顾用工单位的经济利益,从整体上减少农业劳资利益的损害,实现利益之间的平衡关系。

劳动者分类保护机制,有利于国家农业经济的发展,减少了对用人单位经济利益的损害,促进了劳资利益关系和谐,从而有助于劳资利益整体上的最大化。国家农业经济发展和劳资关系和谐,是农业劳资整体利益最大化的判断标准。劳动者分类保护机制,针对各类劳动者的特

[①] 苏力:《法治及其本土资源》,北京大学出版社2015年版,第198页。
[②] 李敏华、刘忠杰:《劳资利益博弈之理性——以劳动合同解除为例》,《社会科学家》2008年第8期。

第四章 利益衡量分析下农业劳动者分类保护机制的证成

点,以及各类用人单位的差异性,采用不同的劳动法保护措施。这既能实现各类劳动者就业利益的保护,又有利于各类农业用人单位经济利益的兼顾,减少对用人单位经济利益的损害,从而有助于农业劳资利益关系的和谐,有助于农业经济发展的促进。具体而言:

(一)分类保护机制,强调对不同类型劳动者就业利益的保护,有利于实现农业领域的劳动力持续性供给,变革农业经济增长方式,加快农业现代化进程,促进农业经济的发展,从而实现劳资整体利益的增长。

分类保护机制,通过改革劳动关系认定标准,将更多的农业劳动者纳入劳动法保护范围;扩大非典型劳动者的保护范围,以满足农业领域大量临时性、季节性劳动者的就业质量利益保护需求;还通过完善立法规定,促进农业典型劳动者就业数量的增加。因此,分类保护机制实现了农业领域劳动者就业利益的合理保护。

1.对农业劳动者就业利益的合理保护,可以实现农业领域持续性的劳动力供给,进而促进国家农业经济发展。现今农业生产与发展的重要困难在于劳动力供给的不足。究其原因主要有以下几个方面:第一,农业领域工资低下,雇佣领域的大量农业劳动者的收入水平低于最低工资水平[①],且劳动条件差、劳动强度大,劳动过程缺乏保障。立法对农业劳动者就业利益保障的不足,是导致农业雇佣劳动力供给不足的重要原因之一。第二,农业规模化、产业化的发展,对农业雇工的需求量增加。中国近年来的农业产业化、规模化发展迅速,黄宗智教授将其称之为"隐形农业革命"。[②] 高产值"新农业"发展,一方面,使得单位土地面积上投入更多的劳动力,有了更多的农业雇工的需求;另一方面,也使得农业劳动

[①] 通过2014—2019年《全国农产品成本收益资料汇编》中给出的30个省的30种主要农产品的雇工日工价与当年的最低工资对比分析发现:全国一半的省份和超过一半的种植业和畜牧业产品的农业雇工工资,低于该省份的最低工资。

[②] 黄宗智:《中国的隐形农业革命》,法律出版社2010年版,第10—11页。

人均产值得到提高,进而有了经济能力进行雇工生产。正是"新农业"发展,带来了大量的雇工需求。第三,农村劳动力的流失。随着城镇化的发展,农业人口向非农领域的转移,农村出现了"空心化"的局面。城市人口流入农业生产的动力不足,而农村地区又缺少劳动力。因此,出现了农业领域后继无人、农业雇工难的问题突出。第四,农业生产具有季节性,在农忙时节需要大量的临时性劳动力。在春季插秧时节、蔬菜收获季节以及收割、捆绑、搬运等农忙季节,农业领域对农业雇工需求量大,易产生用工短缺。农业雇工的劳作周期也因此呈现季节性的特征。[①] 第五,也有学者认为伴随中国农村人口大量城镇化转移,中国农业劳动力已到达刘易斯拐点,因此出现了农业领域的劳动力短缺。[②] 循此,在农业劳动力短缺的背景下,为保障农业领域持续的劳动力供给,加强农业劳动者的就业利益的保护,是吸引更多的劳动力留在农业行业的重要措施。从农业劳动力短缺的产生原因看,农业劳动者劳动权益保障不足是其重要的原因之一。而在当前经济下行,城市就业遇冷的背景下,"三农"领域是危机的"软着陆"载体,加强农业领域劳动者就业利益的保护,不仅可以缓解城市失业危机[③],同时还可以吸引外流到城市非农行业的农民工,以及包括高校毕业学生在内的城市失业青年劳动力,回流到农业领域。因此,加强劳动法农业劳动者就业利益的保护,是化解当前农业领域劳动力供给问题的症结所在。

2. 对农业劳动者就业利益的合理保护,可以实现农业经济增长方式

[①] 鲁先凤:《中国现阶段农业雇工的特征与成因简析》,《理论月刊》2008年第12期。类似观点还有如向倩雯:《农村空心化背景下的农业雇工现状与特征简析》,《中国农业资源与区划》2016年第11期。

[②] 马小勇:《家庭禀赋、个人特征与农户劳动力资源配置》,《贵州社会科学》2017年第10期。

[③] 温铁军:《八次危机》,东方出版社2013年版,第211页。

第四章 利益衡量分析下农业劳动者分类保护机制的证成

的变革,进而促进国家农业经济发展。中国传统农业以脱离劳动法规制的形式,进行生产和经营,但劳动者权益保护的不足并未影响低效益的农业领域劳动力的供给。这是中国农村劳动力长期过剩的反映。然而,在当下农业领域迎来"刘易斯拐点"、农业劳动力短缺的时期,既有的经济增长方式已然行不通,必须优化农村劳动力结构。为实现上述目标,就必须对农业劳动者就业利益予以保护。第一,当前纳入劳动法保护的多为农业公司中部分管理人员、技术人员,而真正从事农业具体生产劳动的体力劳动者,却基本没有获得劳动法的保护。除了自给自足的农民外,这些没有获得劳动法保护的农业劳动者却构成了农业生产领域的主力军,是农业经营主体生产部门的主要组成者。农业在此意义上,也如同平台经济一样,属于零工经济;通过众包的方式,让众包工作者都成为自雇者,而仅将拆分工作环节和监控质量的劳动者保留在劳动法倾斜性保护的范围内。[①] 从实质上看,用工主体虽拥有劳动者从事农业劳动,但是却逃避了对劳动者应承担的劳动法上的责任。因此,中国农业的产业化发展,须转变过去依靠雇佣临时性农业劳动者进行生产的现状,培养稳定性、长期性、专业性的农业生产人才,保证稳定的农业劳动力供给。这既是满足农业用工主体稳定农业劳动力供给需求的必然选择,也是满足农业劳动者稳定就业需求的应然选择。这一目标的实现,亟需劳动法加强这些专业性农业劳动者就业利益的保护。第二,当前农业劳动者中,老龄劳动者、女性劳动者等次级劳动力市场上的弱质劳动力占了很高的比例。若要提高农业生产部门的生产效率,必须通过政策与法律的激励与引导,将更多优质劳动力吸纳到农业部门。基于以上两点的分析,劳动法应扩大在农业领域的适用范围,通过加强劳动者的保护,创造

---

① 沃尔夫冈·多伊普勒:《数字化与劳动法——互联网、劳动4.0和众包工作》,王建斌、娄宇译,中国政法大学出版社2022年版,第256—257页。

良好的就业环境,吸纳更多的优质劳动力进入农业领域。通过劳动法的实施,使农业劳动者的就业数量与质量利益都得到提升。

(二) 劳动者分类保护机制,有利于减少对用人单位经济利益的损害,实现劳资利益关系的和谐,进而实现劳资利益整体上的最大化。

一体保护机制以劳动关系为区分标准,对劳动者适用"全有"或"全无"的保护方式;以"福特制"下标准劳动关系为范本,制定了高水平的保护标准,并适用于所有纳入劳动法保护的劳动者。然而,一体保护机制的这一劳动者保护模式,适用于农业领域,将过分增加用人单位的用工负担,造成劳资利益的失衡。董保华教授就曾指出,我国劳动基准法的高低之争,很大程度上是一种劳动关系调整体制的选择之争。[①]。从一体保护机制的施行结果看,其单一的高标准保护措施,不恰当地损害了用人单位经济利益,仅实现了部分典型劳动者就业质量利益的提高。劳动者一体保护机制并未使得农业领域的劳资利益实现利益最大化。

然而,与一体保护机制不同,劳动者分类保护机制,对不同类型的劳动者采用不同的保护标准。对农业与非农业进行分类规制,在农业内部为规模小、人数少的农业用人单位制定例外的法律规则。分类保护机制的分类理念,为农业领域的用工关系确定了合理的劳动法规制标准。相较于一体保护机制,其既能实现劳动者的合理保护又不会过分损害用人单位的经济利益,从而有利于促进农业经济的发展,实现劳资整体利益最大化。

三、符合合理差别原则的分类保护机制

立法的利益衡量,需要对各种利益进行平等对待,但是平等对待不

[①] 董保华:《劳动合同立法的争鸣与思考》,上海人民出版社2011年版,第56页。

第四章　利益衡量分析下农业劳动者分类保护机制的证成

排除立法的合理性差别规定。将合理差别原则运用于农业劳动者保护机制的重构,具有必要性。一方面,源于各色劳动者本身存在的差别性,立法保护的方式采用区分性调整方式,进而建立农业劳动者分类保护机制,具有正义性。此为合理差别原则在劳动立法中的运用。另一方面,源于现行一体保护机制下,劳动者就业利益保护的不均衡。为矫正这种不均衡,立法有必要建立农业劳动者分类保护机制,对不同的劳动者实施不同的保护方式,此亦为合理差别原则在劳动法中的运用。

(一) 分类保护机制中差别性规定的正义性

平等原则是立法正义的核心。正如亚里士多德所言,平等就是给予类似的事物相似的对待,对不同的事物给予不同的对待。而罗尔斯则在《正义论》中提出了两个正义的原则。第一个正义原则是指各利益主体的人格平等,具有形式平等的特点。第二个正义原则是指保护弱势群体的利益平等,追求实质平等。对应罗尔斯的两个正义原则,一方面,要求立法遵守平等对待原则,同等情况同等对待,对所有的利益不存在歧视;另一方面,又要求立法基于社会利益主体之间不平等的客观现实,以实质公平为目标,对不同的情况给予不同对待,实现利益关系中弱势群体利益的保护。由此,立法在平等保护各方利益的同时,也应在制度中制定例外性与区分性规定,以实现包括弱势群体利益在内的所有利益的合理保护。[①]

罗尔斯的两个正义原则,运用到劳动法劳动者保护制度的立法构建中,则反映为:

1. 劳动者都具有劳动权,具有平等的人格,要求立法反对就业歧视,

---

① 罗尔斯:《正义论》,中国社会科学出版社1988年版,第53页。

对具有从属性的劳动者进行倾斜性保护。此为立法平等对待原则中同等情况同等对待的体现。

在宪法上,法律规定所有的劳动者具有劳动权,国家对所有劳动者的劳动权给予平等保护,这种劳动权体现为一种抽象的劳动自由权。其规定的主要目的在于宣示劳动自由是公民的重要"人权",禁止强迫劳动。国家对劳动者的劳动自由负有尊重的义务,不得随意侵犯,而应积极创造条件予以保障。这一规定重点在于强调国家对抽象的劳动自由权保护上的形式平等。无论劳动内容,劳动者都享有平等择业权,有权决定是否工作,有权决定订立的劳动合同内容,并享有同等的法律保护,以抵御国家的不正当干涉和强迫。劳动者的这种劳动自由不因性别、民族、信仰等因素而遭受歧视性对待。①

2.将劳动者宪法上抽象的劳动权落实到劳动法中,予以具体化保护时,劳动者的劳动权又具有了社会权属性。要求立法对不同的劳动者进行保护时,根据劳动者的弱势情况,区别保护。即立法平等对待原则不排斥合理的差别性调整,不同情况不同对待,以实现实质正义为目标。

社会权属性纬度上的劳动权平等,是宪法上国家义务的具体落实与实现。虽然依据《宪法》规定,国家以实现劳动者的平等保护为目标,但是因为劳动者本身存在差异性,因而国家在社会法领域为实现不同的劳动者实质意义上的平等,无法通过相同的保护手段予以实现。只能根据劳动者的差异性,给予合理的差异性调整。以保护手段的表面不平等,实现实质上的平等。宪法对劳动者平等保护,以劳资利益格局中劳动者弱势地位为前提;社会法实质意义上的劳动者平等保护,以劳动者内部公共资源占有水平的差异性为前提。两种意义上的劳动者平等保护均

---

① 王天玉:《劳动法分类调整模式的宪法依据》,《当代法学》2018年第2期。

第四章 利益衡量分析下农业劳动者分类保护机制的证成

以劳资利益关系中劳动者利益的倾斜性保护为实现方式。而后者更强调对劳动者利益保护的倾斜性程度的不同。

当前劳动法劳动者一体保护机制，与上述立法中的平等思想存在背离，仅体现了罗尔斯的第一个正义原则，而没有体现其第二个正义原则。一体保护机制对所有劳动者进行同等保护，仅对形式正义原则予以遵守，强调了国家对劳动者自由权的平等保护，而没有实现对不同劳动者保护的实质平等。现行劳动法一体保护机制的缺陷源于对劳动者自由权与社会权属性的混淆。宪法意义上劳动者自由权的平等性，以及劳动者基于身份在劳资利益关系中的弱势性，在现行劳动法保护机制的构建中，被误读为劳资利益关系的同等不平等，进而促生了一体化的倾斜性立法保护规定的出台。

现行劳动法一体保护机制上述不足的产生，与中国劳动力市场形成发展的特殊历史密切相关。中国劳动法的形成是伴随中国劳动力市场的形成而逐渐"公法私法化"的过程。在计划经济时期，国家作为实际的雇主，为实现宪法中劳动者劳动权的平等保护，将工人、农民的体力劳动成果转化为同质劳动的形式，计算工作报酬。而在20世纪90年代，为促成劳动力市场的形成，进而将农民与土地解绑、将工人从计划经济体制中解绑，国家出台了《劳动法》，对劳动者的劳动自由予以平等地保护。而在21世纪初，面对劳动力市场上劳动者权益保护的不足，国家又通过出台《劳动合同法》，一体化强调对劳动者劳动权的平等保护。可见，我国劳动立法一直以来，都存在着劳动者保护一体化思维。[①] 将"抽象意义上的劳动者平等保护"这一本该属于立法目标的内容，作为劳动法立法手段加以实施。"抽象意义上的劳动者平等保护"作为立法目

---

① 王天玉：《劳动法分类调整模式的宪法依据》，《当代法学》2018年第2期。

标，因各色劳动者本身的差异性，无法通过劳动法对劳动者平等保护予以实现。只能通过作为社会法的劳动法，根据具体劳资利益关系的差异性，在不同情形下，设计不同立法保护措施予以实现。源于我国特殊的历史背景，当前立法形成的劳动者一体化思维，实际上是以目的代替手段的立法后果。

劳动法中具体的倾斜性保护规则，是抽象意义上的平等保护向社会权意义上实质平等保护的实现过程。劳动者在劳资利益关系中弱势的程度，应当成为倾斜性保护的边界。与一体保护机制不同，劳动者的分类保护机制契合了罗尔斯的两个正义原则的立法思想，以追求实质正义为目标，根据劳动者的劳动形式不同，对不同的劳动者给予不同的倾斜性保护。使得不同的劳动者在劳动法分类保护机制中享有不同的利益。如典型劳动者获得劳动基准、集体权利、劳动合同等所有强制性规定的保护；而从属性弱化的劳动者可以获得部分劳动基准规定、集体合同规定及部分个体劳动合同强制性规定的保护。同时，劳动者分类保护机制，根据劳动者所处行业的不同、所处的用人单位规模的不同，设置不同的保护标准，在劳动者利益保护与用人单位利益兼顾之间取得了平衡。

（二）分类保护机制中差别性规定的客观现实性

劳动法产生于工业发展的背景下。在"福特制"工业生产方式中，劳资利益关系的从属性显著，劳动者间差别较小、同质性强。故而，在当时的社会背景下，劳动法从抽象意义上的劳资利益关系不平等出发，给予劳动者一体化倾斜性保护的规定，符合法律的效率价值与公平价值。然而，当前的劳动者结构与劳动法产生时劳动者的结构，已经有了很大不同。弹性用工的发展，使得劳动力结构向着纵深方向发展，劳动者之间的同质性已然向异质性转变，劳动法采取传统的一体化劳动法调整

第四章 利益衡量分析下农业劳动者分类保护机制的证成

方式已不能对其进行合理的保护。再加之,各国本土化国情的差异,使得移植于西方的中国劳动法,在中国本土场域的农业领域,往往难以适用。

从农业领域来看,当前劳动者一体保护机制的立法现状,客观上造成了不同劳动者之间就业利益保护的差异性,进而需要劳动法在劳动者保护机制的完善中,必须针对这些既有现状,做出合理的区分性规定。此即合理化的差异性立法规定。第一,在一体保护机制下,典型劳动者与非典型劳动者的就业利益保护存在差异。典型劳动者就业质量利益获得了良好的保护,而就业数量利益保护不足,存在就业不充分,大量岗位被非典型劳动者取代的现象。而相反,虽然非典型劳动者在就业数量上快速发展,但是非典型劳动者就业质量利益的劳动法保护不足。第二,在一体保护机制下,农业与非农业劳动者就业利益保护具有较大的差异,农业劳动者的就业质量利益保护不足。在现行劳动法劳动关系认定标准单一与非典型劳动保护范围狭窄的立法现状下,用工具有特殊性的农业劳动者更难获得劳动法的保护。第三,在一体保护机制下,不同用人单位的劳动者就业利益保护存在差异性。如农业领域内部的家庭农场、专业合作社与农业公司之间,在劳动者就业利益的保护上存在着差异性。立法应区分用人单位性质与规模的不同,对不同的用人单位实施不同的规制手段。概言之,针对当前劳动法劳动者一体保护机制的缺陷,立法只能调整思路,转变劳动者一体化保护思维为分类保护的思维。

总之,劳动者分类保护机制,依据不同劳资利益关系的差异性,在对劳动者进行类型化研究的基础上,对不同类型劳动者实施具有差异性的保护措施,进而使得国家公权力对不同劳动利益关系的矫正更具合理性。故劳动者分类保护机制,并没有违反国家基本法关于平等原则的规定,符合立法正义,是立法中具有合理差别性的保护规定。

第四节 本章小结

当前我国劳动法中制度性利益冲突解决机制具有单一性特点,未能合理统合与协调农业劳资利益关系。但是农业劳动者分类保护机制却吻合了农业劳动者保护机制利益选择的价值权衡分析、经济权衡分析与综合平衡分析,实现利益衡量的目标,成为符合利益衡量标准的农业劳动者保护机制。

(一) 农业劳动者分类保护机制符合了利益衡量的价值权衡分析的要求,从而实现了利益衡量价值分析下,作为优势利益的农业劳动者就业利益的优先保护。农业劳动者分类保护机制,虽然从形式看,对不同的劳动者实施了不同的劳动法保护措施,但是形式的不平等是为了实质的平等。针对特殊劳动者的劳动规则,都是围绕"保障劳动者权益"的劳动法宗旨而构建。

1. 农业劳动者分类保护机制关注于农业劳动者的特殊性,对农业劳动者社群利益进行专门性保护,更好地保护了农业劳动者整体就业利益。劳动法上的劳动者具有具体性、社群性特征。从抽象上看,劳动者基于劳资利益关系中的弱势地位,形成具有共同利益需求的劳动者群体;从具象上看,不同类型的劳动者弱势地位的程度不同,进而形成了不同利益需求的劳动者群体。第一,农业劳动者与以工业为代表的非农业劳动者,因所属的行业与领域不同,在劳动形式上具有较大的差异性,属于不同的劳动者社群。第二,中国农业的"小农经济"的特点,也使得中西农业劳动者存在差异性,而形成不同的社群。而现行劳动法作为西方舶来品,以高度工业化生产下的劳动者为主要保护对象,难以实现中国农业劳动者的妥善保护。可见,中国农业劳动者形成了特殊的社群,使得劳动法应重点考察其利益需求,对其构设专门性保护规则。而劳动者通过构建劳动者分类保护机制,正好符合了农业劳动者就业利益专门性保护的需求。

2.农业分类保护机制强调不同劳动者之间的差异性,对其予以区分性保护,满足了不同类型农业劳动者利益的保障需求。一方面,农业劳动者分类保护机制对农业典型劳动者群体就业数量的增长构成制度激励;另一方面,农业劳动者分类保护机制又提高了农业非典型劳动者群体就业质量。

(二)农业劳动者分类保护机制符合了利益衡量的经济权衡分析的要求,从而实现了劳资整体利益的增长,成为了一种"有效率"的法律制度。第一,劳动者分类保护机制,对农业领域典型劳动者与非典型劳动者进行分类调整,强调对农业领域典型劳动者就业数量的促进与非典型劳动者就业质量的保护。从而更合理地保护各类劳动者就业利益,促进了劳动者就业利益保护中效益的增长。第二,劳动者分类保护机制,强调对具有特殊性的农业领域实施专门性劳动法法律规则。对不同性质、不同规模的农业用人单位实施不同的劳动法规则,有效减少了现行一体保护机制中一体同用的保护高标准对农业用人单位利益的损害,符合了卡尔多-希克斯标准对法律效率性的评估。

(三)农业劳动者分类保护机制符合了利益衡量的综合平衡分析的要求,从而更好地实现了农业领域劳资利益的平衡目标。劳动者分类保护机制,通过分类调整的方式,较好地践行了比例原则、整体利益最大化原则和合理差别原则在劳动立法中的适用。相较于一体保护机制,劳动者分类保护机制更利于农业劳资利益平衡的实现。

1.农业劳动者分类保护机制,遵循比例原则之适当性要求,对农业领域典型与非典型劳动者的就业利益予以区分保护,侧重于就业利益保护的不同方面,合理缓解了就业利益保护中的内部矛盾。另一方面,农业劳动者分类保护机制,遵循比例原则之必要性与相称性要求,对农业领域不同从属性的劳动者、就业于不同用人单位的劳动者实施分类保护的方式,使立法手段与立法目标成比例,减少了对利益受损方的利益损害,保证了法律实施带来的损害小于收益。

2. 农业劳动者分类保护机制,有利于国家农业经济的发展,减少对用人单位经济利益的损害,促进劳资利益关系和谐,符合利益平衡的"整体利益最大化原则"。这主要体现在:第一,分类保护机制,强调对不同类型劳动者就业利益的保护,有利于实现农业领域的劳动力持续性供给,变革农业经济增长方式,加快农业现代化进程,促进农业经济的发展。第二,劳动者分类保护机制,有利于减少对用人单位经济利益的损害,实现劳资利益关系的和谐,进而实现劳资利益整体上的最大化。

3. 农业劳动者分类保护机制,对不同劳动者予以区分性保护,这种差异性规定符合立法利益衡量中的"合理差别原则"。

第五章　农业劳动者分类保护机制中利益调整的逻辑思路

在农业产业化背景下,为实现农业劳动者就业利益的合理保护和农业劳资利益关系的平衡,不仅需要推动劳动者保护机制从一体向分类转变,还进一步需要以利益衡量理论为指导,从而构建农业劳动者分类保护机制。

农业分类保护机制的利益调整,应重点着手于两大方面:建立合理的利益主体区分制度和建立合理的利益保护标准。正如德国法学家耶林所言,法律对于利益的保护,确定利益主体和构建合理的保护制度是其核心的两个步骤。[①] 因此,本书在农业产业化大背景下,将分类保护机制的构建分解为两个重要的步骤:第一,通过建立恰当的劳动者分类标准,构建合理的利益主体区分制度,实现各类利益主体的准确识别。在劳动法利益主体识别机制中建立恰当的劳动者分类标准,可以将某类具有共同利益的劳动者社群识别出来,并与其他劳动者社群区别开来。对不同劳动者的区分,也是后文进行差别化保护研究的基础。第二,构建层次化的利益分类保护标准,实现对不同劳动者的分类保护。根据不同类型的劳动者的社群性利益保护需求,以及劳资利益平衡的

---

① 王婷:《论我国环境司法中的利益衡量》,武汉大学 2011 年博士学位论文,第 116 页。

需要,构设不同的劳动法保护手段。

第一节　利益主体的区分:农业劳动者分类标准的考量

实现劳动者就业利益的合理保护与维护劳动者保护中劳资利益的平衡,是劳动法立法的宗旨与目标。因此,在劳动者分类保护机制中,首要任务就在于对劳动者——这一劳动法保护的利益主体,进行合理的分类。这不仅实现了立法对不同社群的劳动者利益的准确识别,也成为立法为不同的利益主体,构建利益分类保护标准的基础。

一、理论界既有劳动者分类保护标准的释评

（一）劳动者分层保护说分层标准的检视

当前,学界关于劳动法分层保护说的分层标准,来源于对社会分层学说分层标准的借鉴。社会分层学说重点对社会中不同人的差异性予以关注。社会分层学说从提出至今,对社会分层予以关注的学者甚多,然而学者之间对分层的标准并不统一。从传统社会分层的三大来源来看,马克思阶级论的提出,是基于生产资料占有的不同,对两大阶级做出的分类;而韦伯对劳动者的分层研究,则是以收入、权力、声望的不同为基础;涂尔干对劳动者的区分却是另辟蹊径,从社会分工形成职业的不同,对劳动者进行分层。受上述社会分层传统理论的影响,早期关于社会分层的其他研究,也多以权力、地位以及威望为分层标准。20世纪末,学界开始将经济收入作为分层标准。而发展至21世纪初,劳动者之间的教育差异,则成为学界对劳动者分层的另一重要标准。当前学者对

社会分层的研究中,有以单一要素作为分层标准的,如部分学者以权力支配关系为分层标准;也有以多个要素作为分层标准的学者,如以公共服务、经济地位和社会声望为标准。①

社会分层学说中对劳动立法产生重要影响的观点,当属以"劳动分工、权威等级、生产关系、制度分割"为社会分层标准,对劳动者所作的十阶层区分说。② 董保华教授以此社会分层标准为基础,提取其中的"经理、专业技术人员、产业工人、无业人员"四阶层,作为劳动法劳动者分层保护的研究对象。③ 通过对四阶层劳动者不同利益诉求的探究,揭示出现行一体保护机制因灵活性的缺失,在不同劳动者利益保护中乏力的困境。其不仅不能实现对具体劳动者的针对性保护,并且还不当增加了用人单位的用工成本。董保华教授的研究对劳动法学界产生了重要影响,随后的劳动法研究成果,很多都借鉴了这一分层思想。如部分学者在此基础上,根据职业、身份等要素,进一步将劳动者区分为强势、一般及弱势劳动者④,便是一例。

然而,将劳动法劳动者分层保护从理论转变为制度构建,却会发现其中存在的问题:第一,劳动者分层保护理论所采用的十阶层区分说,只是社会分层众多学说中的一种。⑤ 社会分层标准的不统一,由此而来的区分结果也并不一致。这就意味着,从批判制度的视角切换到分类体系的构建,难以将董保华教授的劳动者分层标准上升为劳动法上劳动者的

---

① 齐明珠、王亚:《中国流动人口社会经济结构分层研究》,《中国人口科学》2021年第6期。
② 梁桂平:《劳动合同解除权研究——以社会分层理论为视角》,西南政法大学2016年博士学位论文,第108页。
③ 董保华:《劳动合同立法的争鸣与思考》,上海人民出版社2011年版,第44—47页。
④ 梁桂平:《劳动合同解除权研究——以社会分层理论为视角》,西南政法大学2016年博士学位论文,第118页;吕琳:《供给侧结构性改革下劳动法的回应与完善》,《云南社会科学》2017年第1期。
⑤ 王天玉:《劳动法规制灵活化的法律技术》,《法学》2017年第10期。

分层标准,因为这一分层标准不具有公认性与普适性。第二,社会分层学说研究的目的与劳动法上劳动者分层研究的目的不同。前者的目的在于区分社会上的人所处的地位、身份的差别,这种地位的差别可能是职业、收入、教育、政治权利等多种原因导致的。但是这种地位、身份更多地体现在社会的各个领域中,而不局限于劳动领域。而劳动法对劳动者的分层识别,是专门针对劳动者在劳动就业领域地位的识别。具体而言,劳动法对劳动者分类保护的研究目标,在于合理识别劳动者的弱势程度,进而制定恰当的保护该类劳动者利益的措施与平衡劳资利益的措施。是以,社会分层学说可以揭示部分群体在社会中的弱势地位,不能准确揭示一个劳动者在劳动就业中的弱势程度。为实现不同劳资利益关系中利益的合理分配,劳动法劳动者分层研究较社会分层研究更为具体、精细。① 第三,社会分层学说所研究的对象与劳动法上劳动者分层研究的对象不同,虽然将进入职业领域的劳动者也纳入分层考察的对象中,但其囊括的对象并不限于劳动者,更不限于适用劳动法保护的劳动者。而劳动法上进行分层研究的劳动者,为劳动领域具有从属性的劳动者。第四,学界对社会分层学说的研究,主要集中于对典型劳动者的分层情况,缺乏对灵活就业背景下非典型劳动者分层情况的研究。②

从劳动者分层保护学说的积极意义看,首先,该学说的提出为批判和揭示劳动法一体保护体制的弊端起到了重要作用,满足了更多劳动者纳入劳动法保护的需求③,为劳动法构建劳动者分类保护理念,提供了理论依据。其次,该学说以社会分层理论为基础提出的分层标准,虽无法直接成为劳动法劳动者分层保护的标准,但其对不同人群劳动分工、

---

① 王天玉:《劳动法规制灵活化的法律技术》,《法学》2017年第10期。
② 徐智华、潘胜莲:《从分离到融合:劳动者分层保护视域下的非典型劳动者保护路径》,《广西大学学报(哲学社会科学版)》2020年第2期。
③ 叶小兰:《论我国劳动者分层保护的疏失与完善》,《江苏社会科学》2020年第6期。

经济资源、身份归属、文化资源等方面差异性的关注,对完善劳动立法对劳动者就业利益的区分保护,具有重要的借鉴意义。① 劳动法在从属性等核心分类标准外,根据劳动者所处的社会地位及身份,可以进一步构建有针对性的保护措施和体系,如对产业工人和专业技术人员,在厘清其从属性的基础上,根据其职业分工、经济社会地位、教育背景的不同,侧重于满足产业工人等基层劳动者纳入劳动法保护基准的诉求;侧重于满足专业技术人员获取劳动合同法保护,实现用脚投票的权利的诉求。再次,该学说对不同人群职业、收入、政治权利、文化资源等方面的差异性的关注,为国家针对性地制定不同人群的就业政策,指明了方向。从而有利于经济发展、就业促进与就业保护三者关系的平衡与协调。最后,可以通过"职业、社会经济地位"等因素识别出社会中的弱势群体,为准确确定社会法的保护对象提供了指引。进而通过劳动法结合其他的社会法(如社会保障法)的方式,构建针对弱势群体的综合性社会法保护体系。

(二)劳动者分类保护说分类标准的检视

劳动分类保护说以从属性为分类标准,是以劳动关系认定的从属性理论为理论基础进行的分类。劳动者分类保护说和劳动者分层保护说都是在共同反对现行劳动法一体保护体制的背景下提出。但是,与劳动法分层保护说不同,劳动者分类保护说以劳资利益关系的从属性为分类标准。从当前既有研究成果看,劳动者分类保护说以从属性为分类标准,并对影响从属性的部分因素予以关注,进而基于影响因素的差异性,对不同劳动者予以分类保护。

将从属性作为劳动者差异性分类的标准,具有正当性。劳动法介入

---

① 梁桂平:《劳动合同解除权研究——以社会分层理论为视角》,西南政法大学2016年博士学位论文,第118页。

劳动关系的程度,取决于劳动过程中劳动者的弱势程度。藉此,对劳动者弱势程度的考量,即从属性程度的考量,是劳动法给予对应保护措施的必要前提。相较于劳动者分层标准构建劳动者保护体系的不能,劳动者分类保护说以从属性作为构建劳动者分类保护体系的标准,具有可行性。从属性是一个可以量化的标准,可以度量从典型劳动者到一般性自治劳动者之间大部分劳动者的差异性。劳动者分类保护体系,可以此为标准,构建对应的用工权利义务关系,给予恰切程度的倾斜性保护,可使从属性与劳动法上的权利义务规则合理匹配。另一方面,随着社会的发展,用工形式的多样化,若不适用一个可以量化的、"射程性"的标准[①]对其予以考量,而适用一个固定化和类型化的标准,不能准确地将新型用工关系吸纳到劳动法保护体系之中,给予准确定位和恰当保护。

然而,劳动者分类保护说以从属性为分类标准,存在以下不足:

1.劳动者分类保护说仅仅以劳资利益的从属性作为分类标准存在不足,尚需进一步从劳资利益主体的不同,对劳动者分类保护加以研究。劳动法对部分劳动主体的特殊保护或排除保护,并非基于劳动者与用人单位之间的从属性,而是基于其他原因,如劳动者自身的特性、用人单位的特性或政策原因。

如国务院出台了《保障农民工工资支付条例》对所有农民工的工资权益予以保护,并没有以农民工与用人单位之间具有从属性为必要条件,而是基于农民工的身份、社会弱势地位,对劳动者进行的保护。[②] 又如,劳动法对妇女、未成年人、残疾人等劳动者中的弱势群体的特殊保护,并非是基于这些弱势群体与用人单位之间的从属性,而是基于这些

[①] 王天玉:《劳动法规制灵活化的法律技术》,《法学》2017年第10期。
[②] 阎天:《平台用工规制的历史逻辑——以劳动关系的从属性理论为视点》,《中国法律评论》2021年第4期。

第五章 农业劳动者分类保护机制中利益调整的逻辑思路

人的弱势地位。再如,高龄劳动者与用人单位之间的从属性,与普通劳动者无异,若按劳动法分类保护学说的从属性标准,则应归入劳动关系调整的范畴。然而,现行法律规定①之下,其用工关系的性质仅为劳务关系。即使按照劳动者分类保护学说以从属性为分类标准,将其纳入到劳动法保护之中,也无法实现高龄劳动者与一般劳动者的区分保护,因为二者都具有从属性。只能从高龄劳动者的主体特殊性出发,强调将其纳入劳动法调整的同时,对其适用区别于一般劳动者的例外性保护规则。可见,劳动者分类保护说仅仅以从属性作为分类标准,无法解决当前很多特殊主体的劳动权益保护问题,进而存在缺陷。

社会法保护的主体主要在于身份的认定,而这种身份的认定以具有弱势地位为重要标志。② 这种弱势地位的原因,除了用工关系中的从属性,还可能是源于劳动主体自身的特殊性。如劳动者为农民工、女性、残疾人、未成年人。又如基于劳动主体自身的特殊性,需要立法予以部分倾斜性保护的高龄劳动者、以"自然人或家庭"为雇主的家政工等。

循此,劳动法对劳动关系的分类规制,在以从属性为基础性分类标准之外,应该有例外的规定。基于社会法保护弱势群体的立法宗旨,立足于中国国情,对具有特殊性的劳动主体予以特殊保护。

2. 劳动者分类保护说将其他可以独立作为劳动者分类标准的因素,统一归纳为从属性的不同,对劳动者进行分类。如当前学界的劳动者分类保护说,将用人单位规模的不同,作为劳动关系从属性不同的考察因素,而没有将规模较小的用人单位作为具有特殊性的劳动关系主体,进行例外规制。

---

① 参见《最高人民法院关于审理劳动争议案件适用法律问题的解释(一)》(法释〔2020〕26 号)第 32 条。
② 董保华:《社会法原论》,中国政法大学出版社 2001 年版,第 263 页。相似观点还有如李娜:《退休再就业法律问题研究》,吉林大学 2013 年博士学位论文,第 108 页。

从某种意义上看,将用人单位规模作为劳动关系从属性的考察因素,有一定的合理性。因为用人单位规模的大小对劳动者的人格从属性、经济从属性有着直接的影响。一方面,规模较小的用人单位随着科层制的减少,对劳动者的管理不及大企业严格;另一方面,相较于与规模较大的用人单位,规模较小的用人单位资本实力相对较弱,与劳动者之间的经济实力悬殊减小,对劳动者经济从属性产生影响。但是将用人单位的规模大小作为从属性的考量因素,存在以下问题:第一,当前立法对于人格从属性、经济从属性的判断,主要涉及劳动者是否适用规章制度、是否接受用人单位管理、是否发放劳动报酬等方面,而并没有涉及对劳动者就职的用人单位是大企业还是小企业的考察。不会仅将大企业与劳动者之间的管理与被管理关系认定为具有从属性,而将小企业与劳动者之间的管理与被管理关系认定为不具有从属性。而是无论大企业还是小企业的管理都会被认定为具有从属性。这也就使得用人单位规模大小的不同,导致的从属性认定差异,暂未在立法上得以体现。第二,即使将用人单位规模大小作为从属性的一个认定要素,司法实践中,也缺乏准确度量用人单位规模大小与从属性程度的认定标准。仅凭司法自由裁量,会导致同案不同判现象大量出现。鉴于此,用人单位规模大小不应被从属性所吸收,内化为从属性的考察因素。否则,从属性过于庞杂的权衡因素,会最终导致从属性认定标准沦为"屠龙之术"。本书在后文的劳动者分类标准中,从劳资利益关系主体的特殊性的角度出发,主张对劳动者进行例外性保护。而从用人单位规模大小出发,可将农业小微型企业雇佣的劳动者,作为一类具有特殊性的劳动者,由劳动法对其适用例外保护规则。如豁免适用劳动法的部分强制性规定,以实现劳资利益的平衡。

3. 劳动者分类保护说仅以从属性作为劳动者分类的标准,既有劳动者分类保护说的从属性标准,在将用人单位的主体差异性内化吸收的过程中,仅关注到了用人单位的规模大小,而没有关注到用人单位的行业、性质、地域等其他因素。

(1)用人单位的行业会影响用工关系的从属性。正如本书所论及的农业领域的用工关系,具有自身的行业特性,不同于传统工业领域"福特制"用工关系。如农业用工时间更具灵活性;农业劳动监管更困难;部分农业用工主体为专业合作社、家庭农场等特殊用工主体;等等。从域外立法看,德国劳动法就存在按职业对劳动者进行分类保护的规定,如对船员、教会劳动者等有特殊保护规定。[①]

(2)用人单位的性质也会影响从属性。如农业用工主体中的专业合作社、家庭农场,不但存在着规模小、人员少等小微企业的特点,还具有自身的特殊性。如专业合作社,相较于其他用工主体,其本质上具有成员互助合作的特点。而其雇佣的劳动者也多为专业合作社的成员,在合作社经营、管理与发展上,不同于其他用人单位的劳动者,而具有一定的话语权。

(3)用人单位所在地域也会影响用工关系的从属性。如前所述,农村地区的用工关系,相较于城市的用工关系,具有其特殊性。农村熟人社会的性质,可能导致用工关系中管理与被管理的特点减弱,转而将用工关系置于熟人社会的"关系"之中予以治理,置于当地习惯法之下予以规范,最终实现当事人的"自觉",而非依靠劳动监管。

虽然用人单位的行业、性质、地域等其他因素,如同用人单位的规模大小一样,对从属性有所影响,但是仅将其作为从属性的考察因素,存在不妥。仅仅将这些因素作为从属性的考察性因素,并不能真正实现不同

---

① 雷蒙德·瓦尔特曼:《德国劳动法》,沈建峰译,法律出版社 2014 年版,第 60—61 页。

行业、不同性质、不同地域的用人单位劳动法的特殊规制。因为从属性的认定,本身就是一个综合认定的过程,考察因素较多,法官具有较大裁量权,且各种劳动争议案件纷繁复杂、云波诡谲。法官很难在从属性的复杂认定中,将从属性的认定结果与用人单位的行业、性质乃至地域对应与匹配。用人单位的行业、性质、地域等其他因素,最终只会淹没在众多从属性考察因素中,因从属性的综合考量而最终被忽略。故而,在分类标准上,应将其从从属性的考察因素中独立出来,转而从主体差异性的角度,在分类调整的理念下,对特殊行业、特殊性质、特殊地域的用人单位,适用劳动法专门性法律规定或例外性法律规定。直接从劳动主体的差异性角度,甄选出用人单位行业、性质乃至地域具有特殊性的用人单位,直接对其适用劳动法规则,予以专门性规定和例外规定。这对于实务操作而言,更具指导意义,可以进一步实现法的安定性与统一性。

4. 劳动者分类保护说以从属性作为分类标准,这一分类标准无法成为非典型劳动者内部分类的唯一标准。以从属性作为分类标准,典型劳动者、从属性弱化的非典型劳动者(如"类雇员")、一般性自治劳动者,可以依据这一标准构建分类保护体系。典型劳动者内部不同期限合同下的劳动者,也可据此分类调整。然而,从属性却不能成为非典型劳动者内部分类的标准。因为,劳动者之所以成为非典型劳动者,不仅因为从属性存在弱化,还可能是因为用工形式具有特殊性,而成为非典型劳动者。如劳务派遣,主要源于其用工的特殊性,而非源于劳动者的从属性弱化。换言之,劳务派遣中的劳动者从属性,很难说比典型劳动者弱,其之所以成为非典型劳动者,还是因为其属于存在两个雇主的特殊用工形式。可见,仅以从属性作为构建劳动法劳动者保护规则的唯一标准存在不妥。

第五章 农业劳动者分类保护机制中利益调整的逻辑思路

非典型劳动者,不仅可以从属性的强弱为分类标准,而且可以包括多种分类标准。然而,根据既有劳动者分类保护说的观点,仅从劳动者的从属性角度出发,对劳动者分类保护,可以实现对从属性弱化的"类雇员"利益的保护。然而,现实中的非标准就业的劳动者形态各异,并不限于"类雇员"这一类劳动者。劳动法不能忽略其他同样具有弱势地位、难以获得倾斜性保护的劳动者。对于用工形式具有特殊性的从属性劳动者,不仅需要依据从属性,对具有工具性劳动特点的"类雇员"进行识别,还需要对其他具有弱势地位的特殊劳动者群体,给予特殊性保护。在当前《民法典》未对学界提出的"民法社会化"修法路径予以采纳的情况下,对于大量原本希冀通过民法社会化规定,实现倾斜性保护的劳动者,只能转而在劳动法中寻找栖身之所。在这些劳动者无法通过劳动关系认定,纳入典型劳动者进行"全有"保护的情况下,唯一获得劳动法保护的路径,即是栖身于劳动法非典型劳动规定之中。

总之,劳动者分层保护说和劳动者分类保护说,为如何实现劳动法差异化规制提出了思路。既有研究成果中,持劳动者分层保护说的学者占大多数。尽管劳动者分层保护说提出了分层保护的思想,提供了具体的分层标准,但是该学说未就分层标准达成共识,且难以转化为制度构建的标准。这也使得劳动者分层保护说难以成为劳动者保护机制构建的主要理论依据。而劳动者分类保护说,是在部分吸收和反思劳动者分层保护说的基础上产生的学说。虽有少数论著对此进行过理论的分析与阐释,但该理论尚不成熟。如何在分类理念指导下构建科学、完整的劳动者保护体系,尚待学界的进一步探讨。概言之,劳动者分层保护说和劳动者分类保护说的观点都有其进步性,但也存在不足之处,需要对其进行抽丝剥茧的分析,进而予以吸收与扬弃。

二、利益衡量视角下农业劳动者分类标准的再界定

劳动者具有社群性。在劳资利益关系中的弱势地位,使得具有相同身份与处境的劳动者,具有相似的利益需求,进而形成了具有共同利益需求的劳动者社群,与雇主群体相对应。劳动法也基于资强劳弱的抽象性认识,对劳动者利益进行倾斜性保护。但是,具体到现实中各类劳动者的保护,劳动者之间却又存在着较大的差异性。进而在用工多元化的背景下,形成了不同类型的劳动者社群,具有了不同的利益诉求。不同劳动者社群之间利益诉求差异性的形成,主要是源于劳动者从属性的不同,就业所在的用人单位性质的不同和规模的不同等。循此,为满足不同劳动者社群的利益诉求,劳动法应对其实施倾斜性程度不同的保护方式。可见,劳动法差异性保护方式的形成,最终源于不同劳动者社群就业利益保护诉求的不同,是立法平衡劳资利益关系的结果。

对于农业领域劳动者分类标准的界定,应以不同劳动者社群利益的差异性为基础,识别出具有共同利益的劳动者类型,将其与其他类型的劳动者区分开来。一方面,农业劳动者分类标准应突显某类劳动者的特点,为劳动法进一步构设相应的保护标准,提供依据[①];另一方面,农业劳动者分类标准,也应有利于劳动法中农业领域劳动者利益保护与劳资利益平衡的目标的实现。

为实现对不同类型的劳动者社群的识别,本书采用下列三个标准作为劳动者分类的依据。

[①] 徐智华、潘胜莲:《从分离到融合:劳动者分层保护视域下的非典型劳动者保护路径》,《广西大学学报(哲学社会科学版)》2020 年第 2 期。

第五章　农业劳动者分类保护机制中利益调整的逻辑思路

（一）以劳资利益主体所属行业为分类标准：农业劳动者的专门性立法保护

劳动法作为社会法，其目标就在于识别现实劳动样态中各色劳动者群体，并对其实施合理的倾斜性保护手段。既有劳动者分类保护学说，仅仅强调从从属性的角度，对劳动者进行分类调整。但是劳动者的差异性，不仅因为从属性的不同，而形成具有不同利益的社群，也因劳资利益关系主体的特殊性（如就职的行业的特殊性），而使得劳动者形成利益特殊的劳动者社群。因此，这就需要劳动法以劳资利益关系主体是否具有特殊性为标准，识别出那些形成特殊社群的劳动者群体，对其制定专门性或例外性的法律规定。

对于不同利益社群的劳动者的区分，劳动者所在的行业应成为其考量的重要因素。通过区分行业，对特殊行业的劳动者制定特殊规定或专门性规定，将更利于对该行业中劳动者就业利益实施针对性的保护。当前学界对劳动者分类保护的标准中，除少数学者外[1]，较少将行业作为与劳动者从属性、用人单位规模等并列的标准，进而对劳动者予以区分保护。但是很多学者主张劳动者分类保护，正是在对部分特殊行业的劳动者（如互联网平台用工劳动者[2]、家政工[3]等）研究的基础上。

现行劳动法重点对"福特制"用工形式下的劳资利益关系予以调

---

[1] 黄越钦教授认为，商业外务员、电传工作、船员等都属于劳动形式具有特殊性的劳动者。劳动法应基于这些行业的特殊性，对其实施特殊的保护。参见黄越钦：《劳动法新论》，中国政法大学出版社 2003 年版，第 100—115 页。

[2] 谢增毅：《平台用工劳动权益保护的立法进路》，《中外法学》2022 年第 1 期；王天玉：《互联网平台用工的"类雇员"解释路径及其规范体系》，《环球法律评论》2020 年第 3 期。

[3] 郑尚元：《家政工纳入养老保险制度及家政工劳动权益之保护》，《社会科学家》2020 年第 6 期；胡大武：《理念与选择：劳动法如何照耀家政工人》，《法律科学（西北政法大学学报）》2011 年第 5 期。

整,实现了对这一形式下劳动者社群利益的保护。对异于这一用工形式的其他形式下的劳动者社群,劳动法应在分类保护的思想下,通过专门性或例外性规定,实现对这些特殊用工形式下劳动者社群的利益保护。如同互联网用工劳动者、家政工一样,就职于农业领域的劳动者,在农业劳资利益关系中,形成了农业劳动者社群,有不同于工业等采用"福特制"用工形式的行业的特点,需要劳动立法的特殊关注。首先,农业劳动者就职的用工主体,多为家庭农场、专业合作社等国家扶持的新型农业经营主体。这些性质上具有特殊性的用工主体的用工规则,需要劳动法给予特殊考量与规定。其次,中国为小农经济的国家,农业领域的用人单位多为小微型用工主体,经济效益差、规模小、雇员少,需要劳动法在其规则适用上予以特别的考虑。不仅如此,小农经济的国情,也决定了用人单位与农业劳动者之间的从属性可能存在弱化。最后,农业生产具有季节性的特点,进而导致大量的临时性、季节性非典型劳动者,在现行一体保护机制下,难以获得劳动法的保护。而从另一方面看,这些农业劳动者又属于社会层级中的基层劳动者,大多数劳动者的文化程度较低、缺乏专业化技能、可替代性强,更依赖于国家法制的完善。在符合从属性认定条件的情况下,应将其纳入劳动法劳动基准的保护之中,以实现这些劳动者的保护。①

　　源于农业劳动者的特殊性,农业劳动者与非农劳动者属于不同的利益社群,具有不同的利益诉求。农业劳动者上述特点的存在,使得农业劳动者对劳动法的核心利益诉求在于获取劳动基准的保护,维护底线利益。若劳动法对其适用过高的保护标准,反而不利于农业劳动者群体就业数量利益的实现。立法应针对农业劳动者社群利益特点,对农业劳动

---

① 王天玉:《求同存异:劳动者的身份认定与层级结构》,《广东社会科学》2011年第6期。

第五章 农业劳动者分类保护机制中利益调整的逻辑思路

者进行专门立法,以区分于"福特制"用工形式下的非农劳动者。在劳动关系认定及保护规则上,农业领域应适用不同于非农业领域的劳动法规定。既满足农业劳动者获取劳动法基准保护的需求,又不至于导致劳资利益关系的失衡。

针对现行劳动法一体保护机制的不足,近年来,部分部门规章,已经迈出了通过识别行业特殊性,对某一领域劳动者实施区分性保护的步伐。如对建筑业、制造业等劳动密集型产业农民工工资报酬的特别保护;①对网络平台从业者的特别保护;②等等。对于农业劳动者的保护问题,当前官方机构及理论界缺乏足够的关注,而被全国总工会及理论界部分学者,统一归纳到农民工保护的行列。但是农业劳动者与农民工具有较大的区别。③ 鉴于当前立法中已有对不同的农民工作出分类调整的前例(如对建筑业、制造业等劳动密集型产业农民工单独进行立法保护),故立法可基于农业劳动者与其他农民工的差异性,对农业劳动者进行专门性规定,以契合农业劳动者社群特殊的利益诉求。

---

① 目前有少部分行政规章,对部分行业劳动者给予了专门的保护规定。如针对建筑业、制造业等劳动密集型产业农民工欠薪问题,国务院出台了《农民工工资保护条例》,将该领域所有的农民工纳入其中,而无论该农民工是劳动关系还是劳务关系。参见阎天:《平台用工规制的历史逻辑——以劳动关系的从属性理论为视点》,《中国法律评论》2021年第4期。

② 随着平台经济的兴起,出现了平台从业劳动者因用工灵活化,难以被劳动法所保护的问题。对此,人社部等八部门出台了《关于维护新业态劳动者劳动保障权益的指导意见》,明确对符合"不完全劳动关系"的劳动者的保护。参见中华人民共和国人力资源和社会保障部官网:《人力资源社会保障部 国家发展改革委 交通运输部 应急部 市场监管总局 国家医保局 最高人民法院 全国总工会关于维护新就业形态劳动者劳动保障权益的指导意见》,http://www.mohrss.gov.cn/SYrlzyhshbzb/laodongguanxi_/zcwj/202107/t20210722_419091.html。

③ 农业劳动者具有在农村场域及在第一产业工作的特点;而农民工则是以城市为背景,从事第二、第三产业的工作,详见本书第一章的论述。

(二) 以劳资利益主体自身特殊性为分类标准:农业领域内部部分劳动者的例外保护

从劳资利益关系主体的特殊性出发,基于劳动者就业行业的特殊性,应对农业劳动者实施专门性保护。与此同时,以劳资利益关系主体的特殊性为视角,还可以发现,除了行业特殊性外,部分农业劳动者因自身特点,而形成与其他农业劳动者相区别的劳动者社群。这主要体现在:第一,部分已领取社保的农业劳动者具有主体特殊性,进而与其他农业劳动者相区别;第二,部分就职于小微型农业公司、家庭农场、专业合作社的农业劳动者具有主体特殊性,而与其他农业劳动者相区别。

有学者曾指出制度规定通常具有普适性,但普适性之外的例外情况,往往是既有制度没有合理调整的领域。利益有一般与特殊之别,立法者在利益衡量中,也应在一般利益与特殊利益之间寻求二者的平衡。这正是立法遵守平等对待原则之外,还需要存在合理的差别性规定的原因。立法通过但书规定例外情形,进行适当的差别性规制的应允。其通过"立异"的方式,实现了"求同"的目的;通过限制的方式实现保护水平的"适度"。[①] 这是现代立法从形式平等向实质平等转变的重要标志,是现代立法追求利益平衡的重要标志。

对于具有特殊性的劳动主体,在一般保护之外进行例外规定,就是立法在对一般利益与特殊利益进行区分的基础上,针对特殊利益进行的差别性保护。其目的在于最终实现利益关系的实质平衡。这一例外规定的立法形式,既需适用于具有特殊性的劳动者保护规则的构建中,如已领取社保的劳动者;也需适用于用人单位规模、性质具有特殊性的劳

---

① 张斌:《现代立法中的利益衡量》,吉林大学 2005 年博士学位论文,第 126 页。

第五章 农业劳动者分类保护机制中利益调整的逻辑思路

动者保护规则的构建之中。

1. 以农业劳动者是否领取社保作为立法例外规制的标准。当前,对于高龄劳动者资格问题,理论界与司法界在采用"年龄说"抑或"社保说"上存在分歧。两相比较,"社保说"强调了领取社保的劳动者与一般性劳动者的差异性,突显了劳动者弱化劳动法保护的需求,仅出现于劳动者已领取社保金的状态之下,而非仅仅源于劳动者达到退休年龄。循此,本书也重点将是否领取社保作为区分保护的一个重要标准。在现行"年龄说"与"社保说"之下,已领取社保的农业劳动者群体就因劳动者资格欠缺,被排除在劳动法保护范围之外。进而与未领取社保的劳动者群体之间,具有较大的差异性,形成了不同的劳动者社群。

当前高龄劳动者在劳动者身份上难以被劳动法正名,直接源于劳动法对劳动者概念界定的缺乏。进而只能依靠法律规定的劳动关系主体范围对其是否具有劳动者资格加以界定。而其背后的深层次制度原因就在于现行一体化保护机制,因灵活性的缺失而导致的保护范围狭窄。[1] 一体化保护机制灵活性的缺失,保护对象的单一,进而使得我国立法难以厘清劳动法劳动者身份与社保参保人员身份的区隔,往往将二者混为一体。从劳动法理论看,排除高龄劳动者劳动法保护的原因,主要在于,将享有社保待遇的高龄劳动者视为强势劳动者,进而排除其劳动基准的适用。[2] 然而,享有社保待遇的高龄劳动者,因具有社保待遇,至多在经济依赖性上对用人单位有所减弱。但是从人格从属性上看,同典型劳动者一样,需要遵守用人单位的规章制度,服从用人单位的管理。其在劳动过程中享有的工资利益、休息休假利益、职业安全利益等,不因享有社保待遇,而受到任何影响。

---

[1] 李娜:《退休再就业法律问题研究》,吉林大学 2013 年博士学位论文,第 107 页。
[2] 董保华:《劳动合同立法的争鸣与思考》,上海人民出版社 2011 年版,第 67—69 页。

从根本上看,无论"年龄说"与"社保说"都无法完全实现农业领域已领取社保的高龄劳动者获取劳动法倾斜性保护的目的。进而使其无法获取与劳动者身份捆绑于一体的利益,如工伤保险利益、职业安全利益、劳动报酬利益、休息利益等。是故,在"年龄说"与"社保说"之外,劳动法可以考虑采用理论界的第三种观点,即"劳动关系回归说"。即将具有从属性的已领取社保劳动者纳入到劳动法保护范围,但劳动法应基于分类调整的理念,对其适用差异化调整方式。① 具体而言,在农业劳动者保护机制的重构中,劳动法应树立"分类"保护的理念,将社保人员身份从劳动法劳动者身份中剥离与区隔,允许已领取社保劳动者同时也属于劳动法保护的劳动者,进而满足已领取社保劳动者就业利益被劳动法保护的需求。同时,对享有社保的农业劳动者适用与一般劳动者相区别的例外性保护规则,重点对这类劳动者的劳动报酬、休息权益、职业安全、工伤保险等底线利益予以保护,而将其他利益留待劳资双方之间自由协商。

对已领取社保的劳动者实施劳动法例外保护规定,是立法针对该类劳动者社群的现实利益诉求,实现劳动者核心利益保护,符合利益衡量价值判断的理性选择;也是立法在整合与平衡劳资利益关系,适用利益衡量的比例原则、合理差别原则与整体最大化原则后,做出的合理性选择。

2. 以农业劳动者就职的用人单位规模和性质作为立法例外规制的标准。劳资利益关系主体的特殊性,除了体现在劳动者就业行业的特殊性,以及劳动者自身特殊性外,还体现在劳动者就职的用人单位特殊性上。劳动者就业单位规模、性质的特殊性,将导致劳动者与其他单位的

---

① 李坤刚、王一帆:《我国灰色地带就业的法律反思与规制》,《安徽大学学报(哲学社会科学版)》2020年第2期。

第五章 农业劳动者分类保护机制中利益调整的逻辑思路

劳动者存在差异性,进而形成不同的劳动者社群。

就业于规模较小的用工主体的劳动者群体,以及就业于家庭农场、专业合作社等性质特殊的用工主体的劳动者群体,就有着与其他劳动者群体不同的共同利益需求。第一,上述劳动者群体在利益诉求上具有获得劳动法的倾斜性保护的诉求。因为劳动者的人身在劳动过程中因接受雇主的支配,而具有了人格从属性;依赖雇主支付的工资维系基本生活,进而具有了经济从属性。第二,上述劳动者群体又存在对劳动法实施恰当保护标准的利益诉求,以便用人单位利益被兼顾的情况下,自身的就业利益可以更为长久地得到保障。

劳动者就业利益的获得,以用人单位存在与发展为前提。劳动者就业质量的水平与就业数量的多寡,最终还是由用人单位的经济能力所决定的。并且用人单位的经济利益,从宏观上看,与一个国家的经济发展密切相关。若劳动法在立法中只强调劳动者就业质量利益的保护,而不顾及用人单位的承受能力,不仅会因此减损劳动者群体的就业数量利益,而且还会对国家经济发展造成阻碍。正如利益衡量的经济权衡分析,就要求法律在制定中,合理考量守法者的守法成本,并且要求法律应成为收益大于成本的有效率的制度。劳动者保护机制只有恰当兼顾用人单位经济利益,减少因劳动者保护而给用人单位经济利益带来的损害,才能实现劳资利益的最大化,实现自身的效率性。

对用人单位经济利益的兼顾,尤其体现在对用人单位特殊性的关注之中。规模较小的农业公司,以及家庭农场、专业合作社等性质特殊的用人单位,相较于普通用人单位,经济效益较差,甚至徘徊于存亡之间。这些用人单位的经济利益,应在劳动法劳资利益调整中重点给予关注。正如,从经济分析的角度看,边际分析法就要求法律制度将有限的资源分配给更能产生边际效用的主体,使得法律制度更有效率。而在小微型农业公司、家庭农场、专业合作社等用人单位,与劳动者之间的利益关系中,相较于普通的劳资利益关系,劳动法就应给予上述用人单位一方更多的利益与资源,以实现法制的效率。

(1)将农业劳动者就职的用人单位规模作为是否适用劳动法例外规定的标准。以用人单位的规模和人数为分类标准,可以将用人单位分为小微型用人单位、中型用人单位和大型用人单位。根据规模和人数对用人单位进行分类调整,这一分类标准的理论依据在于"深口袋理论"。深口袋理论是指拥有经济财富就可能被起诉,而无关乎其应当受到的惩罚程度。该理论的适用以一方当事人"口袋深"为前提[①],要求立法上加重有能力防范风险一方的当事人的责任。对于这一理论,同样适用于法律构建的用人单位用工责任制度之中。基于前述的深口袋理论,对于规模大小不同的用人单位,法律应分类调整,让有能力承担用工风险与责任的用人单位承担更多的社会责任,这其中也包括了对劳动者的用工责任。而对小微型用人单位,为扶持其发展,劳动法在制度设计上,应给予其部分劳动法强制性规定的豁免。

此外,不同规模的用人单位,经济实力强弱的差异,也会导致用人单位相较于劳动者的强势地位有所不同,使得二者之间的从属性关系有所不同。大中型用人单位,经济实力雄厚,相较于劳动者而言,更具有强势的地位。并且这类用人单位,组织结构严密,实行科层制,对员工予以严格的管理。在这类企业中,劳动者与用人单位之间的管理与被管理的从属性特点明显。而小微型用人单位,则完全不同,不但经济实力弱,而且管理人员少,缺乏科层制管理体系;有的小微型用人单位规章制度不健全,缺乏专门的人力资源管理人员。

---

① 王竹、张恒:《论我国侵权法上使用人替代责任的谱系化建构——兼论对"雇佣关系"概念的改造》,《四川师范大学学报(社会科学版)》2013年第5期。

第五章 农业劳动者分类保护机制中利益调整的逻辑思路

申言之,依据"深口袋"理论,经济实力不同的用人单位,差异化承担用工责任具有合理性,并且不同规模大小的用人单位在管理过程中对劳动者存在管理强弱的差异性。因此,劳动法应对不同的用人单位进行分类规制。在制定劳动法规则时,更应给予小微型用人单位以优惠,以实现国家对小微型企业的扶持发展的政策目标。

在对小微型用人单位的认定上,较少存在一刀切的大企业或小企业。域外部分国家,如德国,通常在雇佣劳动者的数量、销售额等方面,通过设置临界值的方式,对用人单位的规模予以认定。德国将员工数为1—9人,销售额小于200万,资产负债表总计小于200万的企业称之为小微企业。员工数为10—49人,销售额小于1000万,资产负债表总计小于1000万的企业称之为小企业。而存在非全日制用工劳动者的企业,在临界值的计算上,德国劳动立法规定,一般将非全日制用工劳动者工作时间按比例折算。而在涉及参加工会与集体协商等事项时,则采取不同的计算方式。无论非全日制用工劳动者工作时间的长短,都按人头的多少计算。[①] 在日本,对于农业领域小微企业的计算,则是以雇员人数不超过5人作为分界线,超过5人者必须参加农业劳动伤害保险。[②] 在加拿大魁北克省,则以具有3人以上非直系亲属的全职雇员作为是否属于小微企业的区别标准。[③] 在美国,《公平劳动标准法》则以10人或支付现金工资20000美元作为是否属于小微企业的区分标准。[④] 上述各

---

① 沈建峰:《德国法中按企业规模对劳动关系分类处理的技术与方法》,《中国人力资源开发》2017年第5期。
② 谢增毅:《用工成本视角下的劳动合同法修改》,《法学》2017年第11期。
③ Bruce C. J. & Kerr W. A. "The Determination of Wages and Working Conditions in the Agricultural Sector: Three Alternatives." Canadian Journal of Agricultural Economics, 31.2(1983): 177-196.
④ Pederson Donald B. "Agricultural Labor Law in the 1980's." Alabama Law Review, 38 (1986): 663-699.

国通过临界值来确定中小企业的做法,为我国准确界定适用例外规定的小微农业用人单位提供了可行性路径。为了准确识别农业用人单位是否属于小微型用人单位,我国立法可以考虑出台具体的识别标准。并且,为核实每一农业用人单位的真实用工量与雇佣劳动者人数,还应要求农业用人单位对雇佣的农业劳动者数量及具体雇佣信息予以登记、保存,由劳动部门予以备案。如美国、英国、阿根廷等国都设立了农业工人的登记制度。这一举措不仅有利于劳动保障机构对农业经营主体用工情况的监督,也有利于对该企业是否属于小微型用人单位进行识别。

(2)将农业劳动者就职的用人单位性质作为是否适用劳动法例外规定的标准。用人单位除了在规模上存在大小的区分外,还存在性质上的差异。当前,农业产业化进程中,农业用人单位中的家庭农场、专业合作社具有区别于普通用人单位的特殊性,需要劳动法对其予以例外规制。

第一,家庭农场、专业合作社与普通的用人单位,在成立的目的上存在差异性。当前,在农业产业化进程中,农业领域的用人单位,大致可以分为两类:一类是农业公司;另一类是家庭农场及专业合作社。这两类农业经营主体存在不同:第一类主体,即农业公司,通常属于自上而下的资本下乡,而建立的农业经营主体。具有营利性的特点,其成立目的在于通过雇佣生产,以赚取利润。第二类主体,即家庭农场、专业合作社,属于自下而上的农民自发资本化运动,成立的农业经营主体。其成立的目的,在于通过家庭成员及雇佣少部分劳动力的劳动,赚取维持家庭生存与生活的基本物资,如家庭农场;或者通过农民的联合互助,解决农业生产中的技术、市场等问题,如专业合作社。不仅如此,两种主体还在决策机制和分配机制上存在不同。公司采取的是"一股一权""股份决",

第五章　农业劳动者分类保护机制中利益调整的逻辑思路

而专业合作社采取的"一人一票""交易决"。① 家庭农场、专业合作社，虽然在工商机关注册登记，具有了市场主体资格，进而可能会成为劳动法中的用人单位，需要承担劳动法中的用工责任，但是这两类主体在本质上，属于农民维持生存的组织或农民互助性组织。与市场经济条件下纯粹以营利为目的的公司有所不同。以家庭农场为例，国家将其定位于依靠家庭劳动力进行生产。家庭农场中的很大部分，是由家庭承包经营户转化而来，是为了维持家庭成员的生存而经营。有学者研究发现，当前农业规模化进程中产生的家庭农场，其主要的经营人，是在农村农民分化背景下②，留守农村的中间阶层。其家庭农业经营年收入仅为几万元。③ 因此，尽管家庭农场发展中存在雇工经营，但基于家庭农场的发展定位和其农村承包经营户的原生本相，即使具有了用人单位资格，在其劳动法的适用上，也应与其他用人单位存在不同。

第二，家庭农场、专业合作社与普通的用人单位在用工关系上存在差异性。如专业合作社，其雇佣的劳动者具有双重身份，既是劳动者又是专业合作社的成员。这使得劳动者与专业合作社之间的用工关系，具有了不同于普通用人单位的特点。首先，劳动者本身为合作社成员，在经营管理中更具话语权，改善了劳动者在劳资利益关系中的依赖性地位，使得双方的关系呈现出从属性弱化的特点；其次，双重身份的存在，也使得劳动者的利益，不仅仅体现在劳动者就业利益的维护上，也体现在劳动者作为合作社成员的经济利益的获得上。合作社中的劳资利益

---

① 郑少华：《寻找劳动法上的"人"——以社会法为视角》，《社会科学家》2007年第1期。
② 周批改、何柳：《农业劳动者利益保护与惠农政策完善研究》，《社会主义研究》2012年第5期。
③ 刘涛：《中西部地区农民社会分层的类型、关系及功能研究》，《理论导刊》2021年第12期。

关系,与普通用人单位不同之处在于,劳动者与用人单位之间的利益更具利益共同性。从单纯的劳动者利益向合作社小股东利益的转化,是专业合作社劳动者利益的特殊性所在。这也是劳动法在干预农业领域专业合作社用工关系中,需要予以特殊考量之处。最后,劳动者以成员的形式组成合作社,从事生产,本身具有劳动团体性质,相互之间具有了互助、合作、承担连带责任等品格。① 这也是当前司法实践中,在用人单位采用"内涵空白、外延封闭"的立法模式下,不将专业合作社认定为用人单位的重要原因。源于上述特殊性,在专业合作社劳动者保护规则的构建中,立法更应强调对用人单位利益的兼顾,对专业合作社构建特殊的劳动法适用规则。而对于家庭农场,碍于其弱小的特点和身处农村熟人社会的场域,其与劳动者之间的从属性甚至较一般的小微企业更为弱化。据此,劳动法也应对其制定例外性用工规则。

第三,与普通用人单位不同,家庭农场、专业合作社属于国家政策重点扶持的经营主体。国家政策是立法进行利益选择的重要限制条件。被纳入国家政策予以保护的利益,是被国家政治所承认的利益。在将这一利益纳入法律中成为法益之前,这一利益已通过权威机关进行了价值上的选择和利益上的分配。政策上对利益的承认,对立法利益衡量,起到了以下的作用:首先,为立法将这一利益从政策利益上升为法律利益,提供了指导与参考。并为立法中利益衡量提供了引导与借鉴。其次,政策中利益分配方案反映出国家统治阶级的利益需求与调控导向,本质上体现统治阶级意志的法律,应通过法律规定的形式,赋予这一利益分配方案以法律效力。最后,政策相较于立法,更具适时性与灵活性,能在新生利益被立法确认之前,先为政策所确认。故而,政策对新生利益的适

---

① 郑少华:《寻找劳动法上的"人"——以社会法为视角》,《社会科学家》2007年第1期。

第五章　农业劳动者分类保护机制中利益调整的逻辑思路

时确认,为法律进一步完善自身利益格局提供了借鉴。①

"乡村振兴"战略之下,家庭农场、专业合作社作为中国农业的未来发展方向,是国家政策重点扶持的主体。家庭农场、专业合作社经济利益在政策中的确认,为立法利益衡量与利益分配提供了参考。劳动法在调整劳资利益关系时,就应参考政策的利益导向,认识到家庭农场、专业合作社的经济发展,是农民通过自治与互助,实现共同富裕的重要路径。这两类主体的发展水平直接影响着乃至决定着中国农业经济发展的水平。循此,源于家庭农场、专业合作社性质上的特殊性,劳动法应在规则适用上,对用人单位的性质予以区分,对家庭农场、专业合作社适用例外的劳动法规则,免除部分劳动法强制性规则的适用。

虽然家庭农场、专业合作社性质特殊,具有区别于普通用人单位的特点,但是立法不应将其排除在劳动法用人单位资格的范围之外。与国外劳动法,根据雇员的对应概念界定雇主不同②,我国对劳动法调整主体的界定,是根据用人单位的范围界定劳动者的范围。但是,我国现行劳动者一体保护机制上对于用人单位的认定,采取了"内涵空白、外延封闭"的立法形式。因我国用人单位认定方式的缺陷,进而导致就职于专业合作社的劳动者就业利益无法获得劳动法的保护,有失公允。我国更应改变现行一体保护机制下,劳动主体的认定方式,赋予劳动者与用人单位的概念以丰富的内涵。通过概念的内涵,对市场主体是否属于用人单位予以甄别,进而将具有特殊性的用工主体(如家庭农场、专业合作社),也纳入到用人单位的范围之中。而在其获得用人单位资格后,立法对专业合作社等特殊用人单位用工性质特殊性的考量,可以在具体的劳动法适用规则上,适用例外性规定予以体现。

---

① 张斌:《现代立法中的利益衡量》,吉林大学2005年博士学位论文,第106页。
② 董保华:《劳动合同立法的争鸣与思考》,上海人民出版社2011年版,第62—64页。

(三) 以劳资利益关系的从属性为分类标准:农业领域内部典型与非典型劳动者的分类保护

农业劳动者与"福特制"用工形式下的非农业劳动者存在较大差异,进而与之形成了不同的劳动者社群。然而,在农业劳动者内部,还可以进一步以农业劳资利益的从属性为分类标准,将农业典型劳动者与非典型劳动者区分为两个不同的劳动者社群。农业典型劳动者主要为稳定性农业劳动者;农业非典型劳动者主要为临时性、季节性农业劳动者(如第三章实证部分所示)。

为合理保护农业劳动者内部不同农业劳动者社群性利益,有必要以劳资利益关系的从属性为分类标准,将农业劳动者区分为农业典型劳动者与农业非典型劳动者进行差异性调整。在典型劳动者内部,依据劳资利益关系从属性的不同,进一步分类为无固定期限劳动者、固定期限劳动者与以完成一定任务为期限的劳动者群体,对其适用不同的劳动法保护措施。而农业非典型劳动者的调整中,则可以通过对从属性的考察,将"类雇员"从普通的自治性劳务提供者中识别出来,将其纳入劳动法的保护范围。

1. 从属性分类标准下农业领域典型与非典型劳动者的分类调整。根据从属性强弱的不同,劳动者可以分为典型劳动者与非典型劳动者。典型劳动通常具有长期雇佣、固定工时、固定工作场所、固定岗位、单层劳动关系以及强从属性的特点。而与典型劳动不同,大量的非典型劳动具有"三分三合"的特点。[①] 之所以要以从属性的不同,对典型劳动关系、非典型劳动关系分类调整的原因在于:

[①] 田野:《非典型劳动关系的法律规制研究》,中国政法大学出版社2014年版,第29—30页。

第五章　农业劳动者分类保护机制中利益调整的逻辑思路

（1）这是实现农业劳动者内部不同劳动者社群就业利益合理保护的要求。现行一体保护机制"全有"或"全无"的保护模式下,大量农业非典型劳动者难以纳入劳动法保护范围,致使其就业质量利益保护不足;而农业典型劳动者群体在获得一体保护机制高标准保护的同时,整体就业数量利益也有所减损。可见,一体保护机制下,农业典型劳动者与非典型劳动者形成两个不同的劳动者社群,具有不同的利益诉求,农业典型劳动者社群性利益诉求在于促进就业数量的增长,而农业非典型劳动者社群性利益诉求在于就业质量利益的提高。劳动者分类保护机制为实现农业劳动者内部不同劳动者社群利益的合理满足,必须对这一现实予以关注,设置与劳动者的从属性相匹配的、管制程度不同的调整方式。

具体而言,典型劳动者保护标准的高水平进而导致劳动者群体就业数量不足,主要表现为:劳动法在书面劳动合同的强制性签订、无固定期限合同的适用、解雇保护的严格规定及经济补偿金支付情形的广泛性等方面,刚性过强而灵活性不足的规定,直接影响了用人单位的经济利益。同时,对劳动者群体的就业数量利益也造成了间接影响。而一体保护机制中非典型劳动者就业质量利益保护的不足,则主要体现在法定的非典型劳动者保护范围的狭窄性上。

第一,现行劳动法中,不仅法定的非典型劳动种类仅被设定为两种,即非全日制用工和劳务派遣,而且在保护范围上也有着严格的限制。以非全日制劳动为例,劳动法中非全日制用工劳动关系保护范围较为狭窄,立法将其限定在每日工作不超4小时、每周工作不超24小时的劳动者的范围以内。因此,实践中大量用工时间具有灵活性的非典型劳动都难以被认定为非全日制用工形式,从而无法纳入到劳动法保护范围。然而,与我国较为狭窄的非全日制劳动保护范围不同,很多国家对非全日制用工保护的范围更广,其法律规定也更为细致。如德国的《非全日制用工及定期劳动契约法》中规定的非全日制用工种类多样、形式灵活。首先,该法根据用工形式,将非全日制用工分为三种形式。第一种为正常的非全日制用工,即用工时间短于全日制用工的劳动者。第二种为基于雇主召唤而从事劳动的劳动者。这种劳动者的劳动形式属于,在雇主有需要的时候,因雇主的召唤而从事劳动。① 第三种属于职位共享的劳动者,要求劳动者对同一职位的共享必须作出明确的约定。若没有约定的职业共享,则只能属于第一种形式的劳动者。德国法关于非全日制用工上述三种形式的规定,在日本的劳动立法中,也有类似的规定。其次,该法还根据劳动者劳动时间是否固定,将非全日制劳动者分为两种:一是固定的非全日制劳动者,即劳动者劳动时间是固定的;二是变动的非全日制劳动者,即劳动者劳动时间具有灵活性,而不具有固定性。最后,该法还根据劳动者用工期限的长短,将非全日制劳动者分为固定期限的非全日制劳动者与无固定期限的非全日制劳动者。② 可见,相较于德国劳动法中丰富的非全日制用工种类,我国立法中关于非全日制劳动的规定是相对单一的,其范围也相对狭窄。在制度调试中,劳动法可以考虑扩展非全日制劳动的保护范围,甚至对非全日劳动做进一步的分类调整,进而实现这一制度的灵活化。

第二,劳动立法因法定的非典型劳动者保护范围的有限性,不能实现对季节工等非典型劳动者就业质量利益的保护。季节工的特点在于,劳动者从事劳动的时间具有特定的季节性。季节工在某种程度上与非

---

① 该法规定这种非全日制用工形式,应当对每周或每天的用工时间进行约定,否则视为每周10小时的工作时间。此外,该法还对雇主每次享有的用工时间,以及雇主须提前发布工作命令的时间,作出了规定。

② 田野:《非典型劳动关系的法律规制研究》,中国政法大学出版社2014年版,第186—187页。

第五章 农业劳动者分类保护机制中利益调整的逻辑思路

全日制用工有相似之处,因为二者的劳动时间都短于典型劳动者。而用工时间持续性长度又影响着从属性的强弱。故而,季节工与非全日制用工一样,属于非典型用工。然而,因为我国《劳动合同法》中规定的非典型劳动种类有限,当前季节工等非典型劳动者,并没获得立法的承认与规范。在立法阙如的情况下,季节工不能纳入非典型劳动进行保护,只能在实践中被作为劳务提供者,由民法进行调整。然而,与我国的情况不同,其他国家(如意大利),在立法中有关于季节工的部分倾斜性保护规定。[①] 故而,劳动法可行性的消解路径在于,扩大非典型劳动的种类,对应该类劳动者的从属性程度,构设恰切的劳动法保护手段。

第三,劳动立法中非典型劳动者保护范围的有限性,不能实现对人格从属性存在弱化的"类雇员"的保护。所谓"类雇员",是指在灵活就业的背景下,基于用工形式的灵活性,与用人单位之间呈现出人格从属性弱化,而保持较强的经济从属性的劳动者。这类劳动者尽管在人格从属性上,相较于典型劳动者存在弱化,然而,对用人单位具有较强的经济依附性。在社会发展中,沦为了工具性劳动者。基于契约弱势的地位,具有了部分和劳动者相似的从属性,意大利、德国等多国也因此对其予以特殊保护。在我国现行劳动法制下,这些劳动者往往难以通过劳动关系的认定而获得劳动法的保护,而只能归类于民法上的劳务提供者。

农业用工实践中存在大量的"类雇员",正如当前农业用工领域,存在许多按日计酬但工作时间超过 6 个月的临时性、季节性农业劳动者。这些劳动者与用人单位之间保持较长时间的用工关系,但是其用工关系却往往存在中断,难以符合劳动关系的持续性。进而在当前劳动关系认

---

① 王全兴、粟瑜:《意大利准从属性劳动制度剖析及其启示》,《法学杂志》2016 年第 10 期。

定标准下,这类劳动者难以纳入劳动法保护范围。如(2017)辽06民终1164号案件中的劳动者就是这类"类雇员"的典型代表。如表5-1所示,农业雇佣劳动者王某与用人单位,从2012年12月到2014年8月近2年的时间中,一直存在用工关系,只是中途存在间断。然而,对二者是否构成劳动关系,该案的劳动仲裁机关、一审法院和二审法院之间具有分歧。尽管本案一审法院曾认为该案劳动者具有从属性而与用人单位构成劳动关系,但该案却以二审改判为不具有劳动关系而告终。(2017)辽06民终1164号案件二审判决书显示,二审司法机关否认劳动关系存在的原因在于:(1)从工作时间看,2年的工作时间不具有连续性,存在中断,淡季未上班。(2)劳动报酬采取按日计酬,按月结算与支付。

表5-1 王某与用人单位之间的用工时间一览表①

用工时间		该月用工天数	该月工资
2012年	2012年12月中旬	18天	1080元
2013年	2013年1月	30天	2100元
	2013年2月初	5天	
	2013年4月	24.5天	1470元
	2013年5月	30天	1800元
	2013年6月	30天	1800元
	2013年7月	22.5天	1350元
	2013年9月	14.5天	1015元
	2013年10月	28.5天	2015元

---

① 参见(2017)辽06民终1164号案件判决书。

续表

用工时间		该月用工天数	该月工资
2014年	2014年3月	4.79天	335元
	2014年5月	19.5天	1365元
	2014年6月	19天	1330元
	2014年7月	6.07天	425元
	2014年8月	6天	420元

二审司法机关对此案的判决是否正确与合理,有待进一步探讨。以王某在2013年提供的劳动量为分析样本,可以看出,即使本案中王某与用人单位之间难以被认定为具有完全的人格从属性,二者之间也具有经济从属性,进而需要劳动法对王某进行一定的倾斜性保护:第一,从劳动者的劳动时间看,王某与用人单位在该年的8个月中存在用工,并且其中六个月(即1、4、5、6、7、10月),王某每月的劳动时间都非常长:5、6月份的工作时间为30天,4、7、10月份分别为22.5、24.5、28.5天。第二,王某与用人单位在近2年的时间内,一直存在用工关系,司法机关以二者用工关系存在中断而缺乏劳动关系的持续性,而拒绝认定二者之间劳动关系的存在,实则是对劳动关系的持续性认定的误解。对此,谢德成教授就曾指出,即使用工关系存在中断,也应考察中断的原因,若因用人单位的原因而不可归责于劳动者,那么也应认定持续性的存在。[①] 而本案的二审判决书也表明,王某在一年中的某些时间没有上班的原因在于,这些月份属于用人单位生产的"淡季",并非基于劳动者个人的原因。第三,"主要收入来源"是否来源于同一用人单位,是很多国家用以

---

① 谢德成:《制度协同视野下无固定期限合同立法之修改》,《法学评论》2017年第5期。

认定该雇员是否对这一用人单位具有经济从属性的判定标准,如德国、西班牙和加拿大分别采用50%、75%和80%的标准认定其主要收入来源。① 本案中王某该年在该专业合作社从事农业雇工的收入为11550元,而2013年,农村居民家庭人均纯收入为8895.9元。② 因此,即使王某在从事自家农业耕种之余从事农业雇工工作,其农业雇工收入也占其总收入的56.49%,达到了域外部分国家(如德国)立法上50%认定为经济从属性的标准。

对(2017)辽06民终1164号案件的分析,我们不难发现,以王某为代表的劳动者,即使在人格从属性的认定上存在障碍,但仍可能具有经济从属性。对于此类劳动者,立法具有给予部分倾斜性保护的必要性。立法对这类劳动者的保护,除了在劳动关系认定标准上,细化和增加经济从属性的考量因素,另一条可行的路径就是通过拓宽劳动法非典型劳动者保护范围的方式,明确规定经济从属性劳动者具有非典型劳动者的身份,以及明确其认定标准,进而将其纳入劳动法的保护范围。

(2)以从属性为标准,对典型与非典型劳动者进行分类调整的原因还在于:用工关系的从属性是导致劳动者弱势地位的最主要原因,而从属性程度的不同,需要国家以倾斜性保护形式,介入劳动关系的程度要求也不同。劳动法应根据各色劳动者在用工关系中从属性的不同,在立法制度中构设出与其从属性相对应的保护措施。此外,从属性具有可量化性,属于"射程"式的概念,以其为分类标准,可以适应用工关系的发展,将新型用工形式纳入劳动法规制范围。

(3)以从属性为标准,对典型与非典型劳动者进行分类调整的原因,还在于这是实现农业领域内部不同劳资利益关系平衡的需要。一体

---

① 班小辉:《"零工经济"下任务化用工的劳动法规制》,《法学评论》2019年第3期。
② 参见《中国农村统计年鉴2014》2-6表。

第五章　农业劳动者分类保护机制中利益调整的逻辑思路

保护机制,没有关注不同劳动者之间从属性的不同,对纳入劳动法的劳动者给予较高标准的"全有保护",进而减损了用人单位的经济利益。而该保护机制对没有纳入劳动法的劳动者,给予"全无"的保护,进而减损了劳动者的就业质量利益。这是未合理平衡农业领域劳资利益关系的体现。劳动法更应秉持分类调整的理念,以"从属性"为标准实施分类调整,在劳动者利益的保护和用人单位经济发展的利益诉求之间寻求平衡。

总之,典型劳动与非典型劳动有着不同的生存土壤与发展规律,二者有着彼此难以替代的独立功能与意义。立法在扩宽一体保护机制中非典型劳动者保护范围的基础上,应基于分类保护的思想,依据劳动者从属性的不同,对典型劳动者与非典型劳动者进行分类保护。在保护方式上,基于安全性与灵活性的平衡,对非典型劳动者构设与典型劳动者不同的保护手段。①

2. 从属性分类标准下农业领域典型劳动者的二次分类调整。依据劳资利益关系从属性的不同,还可以进一步对农业典型劳动者予以分类保护。根据我国《劳动合同法》第 12 条的规定,典型劳动者包括三类劳动合同关系下的劳动者,即无固定期限合同中的劳动者、固定期限合同中的劳动者、以完成一定任务为期限的劳动者。然而,上述三类典型劳动者,其从属性也并不相同。无固定期限合同中的劳动者与用工主体的用工时间具有长期性,其人身从属性也是最强的。但是,其他两类合同有所不同。固定期限合同和以完成一定任务为期限的合同属于定期合同,劳动者与用人单位之间的用工时间具有有限性。相较于无固定期限合同而言,其劳动者对用人单位的从属性较弱。但是现行立法的问题在

---

① 徐智华、潘胜莲:《从分离到融合:劳动者分层保护视域下的非典型劳动者保护路径》,《广西大学学报(哲学社会科学版)》2020 年第 2 期。

于,劳动法并未对不定期合同关系与定期合同关系下的劳动者作出区分保护。劳动法对典型劳动者分类保护的立法阙如,增加了劳动用工成本,引发用人单位的灵活用工行为。因此,为平衡劳资利益关系,降低用人单位的守法成本,合理兼顾用人单位的经济利益,劳动法应依据从属性的不同,进一步对不同期限合同中的劳动者实施分类调整。

第二节 利益保护标准的区分:农业劳动者分类保护规定的制定思路

劳动法对农业劳动者利益保护中,在内部,面临农业劳动者的就业质量提高与就业数量扩大之间的矛盾;在外部,面临农业劳动者的就业利益与用人单位的经济利益之间的矛盾。在劳动者分类保护机制的构建中,需进一步依据利益衡量的方法,妥善地处理这两对矛盾的关系,实现农业领域的劳资利益平衡。这就要求劳动法,不仅要依据利益衡量的价值分析,强调劳动者就业利益作为优势利益的优先性,对各类劳动者实施针对性的保护措施;而且要基于利益衡量的经济分析与平衡分析,对用人单位的经济利益予以兼顾。进而要求立法针对用人单位的行业、规模、性质等特点,设置区分性保护规则,减少对农业用人单位经济利益的损害。农业产业化进程中,针对各类劳动者的差异性,在平等尊重各类劳动者的劳动自由权的基础上,对不同的劳动者进行差异化调整,并不违反立法利益衡量的平等对待原则。对不同劳动者实施差异化的保护标准,反而是践行罗尔斯"第二正义原则"的体现。

在利益的具体平衡手段上,劳动法则应针对行业的特殊性,对农业与非农业劳动者进行区分调整,为农业劳动者制定合理的保护规则;对已领取社保的劳动者、就职于规模较小和性质特殊性的农业用人单位的

第五章 农业劳动者分类保护机制中利益调整的逻辑思路

劳动者,实施与其特殊性相适应的例外性保护规则;对农业典型与非典型劳动者也应予以区分调整,并为各类劳动者制定与其从属性相匹配的保护规则。

一、专门性保护规定的利益保护逻辑

农业劳动者自身具有的特殊性,需要劳动法在劳动者分类保护机制的构建中,对其实施专门性的立法保护。农业劳动者专门性立法保护规则的构建,应遵循一定的理性、逻辑与规律。依据行业性特点的不同,劳动法对于农业劳动者与以工业劳动者为代表的非农劳动者,应构设不同的利益保护路径。以工业劳动者为代表的非农劳动者,劳动合同签订率高,在劳动者已纳入劳动法保护范围,底线利益已得到保护的情况下,劳动法应进一步考虑如何完善集体协商制度,对劳动者的工资待遇予以提高,在"利益争议"[①]中对劳动者权利予以维护。而对于农业劳动者,劳动法更应在利益衡量中重视对劳动者底线利益的保护,将其纳入劳动基准法保护的范围。

(一)农业劳动者利益保护的核心:"劳动基准保护"

第一,劳动基准是劳动法保护弱势群体底线利益的重要手段。"底线利益"是在利益离散时,各方主体在利益竞争关系中,为保障人权和自由,不得侵害对方利益的最低尺度;是在各方利益妥协后,为保障一方生存利益,达成的最低保障标准。在宪法对"权利底线"予以确定的基础上,各部门法对"权利底线"予以细化立法,表达为具体的法律规定,以

---

① 与"权利争议"中双方争议内容已经依据法律预先进行了规定不同,"利益争议"主要因利益分配而产生的争议,而这种利益分配关系通常没有被立法所预先规定。参见沈建峰:《劳动争议中利益争议的范畴及处理》,《法学》2015年第6期。

此实现对弱势群体生存利益的底线保护。为实现实质正义而产生的社会法,正是将弱势群体底线利益的保护作为自身存在的目标。① 具有社会法属性的劳动法,对劳动者底线利益的保护,最为重要的手段在于,对劳动者实施劳动基准的保护。劳动基准是法律对不平衡的劳资利益分配关系进行的第一次矫正,其在劳动法利益平衡理念实现机制中处于基础性的地位。劳动基准的功能在于通过法律中普适性、强制性、最低性劳动基本条件的规定,对雇主拥有的劳动力支配权予以限制,并由国家公权力机构对雇主的遵守与实施状况予以监督,进而矫正原本失衡的劳资利益格局。但是劳动基准对劳资利益关系的矫正,仅在于维护劳动者生存必须之物质与人身利益。②

第二,作为基层劳动群体的农业劳动者,其最为迫切的诉求在于获得劳动基准法的保护。我国一体保护机制,对于"强势"与"弱势"的界定,仅是基于马克思阶级论视角下对生产资料占有的不同,而对雇主与雇员所作的区分。其考量的因素单一,未进一步使用其他考察因素对雇主、雇员做进一步的区分,进而忽略了其他因素在劳动用工过程中对双方地位、关系的影响,如职位(职业)、教育、收入、权力等。

而前述劳动者分层保护说,则重点从职业、收入、教育、权力等方面,对劳动者做了进一步的考量,将劳动者分为"强势劳动者"与"弱势劳动者",从而推动了立法对劳动关系主体作出更为具体的分类,对不同层级的劳动者作出更为精确的保护。正如农业劳动者,其自身兼具农民与产业工人的特点,就属于受教育水平有限、收入低下的基层弱势群体。在

---

① 张斌:《现代立法中的利益衡量》,吉林大学 2005 年博士学位论文,第 126 页。
② 张在范:《俄罗斯劳动法利益平衡理念的实现机制》,黑龙江大学 2012 年博士学位论文,第 106 页。

社会层级结构中,农业劳动者属于典型的基层劳动者。在当前大量农业劳动者因行业特点而难以获得立法倾斜性保护的情况下,农业劳动者对劳动法的诉求也与其他基层劳动者一样,在于获得劳动基准的保护,实现工作的体面性。① 循此,劳动法更应通过改革农业劳动者保护机制,扩大劳动法在农业领域的适用范围,将农业领域大量非典型劳动者纳入到部分劳动基准的保护范围,以保障其底线利益。

(二) 农业劳资利益平衡的实现方式:劳动基准特殊性规定与劳动合同规则灵活性规定

扩大劳动法在农业领域的保护范围以保护具有弱势地位的从属性农业劳动者,势必增加农业用人单位的用工成本,影响用人单位的经济利益,并间接影响劳动者就业的数量。故而,需要劳动法在强调劳资利益平衡基础上,对用人单位的经济利益予以兼顾。需要劳动法在农业劳动者专门性立法调整中,为其构建更具针对性的劳动基准规则,构建更具灵活性的劳动合同规则。第一,在劳动基准的设置上,针对农业领域的低收益与生产灵活性特点,实行行业最低工资制度,及实行符合其季节性生产特点的特殊工时制度。其他国家(如美国、加拿大等国),就对农业领域的劳动者,设置过不同于其他行业的劳动基准规则。我国的部分地区,也将保护范围覆盖到"农林渔牧"行业,同时,在工资规定、工时的适用方面,有大量关于不同行业的差别性规定。第二,劳动合同法律机制在调整劳资利益中,具有改善劳动者条件和整合劳动合同领域劳资利益的两大职能。② 对于劳动者劳动条件的改善,以"管制"的方式实现

---

① 章群、邓旭:《专业合作社用人单位资格认定的实证考察与理论审思》,《中国农村观察》2019 年第 5 期。
② 张在范:《俄罗斯劳动法利益平衡理念的实现机制》,黑龙江大学 2012 年博士学位论文,第 161 页。

对劳动者就业利益的保护,体现了劳动者劳动权属于"社会权"的属性;对劳动合同中劳资利益分配关系的平衡,对当事人"自治"的允许,又体现出劳动权属于"自由权"的特点。① 现行劳动合同法律规则在实现劳动者劳动权,处理管制与自治关系时,已经表现出"父爱主义关怀",过分强调对劳动者就业质量利益的保护,进而导致了刚性过强的缺陷。因此,在劳动基准已对具有弱势群体的农业劳动者的生存权进行了保护,立法在劳动合同规则的构建中,在保障劳动者获得底线利益保护的基础上,应将更多的具体内容留白于双方当事人自主协商,增加劳动合同法律规则的灵活性。有必要通过重塑农业领域无固定期限合同适用规则,重构书面劳动合同强制性规定在农业领域的适用规则,以及部分豁免农业领域解雇保护规定和经济补偿金支付规定等,来实现劳动合同规则的灵活性,进而合理兼顾用人单位的经济利益。

二、例外性保护规定的利益保护逻辑

在强调农业劳动者的特殊性,对其适用区分于非农劳动者的专门性保护的基础上,还应注意到农业劳动者内部的部分农业劳动者,如已领取社保的高龄劳动者或就职于小微型农业公司、家庭农场、专业合作社的农业劳动者,具有自身的特殊性,需要劳动法对其适用例外性保护规则。

具体而言,劳动法在设置上述两类特殊性农业劳动者保护规定时,可以考虑采用以下的思路:

---

① 王昭:《增强我国劳动力市场灵活性之社会法学分析》,《河南财经政法大学学报》2022年第4期。

第五章　农业劳动者分类保护机制中利益调整的逻辑思路

（一）已领取社保的劳动者例外保护规定的制定逻辑

对于已领取社保的劳动者,在劳动关系认定上应适用"劳动关系回归说"。劳动法作为社会法,其立法宗旨在于对劳动过程中具有弱势地位的劳动者给予倾斜性保护。有学者指出,对于劳动者的认定及其保护方式的确定,应根据劳动法的制度性质与宗旨,来加以判断。① 劳动法对劳动者的识别,应重点关注其在劳动过程中的弱势地位。这种弱势地位的获得,在很大程度上是因为从属性的存在。已领取社保的农业劳动者群体在劳动过程中存在从属性,进而也具有这种弱势地位,因此,其就业利益应当被劳动法所保护。

对于已领取社保的劳动者,劳动法应对其设置例外性保护标准,进而与一般性劳动者的保护标准相区别。劳动法应运用分类调整的思想,依据已领取社保的农业劳动者群体的特殊性设立针对性的保护措施,而非对其适用劳动法所有的保护规则,这是基于利益衡量的比例原则和合理差别原则的必然要求。如针对当前已领取社保的农业劳动者工伤事故的频发,应加强其工伤保险利益的保护;针对当前已领取社保的农业劳动者工资水平低下,因年龄遭遇歧视性待遇,而应强调其劳动报酬利益的保护,实行同工同酬;等等。

总之,劳动法应在保护高龄劳动者平等就业权,禁止年龄歧视的基础上,重点对其工资利益、休息权益、职业安全权益、工伤保险权益、部分劳动合同权益等底线利益予以保护。对于底线利益以外的其他权益,立法应赋予劳动者与用人单位之间更多的协商自由的空间。

---

① 张翼飞:《公司管理人员的劳动法适用问题研究》,华东政法大学 2012 年博士学位论文,第 68 页。

(二) 就职于小微型农业公司、家庭农场、专业合作社劳动者例外保护规定的制定逻辑

一方面,用人单位的规模反映其生产能力,也反映该用人单位劳动力、劳动工具等要素的密集程度。用工主体的规模和员工数量,直接影响管理的方式,不同规模的用人单位之间存在较大差异性。① 一体保护机制下的单一性保护标准,对大型企业影响不大;可能会刺激中型企业为节省成本而灵活用工;但是会导致小微型企业经济利益严重受损,而面临生存困境。如有观点就指出,现行《劳动合同法》某些规定不当增加了小微型用人单位的守法成本。② 是故,劳动法在规制各类用人单位时,可以考虑针对其差异性,予以区分规制,对小微型农业公司豁免部分劳动法规则的适用。

另一方面,从用人单位的性质看,自下而上的农业资本化运动形成的家庭农场、专业合作社两类用工主体,与农业公司,存在较大差异。这两类主体是当前国家政策重点扶持的经营主体,是中国农业未来的发展方向。其成立目的存在特殊性,主要在于维持农民生存以及实现农民之间的互助,而并非仅以营利为目的;其规模的弱小,及身处熟人社会和农业行业③的场域特点,使得用工主体与劳动者之间从属性的弱化;而专业合作社中劳动者双重身份的存在,又进一步使劳动者与用工主

---

① 大型用工主体具有较强的经济能力,具有健全的人力资源管理团队,可以较好地遵守劳动法的规定。中型用工主体的经济能力较大型用工主体更弱,在经济下行时,以及在劳动立法增加保护标准时,为节省用工成本,可能会存在灵活用工,或不遵守劳动法规定的投机行为。而小微型用人单位,虽然当前在农业领域占了很高的比例,但是这类用人单位经济能力弱,生存周期短,岗位稳定性差。并且由于经济能力弱,缺乏专门的人力资源团体,进而对劳动法的执行水平低。

② 倪雄飞:《论小微企业劳动关系的法律调整——以〈劳动合同法〉属性为视角的分析》,《法学论坛》2023年第2期。

③ 农业行业的很多劳动相对简单,如除草、耕地,劳动者具有更大的自主性。

体之间具有了利益共同性的特点。概言之,家庭农场、专业合作社囿于上述特性的存在,使其区别于普通用人单位。劳动法在构建其用工规则时,需兼顾这两类用工主体的经济利益,进而适用例外性调整规则。

在利益的平衡与协调中,立法对利益的选择方式,既包括完全确认某一利益,也包括部分克减某一利益的内容,还包括对某一利益的实现设置限制条件。[①] 这一原理适用于小微型农业公司、家庭农场、专业合作社的劳动者利益保护时,也应针对其用人单位规模、性质的特殊性实施区分性保护,对利益内容实施差异性保护,制定例外性保护规定。在其例外性保护标准的设置中,应综合衡量小微型用人单位的劳资力量对比、劳资利益需求以及经济效益实际情况,从书面劳动合同形式、解雇保护、社会保险等方面加以规定。进而重点实现劳动法对小微型农业公司、家庭农场、专业合作社的劳动者"底线利益"的保护,并将"增长性"利益赋予合同当事人,由双方通过自由协商予以实现。赋予劳资双方更多自由协商空间,将有利于实现劳资双方的平等对话,建立和谐劳动关系,实现合作共赢。

三、内部分类保护规定的利益保护逻辑

现行劳动法一体保护机制下,农业领域的典型劳动关系与非典型劳动关系,在解决农业劳动就业利益保护内外部矛盾时,利益失衡的情况并不相同。故而,应在农业劳动者内部,根据从属性的不同,将典型劳动者与非典型劳动者进行分类保护。对二者的分类保护,不仅有利于解决农业劳动者就业利益保护中就业质量与就业数量的矛盾;也有利于解决

---

① 张斌:《现代立法中的利益衡量》,吉林大学 2005 年博士学位论文,第69页。

农业劳动者保护中劳资利益的矛盾。

（一）农业领域典型劳动者保护中利益平衡的改革方向

当前在劳动法劳动者一体保护机制下,可以通过劳动关系认定获得劳动法保护的多为典型劳动者。农业领域大量未签订劳动合同的稳定性劳动者中,有70%—80%的劳动者可以通过劳动关系的认定纳入到劳动法的保护范围。这就意味着,农业用工主体在一体保护机制的单一性劳动者保护标准之下,将承担过重的用工成本(如支付双倍工资、经济补偿金等),进而导致了农业领域劳资利益关系的失衡。针对一体保护机制的不足,劳动者分类保护机制在典型劳动者的就业利益保护中,应转变立法理路,降低劳动法管制力度,增加用工的灵活性,合理平衡劳资利益关系。

第一,转变劳动者就业利益保护重点,从重就业质量利益到就业质量、数量利益的并重。当前对于典型劳动者就业质量利益方面,劳动立法已经给予严格乃至过度的保护。因此,在就业质量的物质利益上,立法应对典型农业劳动者做减法,进而在减轻用人单位用工成本的同时,间接促进就业数量的增长。

第二,转变劳动者就业质量利益保护重点,从重物质利益到物质、精神利益的兼顾。依据利益的内容看,劳动者就业质量利益可以进一步分为物质利益与精神利益。[1] 物质利益通常与经济利益挂钩,而精神利益是人在社会关系中所表现出来的精神需要及其实现,是"客体对主体精神需要的可满足性"。[2] 精神利益的价值内涵在于保障人的自我存在或

---

[1] 李敏华、苗正达:《就业目标实现中劳动契约自由规制适度的理性——以劳务派遣为例》,《广西社会科学》2013年第12期。

[2] 吴艳东、廖小丹:《精神利益与精神富裕:中国式现代化道路的文明特征》,《西南大学学报(社会科学版)》2023年第2期。

第五章　农业劳动者分类保护机制中利益调整的逻辑思路

全面发展。法律中对精神利益的保护过程,是精神"利益"提升为"法益"的过程。早在2004年《宪法》修改中,就增加了"国家尊重和保障人权",为法律对公民精神利益的保护提供了依据。而民事立法也重视对民事主体的人身权益的保护,以实现对自然人精神利益的保护。有学者主张就将精神性人格利益界定为精神利益,还有学者更是将人格利益中的物质性人格利益和精神性人格利益统归为精神利益。① 在《民法典》立法中,也设立了"人格权"编,加强了对自然人精神利益的保护。然而,在劳动领域,对劳动者精神利益的保护,仅仅适用宪法、民法的保护规定,存在不足。劳动立法规定基于劳动者享有的劳动权,也应强调对劳动者精神利益的保护。劳动法对精神利益的保护有利于满足劳动者精神需求,是劳动法中人文关怀的体现。② 但是,从现行劳动立法看,其规制重点集中于物质方面,而没有很好地考虑劳动者精神利益的保护。对于劳动者精神利益的保护,对于提高劳动者就业质量,促进经济发展具有十分重要的意义。首先,强调劳动者精神利益的保护,加强农业劳动者工会组织的建设,保障劳动者民主参与权的行使,将增强劳动者的归属感,激发劳动者劳动的热情。其次,强调劳动者精神利益的保护,加强农业劳动者培训,将提升企业创新能力,促进经济增长。最后,强调劳动者精神利益的保护,还将促进劳动者就业数量的增长,纾解劳动者就业利益保护的内部矛盾。当前劳动者存在着就业难的问题,与此同时,企业"用工荒"的现象也与之并存。这一现象背后的一个重要原因,在于劳动者因心理、意愿等精神原因,不愿从事某些精神利益保护不足的工作。物质利益的获得并非劳动者就业的唯一动机,自我价值的实现与

---

① 方乐坤:《精神利益保护与民事责任体系完善研究》,西南政法大学2012年博士学位论文,第107页。
② 冯彦君、隋一卓:《劳动法益:范畴、结构与机能》,《东南学术》2018年第4期。

人格的尊重,也是劳动者择业的重要利益需求。当前劳动力市场上用工荒与就业难联袂而行的重要原因,则在于劳动者就业中精神利益保护的缺失。① 可见,劳动者精神利益的保障,不仅是提高劳动者就业质量的必然要求,也是匹配劳动者就业观,进而促进劳动者就业数量增长的重要路径。故农业劳动者分类保护机制的构建中,应加强农业领域典型劳动者精神利益的保护。

(二) 农业领域非典型劳动者保护中的利益平衡的改革方向

非典型劳动对于促进就业数量的增长,具有重要作用,国家对其发展应持肯定与支持的态度。② 但是鼓励非典型劳动发展的同时,更应对其发展予以规范,进而实现非典型劳动者就业数量利益与就业质量利益的平衡。当前中国劳动法一体保护机制,未足够重视非典型劳动者就业质量利益的保护。因此,劳动者分类保护机制,在农业领域非典型劳动者的保护上,应采取与典型劳动者不同的策略:侧重于农业领域非典型劳动者就业质量利益的保护,纠正当前单方面强调经济发展与促进就业的做法,转而在制度目标上将经济发展、促进就业与就业保护三者并重。在非典型劳动者劳资利益平衡的手段上,劳动法应改革现行劳动基准法规定,扩大劳动基准的保障范围,并制定保护标准的差异化规定。

(1)通过完善劳动法非典型劳动规定,扩大劳动基准保护制度保障范围。

---

① 我国计划经济时期,劳动者工资低,但是福利均等。工人、农民大多从事体力劳动,但是并未受到市场经济之下农民工等劳动者的就业歧视。因此,在那个时代,即使劳动者就业保障中物质利益匮乏,但是精神利益得到了满足,劳动者仍然充满了动力与干劲。而反观当前用工荒与就业难并存的问题,从本质上看,并不是劳动者绝对数量的不足,而在于岗位难以符合劳动者就业观和满足其精神利益需求。

② 徐智华、潘胜莲:《从分离到融合:劳动者分层保护视域下的非典型劳动者保护路径》,《广西大学学报(哲学社会科学版)》2020年第2期。

第五章　农业劳动者分类保护机制中利益调整的逻辑思路

一方面,扩大劳动基准对农业领域非典型劳动者的保护范围,可以避免当前这类劳动者的就业利益完全不受保护的情况;另一方面,又合理兼顾了用人单位的经济利益,避免与典型劳动者适用相同保护标准,而产生的负面影响。①

(2)通过完善劳动法非典型劳动规定,实现劳动基准中保护标准的差异化。

第一,遵循利益衡量的比例原则,设置非典型劳动者的保护规定。有学者指出,非典型劳动者对劳动法的利益诉求在于劳动法从一体到分类的保护标准转变。② 对于当前劳动过程中具有从属性、但从属性又存在弱化的劳动者,其保护的方式在于让其回归劳动法的非典型劳动者。既不能过分强调其劳动的自主性,放任其仅接受民法的平等调整;也不能过分强调其劳动的从属性,直接将其纳入劳动法的典型劳动之中。对农业非典型劳动者实施倾斜性保护的手段,也应遵守比例原则的适当性、必要性与相称性要求。所采取的手段需具有必要性,且尽量减少对利益受害方的损害,收益大于损害。③ 故而,在保护方式上,应根据非典型劳动者弱势程度,设计对应的劳动法保护事项,限定对应的倾斜性保护程度。④ 即使是非典型劳动者内部,不同的非典型劳动者之间,以及就职于不同性质、规模的农业用人单位的劳动者之间也存在较大差异性。在劳动法对不同的非典型劳动者调整时,也应设立差别化的调整

---

① 李干、董保华:《劳动关系治理的变革之道——基于"增量"与"存量"的二重视角》,《探索与争鸣》2019 年第 1 期。
② 徐智华、潘胜莲:《从分离到融合:劳动者分层保护视域下的非典型劳动者保护路径》,《广西大学学报(哲学社会科学版)》2020 年第 2 期。
③ 阎天:《平台用工规制的历史逻辑——以劳动关系的从属性理论为视点》,《中国法律评论》2021 年第 4 期。
④ 李干、董保华:《劳动关系治理的变革之道——基于"增量"与"存量"的二重视角》,《探索与争鸣》2019 年第 1 期。

方式。

在将农业非典型劳动者纳入劳动法保护范围的同时,适用比例原则对非典型劳动者保护规则予以构建,实现劳资双方利益的平衡,推动劳资关系的和谐。并最终提高农业劳动者生产积极性,解决农业雇工监管难问题,提高劳动效率,促进农业经济的发展。

第二,基于利益衡量的合理差别原则,在解析非典型劳动者利益构成的基础上,对劳动者不同层次的利益予以差别性保护,以实现劳动立法自主与从属的双向激励功能。①

非典型劳动者的利益构成具有复合性与层次性。既包括底线利益,也包括除底线利益以外的其他从属性利益。对两种层次的利益应采取不同的保护方式。一是,应在立法中对非典型劳动者人身安全和健康、人格尊严等方面的底线利益,予以强制性保护,将其纳入到劳动基准法的保护范围。在具体劳动基准的规定上,涉及职业安全、人格尊严等人权内容的劳动基准,可使用与典型劳动者相同的保护规定。对于其他方面,如最低工资、工时制度等方面,则可以设计特殊性规定。如有学者就认为我国应设计多层次的最低工资制度。② 二是,对底线利益以外的其他从属性利益,则可以赋予其自主选择权,留待劳动者与用人单位协商自治,以平衡劳资双方的利益平衡。③

以类雇员为例。类雇员,属于持续性、工具性自治劳动者。在市场上因经济上的弱势地位,对强势的一方形成了经济依赖性。从关系契约理论来看,具有经济依赖性的农业雇工与用工主体之间构成了关系契约,用工主体具有安全保障义务。有观点就指出,应通过对劳动者休息

---

① 石超:《自主性视角下的平台经济非典型劳动者保护》,《河北法学》2020年第6期。
② 徐智华、潘胜莲:《从分离到融合:劳动者分层保护视域下的非典型劳动者保护路径》,《广西大学学报(哲学社会科学版)》2020年第2期。
③ 石超:《自主性视角下的平台经济非典型劳动者保护》,《河北法学》2020年第6期。

休假利益、工资利益、工作条件利益、生命与健康利益的保护实现劳动者安全利益的维护。① 对于上述利益,属于类雇员的底线利益,劳动法应重点保护。但在具体保护标准上,可与典型劳动者存在差异。而类雇员关于底线利益以外的其他从属性权利,如部分劳动合同权利,劳动法则不应做强制性规定,可以留待劳资双方自主协商。

第三节 本章小结

上一章依据利益衡量的方法,分析了劳动者保护机制从一体向分类转变的必要性。本章在此基础上,以利益衡量理论作为指导,进一步分析农业劳动者分类保护机制构建的逻辑思路,以实现农业劳动者就业利益的合理保护和农业劳资利益关系的平衡的目标。

农业分类保护机制中利益调整逻辑,包括两个重要的方面:一是建立利益主体的合理区分规则;二是针对不同的利益主体,建立合理的利益保护标准。

一、建立合理的利益主体区分制度。通过确定合理的劳动者分类标准,实现各类利益主体的准确识别。

(一) 既有劳动者分层保护学说与劳动者分类保护学说,都是在反对现行劳动法一体保护机制的基础上提出。第一,对于劳动者分层保护学说而言,虽然从抽象上看,该学说具有合理性。但是,劳动者分层保护学说的分层标准,学界认识并不统一。劳动者分层保护说,以社会分层理论为基础,然而社会分层理论的分析对象并不限于劳动者。且在具体制度的构建中,也无法将劳动者分层标准转化为具体标准,实现劳动者

---

① 曹燕:《反思与重构:劳动者权利概念的类型化研究》,《河南财经政法大学学报》2013年第1期。

区分性保护规则的构建。第二,对于劳动者分类保护学说而言,虽然该学说主张以从属性为分类标准,对劳动者进行区分保护,具有一定的合理性,但是,劳动者分类保护说仅以从属性作为劳动法分类调整的标准,也存在一定不足:首先,未从劳资利益主体角度对劳动者差异性予以观察。劳动法对部分劳动主体的特殊保护或排除保护,并非基于从属性,而是基于劳动者自身的特性或用人单位的特性等其他原因。其次,该学说将其他可以独立作为劳动者分类标准的因素,如用人单位的规模等,统一归纳为从属性的不同,存在缺陷。将所有因素都内化为从属性的权衡因素,可能会导致从属性认定标准因过于复杂,而成为具文,最终沦为"屠龙之术"。最后,分类标准中,该学说没有关注到用人单位的行业、性质、地域等其他因素,导致的劳动者差异性问题。

(二)基于劳动者的具体性与社群性,为实现对不同类型的劳动者社群的识别,本书重点以下列三个标准作为劳动者分类的依据(如图5-1所示):

1. 以劳资利益主体所属行业为分类标准,主张对农业劳动者进行专门性立法保护。

2. 在农业劳动者内部,以劳动者利益主体的特殊性为分类标准,主张对部分具有特殊性的农业劳动者实施例外性保护。第一,以是否领取社保作为区分标准,主张让高龄劳动者等从属性劳动者回归劳动法的同时,对其适用劳动法例外性保护规则。这一区分保护规定,也将有利于中央一号文件中"维护好超龄农民工就业权益"目标的实现。[①] 第二,以劳动者就业的用人单位规模和性质作为区分标准,对就业于小微型的农业公司和就业于家庭农场、专业合作社的劳动者,适用劳动法例外性保

---

① 参见中国政府网:《中共中央 国务院关于做好 2023 年全面推进乡村振兴重点工作的意见》,https://www.gov.cn/xinwen/2023-02/13/content_5741370.htm。

第五章 农业劳动者分类保护机制中利益调整的逻辑思路

护规则。

3. 在农业劳动者内部,以劳资利益关系的从属性为分类标准,将农业典型劳动者与非典型劳动者区分为两个不同的劳动者社群,进行分类保护。农业典型劳动者主要为稳定性农业劳动者;农业非典型劳动者主要为临时性、季节性农业劳动者(如第三章实证部分所示)。农业领域的典型劳动者与非典型劳动者分属不同的劳动者社群,在就业利益保护上存在不同的需求。农业劳动者分类机制,应以从属性为分类标准,实现二者的区分调整。此外,依据劳资利益关系从属性的不同,还可以进一步对典型劳动者进行分类调整。实现定期合同与不定期合同中劳动者的区分,进而实施差异化调整。

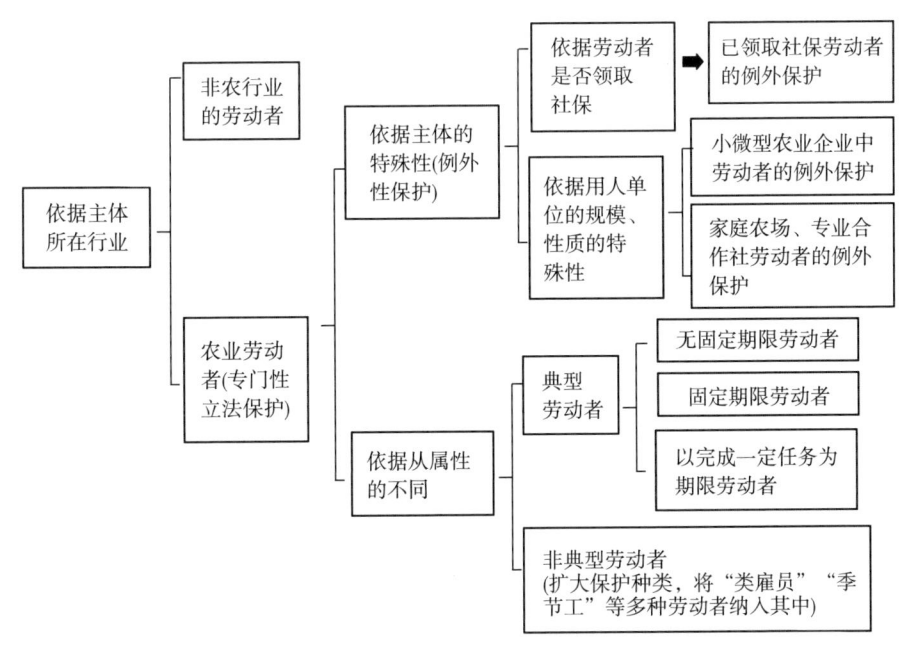

图 5-1 劳动法中农业劳动者分类保护示意图

二、建立利益保护标准的区分制度。针对不同类型的利益主体,制定不同的法律保护规则,以构建层次化的利益分类保护标准。

（一）农业劳动者专门性保护中利益保护规则的构建思路。依据行业性特点的不同，劳动法对农业劳动者与"福特制"用工形式下的非农业劳动者，构设不同的利益保护标准与保护路径。

第一，农业劳动者利益保护的核心在于获取劳动基准的保护，这源于农业劳动者属于基层劳动者的属性使然。

第二，在农业领域采用劳动基准的特殊性规定与劳动合同规则的灵活性规定，是农业劳资利益平衡的重要实现方式。这是源于利益衡量的平衡性分析的必然要求。

（二）具有主体特殊性的农业劳动者例外保护中利益保护规则的构建思路。

第一，对于已领取社保的劳动者，在适用"劳动关系回归说"的基础上，劳动法应重点对该类劳动者群体部分亟需保护的利益予以倾斜性保护。

第二，对就职于小微型农业公司、家庭农场、专业合作社的劳动者，在其例外性保护规则的设置中，则更应强调用人单位经济利益的考量，在保护劳动者底线利益的情况下，让其享有更多的劳资自治协商空间，以实现劳资双方的平等对话，实现双方的合作共赢。

（三）从属性不同的农业劳动者分类保护中利益保护规则的构建思路。农业领域典型劳动者与非典型劳动者，劳动法应对其设置不同的利益保护标准，设计不同的利益平衡的改革思路。

第一，对于典型劳动者而言，劳动法应转变典型劳动者就业利益保护重点：从重就业质量利益转向就业质量、数量利益保护的均衡。具体到劳动者就业质量利益保护中，还应将保护重点从重物质利益，转移到物质、精神利益的兼顾。

第二，对于非典型劳动者而言，应采取与典型劳动者不同的保护措施。一方面,侧重于农业领域非典型劳动者就业质量利益的保护,扩大劳动基准保护的范围,以满足非典型劳动者安全性的利益保护诉求。实现国家在农业领域提出的"加快完善灵活就业人员权益保障制度"的目标。① 另一方面,在利益平衡手段上,依据利益衡量的比例原则和合理差别原则,完善劳动法非典型劳动保护规定,实现劳动基准保护制度保护标准的差异化。

---

① 参见中国政府网:《中共中央 国务院关于做好2023年全面推进乡村振兴重点工作的意见》,https://www.gov.cn/xinwen/2023-02/13/content_5741370.htm。

第六章 农业劳动者分类保护机制中利益调整的规则构建

第一节 农业劳动者专门化保护的利益调整规则

对于劳动者进行专门化保护的前提是该劳动者具有特殊性。正如部分学者所言,可以提供特殊规则予以保护的劳动者主要包括两类:一是从属性较弱,难以纳入现行劳动法保护范围,但具有倾斜性保护必要的雇员;二是区别于普通劳动者,具有特殊性的劳动者。① 而对于农业劳动者而言,因农业行业的特殊性,在劳动特点上独具特色,符合前述分类的第二类。发端于工业革命的劳动法,其制定规则以工业劳动关系为主要调整对象。而农业劳动者因从事农业行业,具有区别于工业劳动者的特殊性。工业文明具有生产规模化、劳动组织集中化、劳动分工精细化等特点,而传统的农业文明则具有自给自足、个体劳动、简单协作的特征。传统农业社会的劳动是不适用劳动法的。即使在中国规模化、现代化农业发展的今天,农业行业的用工与工业行业仍然有较大差别。因此,从劳资利益关系的特殊性出发,以主体所在行业的特殊性为分类标

---

① 谢增毅:《我国劳动关系法律调整模式的转变》,《中国社会科学》2017年第2期。

第六章 农业劳动者分类保护机制中利益调整的规则构建

准,可将具有特殊性的农业劳动者与其他劳动者区分开来,成为一类需要劳动法制定专门性法律予以保护的劳动者。

劳动者分类保护机制中农业劳动者专门性保护规则,主要从两个方面展开:一方面,基于利益衡量的价值分析,制定有利于加强农业劳动者就业利益保护的法律规则,以实现属于优势利益的劳动者利益的优先保护;另一方面,基于利益衡量的平衡分析与经济分析,科学设计实现农业领域劳资利益平衡的法律规则,以促使农业劳动者保护中内外部利益矛盾的解决。

一、优势利益保护的实现规则

劳动者保护机制的构建中,面临了农业劳动者就业利益与用人单位经济利益的冲突。在劳动法立法的利益衡量中,农业劳动者利益属于优势利益。依据农业劳动者属于基层劳动者的社会属性,应重点实现其底线利益的保护,将其纳入劳动基准法保护的范围之中。然而,当前农业用工领域,不仅大量劳动者与用工主体没有签订劳动合同,而且在劳动关系认定中,也因主体特殊性或用工临时性等问题,而使得用工关系难以被认定为劳动关系。循此,在劳动者保护机制的改革中,扩大劳动法的保护范围,让农业领域更多的劳动者获得劳动基准的保护,进而提升整体性就业质量利益,是当前的农业劳动者对劳动法的核心利益诉求。直面现行一体保护机制的不足,分类保护机制应针对农业劳动者的特殊性,在构建农业劳动者专门化立法保护中,重点对以下几个方面作出规定:

(一)重塑农业领域劳资利益关系之主体资格认定方式

1.劳动者资格认定方式的改革。我国劳动立法并未对劳动者的概念进行界定。从劳动立法对劳动者的界定理路看,立法采用了两种方式对劳动者资格予以认定:第一,通过用人单位认定劳动者。然而,这种方式与国外通过劳动者的界定进而确定雇主的范围,存在不同,容易导致劳动者因用工主体的非法,而无法获得劳动法的保护。[①] 第二,通过立法明文列举的方式,反面排除部分劳动者的劳动者资格。如对高龄劳动者的劳动者资格的排除、对帮工与学徒劳动者资格的排除。但是,这种界定方式的弊端在于,当前立法缺乏合理的排除标准。

以高龄劳动者资格的排除为例,2021 年开始实施的最高人民法院《劳动争议案件解释(一)》(法释〔2020〕26 号)第 32 条延续了原《劳动争议案件解释(三)》第 7 条的规定,排除已领取社保待遇或退休金的劳动者"劳动者资格"的享有。仍然无法从根本上解决《劳动合同法》第 44 条的"社保说"和《劳动合同法实施条例》第 21 条的"年龄说"的争论问题。在"社保说"和"年龄说"之外,学界还存在第三种观点,即"劳动关系回归说"。该观点认为,即使劳动者达到退休年龄或领取社保,其与用人单位之间仍然具有从属性,应将其与用人单位之间的用工关系认定为劳动关系;但在适用规则上,应适用区分于其他劳动者的例外规定。[②] 对于高龄劳动者的劳动者资格问题,"劳动关系回归说"更具有合理性,契合了中央一号文件"维护好超龄农民工就业权益"的政策要求。[③] 国外劳动法对雇员的界定,一般考量两大方面:一方面是否具有从属性;另一方面是否属于强势劳动者。学界"社保说""年龄说"强调对高龄劳动者资格的排除,是因为高龄劳动者享有社保待遇,而将高龄劳动者作为

---

① 董保华:《劳动合同立法的争鸣与思考》,上海人民出版社 2011 年版,第 62—64 页。
② 李坤刚、王一帆:《我国灰色地带就业的法律反思与规制》,《安徽大学学报(哲学社会科学版)》2020 年第 2 期。
③ 参见中国政府网:《中共中央 国务院关于做好 2023 年全面推进乡村振兴重点工作的意见》,https://www.gov.cn/xinwen/2023-02/13/content_5741370.htm。

第六章 农业劳动者分类保护机制中利益调整的规则构建

强势劳动者予以排除。然而"劳动关系回归说"则更多从劳动者的从属性出发,对高龄劳动者的弱势地位予以强调,突出了从属性在劳动者弱势地位认证中的核心地位,进而没有将其作为强势劳动者。

因此,劳动法应采用"劳动关系回归说",在修改现行立法及司法解释排除高龄劳动者资格规定的基础上,改变现行劳动者的认定方式,通过对劳动者内涵的界定,认定劳动者资格的有无。第一,在劳动者内涵的界定中,对劳动者权利能力做宽泛的认定。立法对劳动权利能力等特殊民事权利能力,只规定了起始的时间,即年龄大于16岁,但没有规定终止的时间。因此,领取社保的高龄劳动者也具有劳动权利能力。第二,在对劳动者界定中,劳动者的实质内涵在于劳动过程中的从属性。[①]对劳动者资格的判断中,应将从属性作为具有弱势地位的核心认定因素[②],置于劳动者资格认定的首要位置。故而,对于领取社保的高龄劳动者,即使具有领取社保的强势劳动者特点,仍应将其纳入劳动法劳动者保护范围。因为劳动者资格识别中,应将高龄劳动者所具有的从属性放在首位。在将高龄劳动者认定为劳动者的基础上,再依据其具有社保待遇的特殊性,对其设置不同的劳动法保护规则,以实现劳资利益关系的平衡。

此外,在立法对劳动者认定方式做出改革之前,司法机关宜基于利益衡量的分析,采用有利于劳动者利益保护的"社保说"认定高龄劳动者的劳动者资格问题[③];并对"社保"做限缩解释,不应将享有"新农保"的农业劳动者认定为已领取社保的劳动者。如本书第三章实证部分所

[①] 如日本的《劳动基准法》第9条,就将实质上的从属性作为劳动者的核心认定因素。参见田思路:《外国劳动法》,北京大学出版社2019年版,第221页。
[②] 李娜:《退休再就业法律问题研究》,吉林大学2013年博士学位论文,第136页。
[③] 劳动者资格的排除主要在于排除强势劳动者。而对于没有领取社保的高龄劳动者,在经济上没有社保金的支持,仍然依赖劳动法的最低工资等制度维护其生存权。

言,当前大部分司法机关都将享有"新农保"的劳动者视为享有社保待遇的劳动者。然而,享有"新农保"的劳动者仍应适用劳动法保护的理由在于:首先,虽然"新农保"属于社会保险,但是"新农保"的保障水平低,保障能力弱,难以独立实现对老龄劳动者生存利益的保护功能。其次,"新农保"作为居民保险,与职工养老保险无论在性质、强制性、缴费主体与社保待遇等多个方面都存在较大差别。再次,在《劳动合同法》及原《解释(三)》排除享有社保待遇的劳动者资格时,"新农保"尚未实施。因此,基于利益的衡量,应对《劳动合同法》及司法解释中的"享受基本养老保险待遇"做合理的限缩解释,将其解释为"职工养老待遇",而不包括新农保。①

2. 用人单位认定资格的变革。在劳动主体的认定上,我国往往通过用人单位的范围来确定劳动者的合法性。然而,立法并未对用人单位的内涵作出界定,仅仅列举了其涵盖的范围。虽然我国当前用人单位界定方式的形成,与中国劳动力市场发展的历史背景密切相关,是中国劳动法经历公法私法化的结果。但是当前用人单位内涵的空白与外延的封闭,使得我国用人单位这一概念所涵盖的用工主体范围有限。② 这往往也是导致司法实践中,专业合作社用人单位资格争议出现的根本原因。

为实现用人单位的准确界定,我国立法应转变现行劳动主体认定方式。第一,扭转当前通过用人单位合法性认定劳动者资格的局面,转而通过劳动者的认定,进而确定了用人单位的范围。第二,将用人单位的雇佣行为,作为用人单位资格认定中的关键标准。③ 第三,在用人单位的立法规制范围上,立法应改变当前正面列举的方式,转而通过反面排

---

① 参见(2018)赣0721民初2542号案件判决书。
② 张翼飞:《公司管理人员的劳动法适用问题研究》,华东政法大学2012年博士学位论文,第125页。
③ 董保华:《劳动合同立法的争鸣与思考》,上海人民出版社2011年版,第64页。

除的方式,排除部分用人单位的资格。在转变用人单位认定方式的基础上,可以得出专业合作社具有用人单位资格的结论:一方面,专业合作社对劳动者进行雇佣和管理,与劳动者具有从属性;另一方面,专业合作社也没被我国立法明确排除在用人单位范围之外。但是在确认专业合作社用人单位资格的同时,也应看到,其相较于其他用人单位具有的特殊性。故基于专业合作社互助与合作的性质,在劳资利益平衡的理念下,应构建例外的劳动法适用规则。

(二)革新农业领域劳资利益关系的从属性认定标准

1.劳动关系认定因素的多样化与认定方式的行业性区分。当前大量农业劳动者因难以通过劳动关系认定标准而被劳动法排除在外。相较于美国、德国,我国现行劳动关系认定标准存在认定要素单一的问题,不利于非典型农业劳动者的保护。劳动关系的从属性本身就是一个或多或少的问题,而不是有或无的问题。对于劳动关系的从属性认定,通过抽象而制定出统一的考量标准本身存在一定的难度。因此,为实现对从属性程度贴切的估量,劳动法应借鉴美国、德国劳动关系认定标准的规定,设置多种劳动关系的考量因素,对从属性的程度进行综合性判断。申言之,在劳动关系认定中,运用类型化认定方法,综合考量多种因素进而判断劳动关系的存在与否。

为完善从属性认定规则,劳动关系的认定不仅应增加劳动关系认定的考察因素,还应顾及到每个行业的特性。德国联邦劳动法院就曾指出,人格从属性的程度还与劳动者从事的行业密切相关,不同的行业具有不同的特点,进而在认定劳动关系时需要考量的因素并不相同。[①] 如

---

① 沈建峰:《论劳动关系的实践界定——以中德司法机关的判决为考察重点》,《法律适用》2012年第12期。

农业行业,在工资支付方式、工时制度、用工持续性等方面具有一些区别于其他行业的特殊性。据此,劳动立法在不区分行业,也不区分劳动者差异性的基础上,制定出适用于所有劳动者的劳动关系认定标准,存在不妥。为弥补这一不足,除立法中规定多样化的劳动关系从属性考量因素与确定综合认定方法外,法律适用中,可以通过司法解释或司法判例等方式,对农业等具有特殊行业的从属性认定方法予以总结,进而形成对农业行业从属性认定规则的专门性指导意见。

例如,作为现行事实劳动关系认定标准的2005年劳动和社会保障部《通知》第1条第二款规定,从属性必须同时具备的三个要件,这一规定就难以适用于农业领域。依据该规定,要构成事实劳动关系,用人单位的规章制度必须适用于劳动者。然而当前农业领域的大量小微型用人单位并没有制定规章制度。小微型农业用人单位雇员少,依靠管理者的日常指示足以实现经营管理的需要,其本身也缺乏专业的人力资源管理人员。故而,对于农业小微型用人单位,立法也不应强制其制定规章制度,更不应将规章制度适用于劳动者的规定,作为劳动关系认定的必备要件。

2.劳动关系持续性认定规则的改变。在传统用工关系中,劳动关系与劳务关系作为泾渭分明的两种关系,而二者其中一个典型区别就在于劳动关系具有持续性,而劳务关系具有一次性特点。从学理上讲,期限性是劳动关系的重要特征,具有"持续性"是劳动关系异于雇佣关系的重要特征。[1] 然而,劳动关系的持续性不具有绝对性。劳动法并没有规定到底多长的用工关系具备了持续性特点,才能纳入劳动关系保护范畴。而纳入劳动法保护的不同期限合同下的劳动者,所具有的持续性长

---

[1] 谢增毅:《超越雇佣合同与劳动合同规则——家政工保护的立法理念与制度建构》,《清华法学》2012年第6期;朱军:《修法背景下〈劳动合同法〉第39条的完善》,《法学》2017年第9期。

第六章　农业劳动者分类保护机制中利益调整的规则构建

短本身就存在不同。

学界对用工关系中断多久构成用工关系的不连续,意见并不统一。有的主张超过1个月,有的主张超过6个月,而有的甚至主张超过1年才构成。对此,谢德成教授认为不能单独根据中断时间进行判断是否存在用工关系的连续性,还应该综合其他因素进行考察,如中断的原因。在判断用工是否存在连续性问题上,应采取主观性原则。即对导致中断的原因进行考察,若中断的原因在于用人单位一方(如因为用人单位歇业、经营问题或恶意规避劳动法规定等,进而导致的中断),那么无论中断时间的长短,都应认定用工关系具有连续性。即使中断事由在于劳动者一方,也还要考察用人单位的规章制度,看是否具有正当的原因,按有利于劳动者的原则进行判断。①

时代的发展使得用工关系不只有典型的劳动关系与劳务关系两种,在劳动关系具备持续性,与劳务关系不具备持续性之间,具有了中间地带。如本书第三章实证部分所言,农业领域存在大量按日计酬、用工时间超过6个月的农业劳动者,这些劳动者与用工主体之间用工时间在农忙与农闲时节存在差异性,用工过程中也时常存在中断。对于这类劳动者从属性的判断,则应结合其他劳动关系认定要素,如劳动者对该雇主经济的依赖程度,进而决定是否对其适用倾斜性保护,及对其实施的保护程度。

3.劳动关系认定中对劳动者经济从属性的重视。董保华教授曾指出,标准劳动关系兼具人格从属性、经济从属性、组织从属性,但是非标准劳动关系却可能存在人格从属性与经济从属性的分离、劳动关系与持

---

① 谢德成:《制度协同视野下无固定期限合同立法之修改》,《法学评论》2017年第5期。

续性的分离。① 前述农业领域存在大量按日计酬、用工时间超过 6 个月的农业劳动者,即使在人格从属性认定上存在障碍,也可能属于经济依赖性劳动者。这类劳动者,人格从属性与经济依赖性存在一定程度的分离,在当前劳动关系认定标准下,难以纳入劳动法保护范围。然而,这类劳动者具有倾斜性保护的必要性。其一,这类劳动者在劳动过程中需要接受用人单位的管理,从事用人单位安排的工作,通常按照用人单位规定的工作时间②进行劳动。其二,这类劳动者与用人单位之间的用工关系具有长期性;从用人单位获得的工资收入是其总收入的重要组成部分,若失去这份工作,将对其经济上造成较大影响。其三,这类劳动者构成了用人单位的重要组成部分。在农业领域,当下除了少数与农业用人单位签订劳动合同的农业核心管理人员、农业技术人员外,用工时间超 6 个月、按日计酬的农业劳动者构成了农业用人单位的主要劳动力来源和核心组成部分。可见,这类劳动者因经济上的依赖性,进而与用人单位之间具有了从属性。③

为加强对这类劳动者的保护,我国劳动法应在坚持以人格从属性认定为主的原则下,更加重视经济从属性在劳动关系认定中的重要地位,并合理规定经济从属性的判断标准。具体从以下两个方面对经济从属性的认定加以完善:

第一,实现经济从属性考察因素的多元化设置。我国现行劳动关系认定标准中仅有"从事用人单位安排的有报酬的劳动"这一要件与经济从属性有一定联系,但"有报酬的劳动"的规定过于简单与笼统。这从侧面折射出立法对经济从属性的法律供给的不足。其规定的简略与笼

---

① 董保华:《劳动合同法立法的争鸣与思考》,上海人民出版社 2011 年版,第 74 页。
② 不一定实施标准工时,但是上下班时间基本由用工主体决定,类似于特殊工时制度。
③ 班小辉:《非典型劳动者权益保护研究》,法律出版社 2016 年版,第 155—156 页。

统难以有效地对人格从属性弱化但具有经济从属性的非典型劳动者加以保护。纵观他国,很多国家的劳动关系认定,都重视对经济依赖性的考察,重视对具有经济依赖性的劳动者的保护。有些国家的劳动关系认定标准不仅在控制权标准的基础上采用经济现实标准,且设置了丰富的认定要素,更利于季节性农业工人等非典型劳动者的劳动关系的认定。在实践中认定标准的考察因素包括"执行工作所需的技能""工人的资本投资""工人的损益机会""雇主的控制程度""工作是否为雇主业务组成部分"以及"工作的持续性和排他性"。① 这些国家对经济依赖性考察的重视,及对经济依赖性考察因素的多样化设置,为我国立法的完善提供了借鉴。唯有强化经济从属性在劳动关系认定标准中的地位,并对其认定因素应予细化,才更有利于农业雇佣中非典型劳动者的保护。

第二,实现经济从属性认定标准的合理化设置。经济从属性的认定标准,其他国家主要包括两个方面:劳动报酬是否构成劳动者的"主要收入来源"和劳动者"是否亲自履行劳动"。尤其是劳动报酬是否构成劳动者"主要收入来源",被多国的经济从属性认定标准所采用。如在德国,若劳动者从雇主处获得的劳动收入,占劳动者总收入的50%及其以上,则会把雇主支付给劳动者的工资,认定为劳动者的主要收入来源,进而认定劳动者与雇主之间具有经济依赖性。而加拿大、西班牙对劳动者主要收入来源的认定比例分别为80%、75%。② 在我国,为实现农业领域按日计酬、用工时间超过6个月的临时性农业劳动者的保护,可借鉴上述国家的立法规定,通过对劳动者"主要收入来源"和"是否亲自履行劳动"的考察,对劳动者的经济从属性进行判断。在对劳动者的"主要

---

① United States v. Silk 一案中第一次提出经济现实标准的考量因素, See United States v. Silk, 331 U.S. 704, 712 (1947);后将其纳入法典规定之中, See Proposed Treasury Regulation § 402.204, 12 Fed. Reg. 7,966 (1947)。

② 班小辉:《"零工经济"下任务化用工的劳动法规制》,《法学评论》2019年第3期。

收入来源"进行界定的基础上,可以通过农业劳动者在同一农业用人单位的工资收入占其经济收入的比例,以及每年为该农业用人单位提供劳动的时间总长度等,考察该劳动者与农业用人单位之间的经济从属性。

(三) 在农业领域劳动利益关系认定中确立事实优先于合意的原则

农业行业具有经熟人募工的农业习惯。因农村地区信息不畅,传统农业主要通过雇主的熟人介绍劳动者的方式,进行雇佣生产。在当前农业产业化背景下,通过当地村委、农民,或者本企业中的当地员工等招聘劳动者,并由这些"中间人"代表用工主体对劳动者进行管理,成为了农业用工的重要形式。然而,在这一形式中,农业主体往往推诿劳动者为这些"中间人"个人雇佣的人员,进而引发了农业劳动者劳动关系认定障碍。此时,劳动者与用工主体之间可能构成隐蔽雇佣关系。①

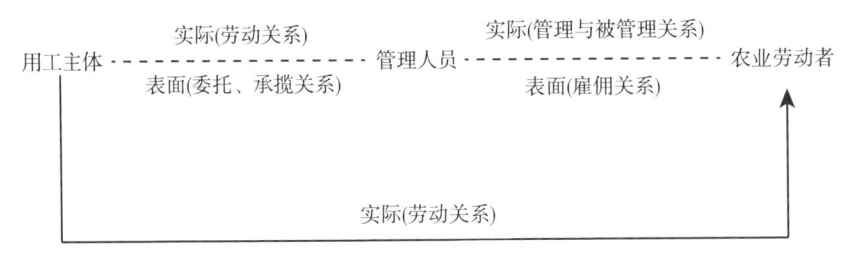

```
                实际(劳动关系)           实际(管理与被管理关系)
用工主体 - - - - - - - - - - - - - 管理人员 - - - - - - - - - - - - - 农业劳动者
                表面(委托、承揽关系)         表面(雇佣关系)
                              ↑
                        实际(劳动关系)
```

图 6-1 管理人员招聘的劳动者与用工主体之间的隐蔽雇佣关系示意图

对隐蔽雇佣关系,学界曾对"建筑工程等领域发包人与自然人承包人的劳动者之间是否构成劳动关系"进行探讨。尽管《劳动合同法》制定过程,《劳动合同法》草案第63条将发包方认定为"用人单位",但是

---

① 董保华:《"隐蔽雇佣关系"研究》,《法商研究》2011年第5期;陈义媛:《资本下乡:农业中的隐蔽雇佣关系与资本积累》,《开放时代》2016年第5期。

第六章　农业劳动者分类保护机制中利益调整的规则构建

《劳动合同法》出台时,其第 94 条中并没有采取草案第 63 条的意见,而是将发包方的责任定位于,就劳动者的伤害赔偿与个人承包经营者承担连带责任。依据现行我国立法规定,发包方与自然人承包方雇佣的劳动者,并不构成劳动关系①,发包方主要承担的是损害赔偿②的用工主体责任③或工伤责任④。对于这一问题,部分学者认为 2005 年《关于确立劳动关系有关事项的通知》第 4 条的规定,对用人单位的用工构成"宽进",进一步扩大了事实劳动关系的认定范围。⑤ 这一观点成为影响《劳动合同法》及日后立法所持立场的重要观点。然而,将承包人雇佣的劳动者与用工主体之间的用工关系不认定为劳动关系,尽管保障了用人单位的利益,但是却激励了劳务外包的发展,从而放任与纵容了隐蔽雇佣关系的滋生。这不利于保障隐蔽雇佣关系下的劳动者权益。循此,为解决这一问题,立法可做以下几个方面的改进。

1. 在劳动关系认定中,确立事实优先于合意的原则。"事实优先原则"指在劳动关系认定中,将劳动者是否存在提供劳动并领取劳动收入的客观事实作为劳动关系存在的认定标准,而非以劳动者与用工主体之间签订的合同名称、形式或其他相反安排作为认定依据。⑥ 对于隐蔽雇佣关系,最佳的解决路径是在完善劳动关系认定标准前提下,强调事实

---

① 参见最高人民法院《关于印发〈全国民事审判工作会议纪要〉的通知》第 59 条、2014 年《最高人民法院关于对最高人民法院〈全国民事审判工作会议纪要〉第 59 条作出进一步释明的答复》、2015 年《全国民事审判工作会议纪要》第 62 条。
② 参见《劳动合同法》第 94 条。
③ 《关于确立劳动关系有关事项的通知》第 4 条将发包方与自然人承包方雇佣的劳动者的关系表述为"发包方承担用工主体责任"。
④ 参见 2014 年《关于审理工伤保险行政案件若干问题的规定》第 3 条第四款。
⑤ 董保华:《锦上添花抑或雪中送炭———析〈中华人民共和国劳动合同法(草案)〉的基本定位》,《法商研究》2006 年第 3 期。
⑥ 陈靖远:《事实优先原则的理论展开与司法适用——劳动法理论中的一个经典问题》,《法学家》2021 年第 2 期。

优先的原则,将隐蔽雇佣关系下的劳动者纳入事实劳动关系的保护之中。如此一来,则可以通过事实劳动关系认定的方式,追究实际用工主体的法律责任。然而,当前在劳动关系认定中,在事实与合意不一致的情况下,事实与合意何者优先的问题,理论界与实务界都存在分歧。从理论界看,部分学者主张在劳动关系认定中事实优先于合意①,也有部分学者认为,劳动合同也属于合同,应尊重当事人在订立合同时对就业形式的约定。② 在实践中,司法机关对此问题也存在分歧。尽管2005年劳动和社会保障部《关于确立劳动关系有关事项的通知》第1条确定了事实劳动关系认定标准,但是2005年《通知》并不是法律,司法判决只是可以参照适用,而不是必须适用。这使得部分司法机关在事实优先抑或合意优先的问题上,采取事实优先的观点③;而有的司法机关却持有不同意见,优先考量是否具有合意④;还有的司法机关则要求劳动关系的成立,必须同时具备二者,才能认定为劳动关系⑤。

劳动合同关系在通常情况下是基于当事人的合意而产生。正如用人单位有权依据其意愿自由雇佣劳动者,并与之约定法律允许的合同内容,而劳动者也享有择业自由权。合意在劳动关系中具有重要作用,但是,很多时候基于合意而签订的协议,并非其真实意愿的反映。合意流

---

① 班小辉:《"零工经济"下任务化用工的劳动法规制》,《法学评论》2019年第3期。类似观点还有如陈靖远:《事实优先原则的理论展开与司法适用——劳动法理论中的一个经典问题》,《法学家》2021年第2期。
② 李干、董保华:《劳动关系治理的变革之道———基于"增量"与"存量"的二重视角》,《探索与争鸣》2019年第1期。此外,也有学者认为不应通过事实优先原则确定用工关系当事人,而应考察个案中当事人的真实意愿。参见沈建峰:《去组织体化用工及其当事人确定与责任承担》,《政治与法律》2022年第8期。
③ 参见(2021)黔05民再11号案件判决书。
④ 参见(2020)云26民终138号案件判决书。
⑤ 参见(2017)辽06民终1164号案件二审判决书,及(2019)浙1122民初4491号案件判决书等。

第六章 农业劳动者分类保护机制中利益调整的规则构建

于了形式,与实质并不相符。作为合同的当事人一方的农业劳动者,本身文化水平低下,在与农业用工主体缔结合同时,二者的缔约地位并不平等,谈判能力也存在差距。在缔约过程中,用工主体可能利用自身的优势地位,决定签订的合同类型,使得形式上的协议与实质关系内容并不相符。故而,在如此不平等的情况下签订的书面劳动合同,很难说是双方真实意思的反映,也很难客观地对用工关系的状况予以真实反映。

针对合意可能存在的虚假性,及书面协议证明力的有限性,在实际劳动的履行情况与约定不符时,国际劳工组织和众多国家都确立事实优先于约定的原则。如国际劳工组织"第198号建议书"就明确对事实优先于合意的原则进行了规定,指出劳动关系的认定应对劳动者实际履行劳动的情况进行判断,而非仅仅局限于当事人签订的合同的名称。[1] 再如德国联邦法院认为对合同性质的判断应依据实际合同履行的内容,劳动法的强制性规定不因当事人采用其他合同名称而被改变,劳动的实际履行情况优先于约定。[2] 藉此,我国在解决事实与合意相冲突的问题时,也应借鉴国际劳工组织和其他国际组织的立法经验,确立事实优先于合同的原则。并且为实现事实优先原则对隐蔽雇佣关系下劳动者的保护,我国立法还应规定劳动关系认定中的特殊举证规则(如本书后文所述)。

2.在易发生劳务外包的劳务密集型行业,如"建筑施工、矿山企业等"行业以及农业领域,明确承包人雇佣的劳动者与发包主体之间构成劳动关系,以加强对外包关系的管制与规范[3],加强对外包关系中劳动

---

[1] 陈靖远:《事实优先原则的理论展开与司法适用——劳动法理论中的一个经典问题》,《法学家》2021年第2期。
[2] 沈建峰:《论劳动关系的实践界定——以中德司法机关的判决为考察重点》,《法律适用》2012年第12期。
[3] 督促发包人发包给合法、有资质的承包人。

者的保护。隐蔽雇佣关系在中国农业领域有其孕育并发展壮大的肥沃土壤。从法律上看,我国用人单位不包括自然人,意即自然人雇佣的劳动者不能纳入劳动法进行保护。① 而在中国传统农业雇佣领域,具有委托熟人雇工的农业习惯,劳动者可能由此被认定为"中间人"个人的雇工,而非用工主体的劳动者。如(2020)内 04 民终 19 号、(2017)渝 05 民终 6525 号、(2019)内民申 3279 号、(2020)甘 0723 民初 2124 号等案件皆是因为农业用工的上述特点,导致劳动者无法获得劳动法的保护。

(四) 重构农业领域劳动者程序利益的保护规则

劳动者一体保护机制下,劳动法对劳动者就业质量利益的保护,侧重从实体利益的角度进行保护。但是立法赋予劳动者的这些实体利益在司法实践中,因程序规定的不足,难以实现。因此,为实现农业劳动者的保护,应从重视农业劳动者的实体利益保护,转向实体利益与程序利益保护的并重。立法应对农业领域劳动关系认定的举证规则予以特殊的规定,不再局限于"谁主张、谁举证"的一般举证规则。在农业劳动者举证与用工主体之间具有经济从属性的前提下,应推定二者建立劳动关系,进而由用工主体对不具有人格从属性进行举证,否则由其承担举证不能的责任。②

---

① 理论界也有观点认为现阶段我国应谨慎将自然人纳入到用人单位的覆盖范围,因为我国职业雇佣程度较低,且劳动法处于成长阶段,理论与实践并不成熟。参见郑尚元:《劳动合同法的制度与理念》,中国政法大学出版社 2008 年版,第 66 页。类似观点还有如谢增毅:《劳动关系的内涵及雇员和雇主身份之认定》,北京市劳动和社会保障法学会:《用人单位劳动争议前沿问题与实践》,法律出版社 2010 年版,第 35 页。
② 陈靖远:《事实优先原则的理论展开与司法适用——劳动法理论中的一个经典问题》,《法学家》2021 年第 2 期。

第六章　农业劳动者分类保护机制中利益调整的规则构建

二、劳资利益平衡的实现规则

农业劳动者保护机制的构建中,面临着劳动者保护的内外部利益冲突。一方面,基于经济发展水平与用人单位经济收益的有限性,过分强调就业质量保护水平的提高,则只能减少雇佣的劳动者数量;反之亦然。循此,在处理农业领域劳动者就业利益保护内部矛盾时,立法需依据平衡性分析,遵守比例原则,合理协调二者之间的关系。另一方面,劳动法在优先强调劳动者的就业利益保护时,也必须兼顾用人单位的经济利益。用人单位的经济利益,关系着一国经济发展这一公共利益,而且还是承载劳动者就业利益保障的基础。若农业劳动者保护机制构建中,劳动法在利益衡量中有失偏颇,不重视整体利益的实现,仅考虑农业劳动者利益的保护,而导致大量新型农业经营主体消亡,那么,最终也将导致农业劳动者整体利益和长远利益受损。因此,基于利益衡量的平衡分析,应在农业劳动者专门性保护中遵循整体利益最大化原则、合理差异性原则,以农业经济的发展和农业劳资利益关系的和谐作为改革的重要目标,对农业劳动者构建合理的差异性保护规定,以实现劳资利益关系的平衡。

当前,在农业经济水平低下的情况下,劳动者群体的就业利益的实现与用人单位经济利益的提高密切相关。因此,劳动立法在农业劳动者专门性规定中,应合理平衡劳资利益关系。而农业劳资利益平衡的具体实现方式,则主要包括两个方面:第一,构建农业劳动者劳动基准特殊性规定;第二,在农业领域适用部分劳动合同例外规定,以增强法律的灵活性。

（一）利益平衡视角下农业领域劳动基准的特殊性规定

劳动关系中劳资利益存在着冲突与离散。对于冲突的解决,有劳资斗争模式、多元放任、协约自治模式和统合模式四种解决冲突的方式。我国当前采用的国家统合模式即是由国家通过立法或政策对劳动关系予以干预,决定雇主与劳动者及其组织在劳动关系中的角色,并对雇主的行为予以限制。国家统合模式下,国家以劳动基准法为重点,实施对劳动关系直接干预与管制。[①] 劳动基准具有强制性,是国家为避免劳资自主协商进而导致劳资利益的不平衡,而规定的劳动条件。是国家为实现公共福祉,而在劳动领域强制执行的规则。劳动基准若制定得太高,将对经济发展不利,丧失地方对资本的吸引力;若制定得太低,又不利于劳动者就业利益的保护。[②] 故而,劳动基准的水平,应在平衡劳动者就业利益和经济发展利益后,合理作出。以实现农业领域劳动者劳动基准保护的准确性、针对性、本土性。

1. 关于工资利益保护的劳动基准特殊规定

(1)农业领域行业最低工资制度的适用。在农业领域,国际劳工组织早在1951年就通过了《农业中确定最低工资办法的公约》,多国立法也明确给予农业劳动者最低工资的保护。对于我国而言,劳动法应扩展在农业领域的适用范围,对更多具有从属性的农业劳动者给予最低工资的保护。但是在保护标准上,应结合我国农业劳动者行业的具体情况,实施不同于非农行业的最低工资保护标准,进而实现劳动法对农业劳动者保护的"广覆盖、低标准",真正实现"雪中送炭"式的保护。

当前从世界各国的最低工资立法看,除了地区性最低工资、全国性最低工资立法形式,还有行业最低工资立法,如丹麦、芬兰、韩国、澳大利亚、德国等国就是施行行业性最低立法的典型国家。又如美国,在其历

---

① 黄越钦:《劳动法新论》,中国政法大学出版社2003年版,第78—79页。
② 闫冬:《劳动法的时代序章:社会化小生产时代的劳动保护研究》,中国法制出版社2020年版,第195—196页。

第六章　农业劳动者分类保护机制中利益调整的规则构建

史上农业领域也曾经适用过不同于非农领域的最低工资标准。对于美国农业雇员的最低工资,经历了一个不受最低工资保护,到工资低于非农行业最低工资,再到与其他行业最低工资相同①,但将部分农业劳动者排除最低工资适用范围的发展历程。1938年《公平劳动法》并没有将农业劳动者纳入其中,直到1966年之后修正案将农业劳动者等之前没有覆盖的劳动者纳入其中,但是对农业行业实施低于非农行业的最低工资,这种状况一直持续到1978年。② 但即使如此,当前《公平劳动基准法》也将部分农业雇员豁免在最低工资适用的范围之外。再如加拿大Ontario省,其最低工资标准的规定区分得更为详细。该省甚至在农业内部不同领域都实施不同的最低工资标准,使劳动法的适用与生产领域的具体情况紧密结合。③ 最后,日本劳动法也将包括农业劳动者在内的各种劳动者纳入到《劳动基准法》的保护范围。④ 但是日本也允许雇主在某些情况下申请豁免适用最低工资的规定,并且还在确定实施县级最低工资的同时,对行业性最低工资进行了规定。目前已有300个左右的行业建立了行业性最低工资。⑤

---

① 《公平劳动标准法》对于最低工资的规定,经历过多次修改。根据29 U.S.C. § 206(a)(4)(2012)的规定,受雇于农业的雇员,从1977年12月31日以后即开始施行不低于29 U.S.C. § 206(a)(1)(2012)规定的最低工资标准的规定。因此,直到1977年《公平劳动标准法》的修订,才第一次为农业与非农业工人规定了统一的最低工资标准。

② 依据1974年《公平劳动标准法》修正案的规定,农业雇员在1977年12月31日前最低工资都是低于非农雇员。See PL 93-259 (S 2747), PL 93-259, APRIL 8, 1974, 88 Stat 55。

③ Ontario省1981年《就业标准法》规定对从事蘑菇、鲜花、草皮等相关工作的农业雇员,实行每小时$3.50的最低工资标准。而收割水果、蔬菜、烟草的农业雇员最低工资仅为每小时$3.30。See Bruce C. J. &Kerr W. A. "The Determination of Wages and Working Conditions in the Agricultural Sector: Three Alternatives." Canadian Journal of Agricultural Economics, 31.2 (1983):177-196。

④ 田思路:《外国劳动法》,北京大学出版社2019年版,第221页。

⑤ 田青久:《最低工资制度中外比较研究》,东北师范大学2015年博士学位论文,第106页。

上述国家对农业雇员实行行业最低工资,以区别于非农行业的最低工资,体现了最低工资适用中,对不同行业用人单位经济实力的关注。政治法律是一国经济的反映,劳动法的制定应与一国经济发展水平相适应。如上述美国农业劳动者最低工资立法革新的背后,实则是立法对农业经济发展变化的体现。反映出立法基于经济发展和社会变化,重复权衡劳动者劳动权与农业雇主生存发展权矛盾的不同抉择。美国在农业经济实力较弱的时候,也基于农业为规模较小的生产单位,不具备工业的经济实力和专业性,而对农业设置了豁免条款或特殊条款。[①] 在农业生产效率逐步提高的基础上,逐渐实现农业雇员与非农雇员相同的最低工资,并将农业行业中的特殊雇员予以排除。正如美国制定最低工资标准的参考因素,不仅包括劳动者保护的需要,也包括了雇主的支付能力、经济发展的情况。[②] 由此可见,最低工资的适用对行业的经济效益的考察并不可少。而我国最低工资只关注了地区差异,而缺乏对行业性最低工资制度的规定,没有对不同行业的经济效益、不同行业用人单位的经济实力进行关注。进而加重了农业用人单位的负担,使其生存和发展举步维艰。最低工资的实质是国家对国民基于效率进行的第一次分配的宏观调控,但调控必须尊重市场规律。虽然适用最低工资的目的在于减少贫困,然而学者通过对美国最低工资制度研究发现,最低工资对减少贫困的作用是有限的。[③] 故而,不应对最低工资设置过高的水平,即使最低工资规定对市场调控不足的情况下,仍然可以通过税收等手段施以

---

① Pederson Donald B. "Agricultural Labor Law in the 1980's." Alabama Law Review, 38 (1986): 663-699.
② 杨欣:《美国最低工资与生活工资制度比较》,《中国劳动关系学院学报》2011年第5期。
③ 杨欣:《美国最低工资与生活工资制度比较》,《中国劳动关系学院学报》2011年第5期。

进一步的调控。改革的目标是实现公平而不是均等,在公平的制度环境下,仍应坚持按社会发展贡献的大小确定改革成果的分配规则。[①] 因此,鉴于农业收入水平的低下,以及农业劳动者工资普遍低于工业等非农行业劳动者工资的现状,应对农业劳动者与非农劳动者分别制定不同的最低工资保护标准,建立最低工资分行业的、多维的工资保障制度。

(2)部分农业劳动者最低工资保护规定的豁免。劳动法对于农业劳动者的保护,并非是对农业劳动者不加区分,统一进行保护。对于从属性较弱的农业劳动者,以及农业领域某些特殊性的用人单位,应豁免其最低工资的适用。

第一,豁免最低工资对短期临时性农业劳动者的适用。短期临时性农业劳动者[②],如本书实证部分所示,司法实践对其是否纳入劳动法保护存在较大分歧。劳动法的适用以农业劳动者具有从属性为前提,而这类劳动者因劳动的临时性与短期性,而从属性较弱。若将其纳入劳动法最低工资的保护范围,会不当增加用人单位的用工成本,导致劳资利益的失衡。

纵观他国,劳动法对农业劳动者的保护范围有严格限制,短期临时性劳动者通常被排除在劳动法保护范围之外。如在美国,《公平劳动标准法》排除最低工资适用范围的农业雇员包括:从事农业劳动时间较短的临时性农业雇员,即一年中被雇主雇佣从事农业劳动不到13周的按件计酬的非移民手工收割雇员。[③] 再如,澳大利亚的昆士兰州早在20世纪初出台的《工厂和商店法》就为某些等级较低的工人制定了法定最

[①] 苟正金:《我国最低工资立法思考》,《河南师范大学学报(哲学社会科学版)》2010年第1期。

[②] 如未签订劳动合同按日或按件计酬,且用工期限短于6个月的劳动者,就属于这一种类。

[③] See 29 U.S.C. § 213(a)(6)(2012).

低工资。但是澳大利亚早期的工资规定,只对少数农业雇员适用,借此希望确保农业中熟练的、有经验的雇员的供给。①

在劳动法分类保护理念下,劳动法对农业临时性劳动者的保护,重点在于,将具有经济依赖性的农业劳动者纳入最低工资的保护范围。对于经济从属性的判断标准,除了适用经济报酬占总报酬的比例,还可以通过劳动时间的长短来加以权衡。如劳动法可以借鉴其他国家的经验设定一个临界值,每年工作时间在临界值以上的临时性农业劳动者可获得最低工资的保护。

第二,豁免最低工资在小微型农业用人单位中的适用。对于小微型雇主的劳动法豁免规则,一直是学界所热议的话题。而在我国农业领域,基于小农经济的国情,我国存在大量的小微型农业用人单位。对于这类用人单位,劳动法也应在劳动法规则的适用上给予一些特殊规定。从域外立法看,对农业劳动者劳动法适用没有明确规定的国家,针对小微型农业雇主的最低工资标准及其他劳动法规则作出了特殊安排。如美国《公平劳动标准法》将一年中使用的劳动力未超过500个工日的雇主排除在最低工资的规制范围之外。② 又如,加拿大魁北克省,其《劳动标准法》最低工资仅将"大"农场(雇员人数超过三名的农场)雇佣的雇员覆盖。而且要求必须为全职的农业雇员,将临时的农业雇员排除在外。该省还对不同的雇员适用三种不同的最低工资率。③ 再如菲律宾,在1951年颁布的劳动法成为亚洲第一个设定法定最低工资的国家,其

---

① Maitland D.S.T." Minimum Wages and Other Labor Standards in Agriculture Considered in Relation to Economic Growth in Underdeveloped Countries." Journal of Farm Economics, 38.2 (1956):529-539.

② See 29 U.S.C. § 213(a)(6)(2012).

③ Bruce C. J. &Kerr W. A. "The Determination of Wages and Working Conditions in the Agricultural Sector: Three Alternatives." Canadian Journal of Agricultural Economics, 31.2(1983): 177-196.

第六章　农业劳动者分类保护机制中利益调整的规则构建

最低工资率的法案既涵盖了工业雇员也覆盖了农业雇员。但该法规定，雇员人数在5人及以下的零售企业或服务企业，以及12公顷及以下规模的农场可免除向其雇员支付最低工资。[1]

2. 关于休息权益保护的劳动基准特殊规定

农业生产受到天气的影响，具有较强的季节性，且农业作物生产过程具有特殊性，农产品具有易腐烂性，这使得从事农业劳动的劳动者在工时制度上难以适用标准工时制度。对此，我国工时制度应增加灵活性与精细化规定，使劳资双方在标准工时之外，拥有更多的选择。这需要我国劳动法对工时制度予以完善，尤其是需要对特殊工时制度予以改革。[2] 而纵观他国，美国、加拿大等国对农业劳动者的工时豁免制度的精细化的规定，为完善我国特殊工时制度提供了借鉴。

第一，从特殊工时制度的适用范围看，我国《办法》[3]第5条规定适用综合工时制度的农业劳动者的范围较为狭窄，仅包括渔业和制糖领域的劳动者。而国外一些国家适用特殊工时规定的农业雇员的范围，要广泛得多。

如在农业发达的美国，《公平劳动标准法》就基于农业的特殊性，豁免农业很多领域最高工时的适用，而实行特殊的工时制度。如在种植业，基于水果与蔬菜易腐烂的特点，《公平劳动标准法》排除了运输蔬菜水果的雇员的最高工时的适用。[4] 基于棉花采摘和甜菜、甘蔗等糖料作

---

[1] Maitland D.S.T." Minimum Wages and Other Labor Standards in Agriculture Considered in Relation to Economic Growth in Underdeveloped Countries." Journal of Farm Economics, 38.2 (1956):529-539.

[2] 当前劳动分工加剧和用工弹性化的背景下，标准工时制度因难以满足企业的需求而饱受诟病，其重要原因正是在于，我国特殊工时制度规定的落后。参见王天玉:《工作时间基准的体系构造及立法完善》，《法律科学(西北政法大学学报)》2016年第1期。

[3] 即《关于企业实行不定时工作制和综合计算工时工作制的审批办法》(劳部发〔1994〕503号)。

[4] See 29 U.S.C. § 213(b)(16)(2012).

物的用工季节性强的特点,该法排除了这些领域农业部分雇员最高工时的适用。① 又如,基于畜牧业领域牲畜饲养的自然特点和渔业捕捞行业的特点,该法排除了部分畜牧业雇员,以及从事鱼类、贝类等水生动物捕捞、养殖的渔业雇员的最高工时的适用。② 再如,在林业,《公平劳动标准法》排除了"雇佣的人数不超过8人"的用工主体中部分林业雇员最高工时的适用。③ 除了美国,加拿大各省对农业雇员在工时和休假制度方面的规定虽然不尽相同,但是都制定了区别于非农雇员的工时休假规定。加拿大阿尔伯塔等七个省,完全排除了农业雇员适用最高工时的立法规定。安大略等省排除了农业雇员最高工时和加班费保护规定的适用,但是保留了关于部分农业雇员享有休假权的法律规定。魁北克省是加拿大所有省份中,对农业雇员工时制度规定最为严格的一个省份。拥有3个以上雇员的农场的全职雇员(除了收获水果或蔬菜的雇员外),都受到最高工时的限制,并享有加班费的请求权。并且所有的农场雇员都享有劳动法规定的休息权。④

如前所述,农业生产具有特殊性,农业中的许多生物生产过程不同于工业部门,以工业部门为基础制定的工时制度并不适合适用于农业领域。因此,美国、加拿大等国对很多农业雇员的工作时间和加班费作了特殊规定。而以计件工资为基础的工资制度、假期豁免,为快速收获易

---

① 要求这些雇员一年中工作时间合计不超过14周,并且雇主需要支付1.5倍加班费,才可豁免最高工时的适用。See 29 U.S.C. § 213(h), (i), (j)(2012)。
② 这类雇员"不适用最高工时的限制,也不享有加班费请求权"。
③ See 29 U.S.C. § 213(b)(28)(2012).
④ Bruce C. J. &Kerr W. A. "The Determination of Wages and Working Conditions in the Agricultural Sector: Three Alternatives." Canadian Journal of Agricultural Economics, 31.2(1983): 177-196.

第六章　农业劳动者分类保护机制中利益调整的规则构建

腐作物提供了动力。① 相较于这些发达国家,我国劳动法未对农业生产特殊性予以重视,在工时制度规定上缺乏灵活性。我国应扩大特殊工时制度在农业领域的适用范围,不仅渔业和制糖业的农业劳动者需要适用综合工时等特殊工时制度,其他农业劳动者也具有季节性或连续工作的性质,具有适用特殊工时制度的必要性。如在种植业中的蔬菜水果领域、畜牧业领域,我国农业雇工比例都较高,有的甚至形成了产业化经营模式,有必要借鉴其他国家的规定,对于这些领域的部分农业劳动者,实施特殊工时制度。循此,立法应进一步明晰《办法》第5条的兜底条款的内涵,进而扩大和规范特殊工时制度在农业领域的适用,赋予农业领域工时制度的灵活性。与此同时,我国《办法》第2条特殊工时的适用范围也不应限于"企业",而应将专业合作社等新型农业经营主体纳入可以适用特殊工时的范围。

第二,特殊工时制度下农业劳动者休息权益的保护。美国和加拿大等国家对农业雇员采取最高工时和加班费的豁免规定,类似于我国的不定时工作制。② 从本质上看,这样的规定有利于维护雇主的经济利益,却牺牲了农业劳动者的利益。国际劳工组织关于工作时间的《2001年农业安全与健康公约》(第184号)第20条规定:"农业工人的工作时间、夜班和休息时间应依照国家法律和条例或集体协定"。这是国际劳工组织公约第一次将工作时间、休息时间、夜间工作与工作上的健康和

---

① Bruce C. J. &Kerr W. A. "The Determination of Wages and Working Conditions in the Agricultural Sector: Three Alternatives." Canadian Journal of Agricultural Economics, 31.2(1983): 177-196.
② 美国《公平劳动标准法》排除最高工时的适用后,这些农业劳动者的工作时间是否需要接受政府监管,立法未做规定。仅能依靠农业工会与雇主之间博弈以维护农业劳动者的休息权。而且一旦被立法排除最高工时的适用,也就排除加班费的请求权。因此,这一规定,不利于具有弱势地位的农业劳动者就业利益的保护。

安全联系起来①,反映出农业劳动者的劳动时间即使不实行标准工时,仍需通过立法规制或集体协商,保证农业工人的健康权益。

而在我国,农业劳动者基于季节性特点主要适用综合工时制。综合工时的适用,虽不是标准工时,但是仍然受到最高工时的限制。综合工时以周、月、年为结算周期,周期内劳动者的劳动时间应与标准工时相当,超时需支付加班费。循此,综合工时中,农业用人单位尽管可以突破标准工时的限制,但劳动者的最高工时仍然是受法律的规制。从劳动者的差异性上看,不定时工时制度更适合适用于高管、白领等中上层劳动者,若适用于中下层劳动者,则可能显失公平。而综合工时制度,既兼顾了农业的季节性,又兼顾了劳动者利益的保护,是比较适合农业领域的工时制度。

虽然我国立法对农业劳动者适用综合工时制度予以调整具有合理性,但是我国综合工时制度还有待完善。除了明确列举的适用综合工时的农业用人单位范围过于狭窄外,该制度也缺乏系统、科学和精细化的规定。对综合工时制度进一步的完善改造中,可以通过引入德国的"核心工作时间"制度,增加农业领域综合工时适用的灵活性与合理性。除农业劳动的固定核心时间外,工作起止时间以及工作时间的长度可以调整。而且在较长的时间内,农业劳动者的工时总量应与采取标准工时的劳动者相当。② 而这一制度的规定可以通过企业规章制度、工会民主协商签订集体合同等形式予以确定。③

---

① Hurst P., TermineP. & Karl M. "Agricultural workers and their contribution to sustainable agriculture and rural development." Organization of the United Nations/International Labour Organization/International Union of Food, Agricultural, Hotel, Restaurant, Catering, Tobacco, and Allied Workers Associations, 1(2011):50.
② 林佳和:《劳动与法》,元照出版公司2014年版,第148页。
③ 李娟:《农业劳动者职业转型中工匠精神的法律塑造》,《西北农林科技大学学报(社会科学版)》2019年第2期。

（二）利益平衡视角下农业领域劳动合同规则的例外性规定

从我国劳动法立法经验来看，我国历来重视发挥法律的保障功能，强调对劳动者就业利益的保护，而对劳资利益的平衡缺乏重视。这种一贯的立法思路，在《劳动合同法》对劳动关系严格管制的立法条文中得到了延续。该法在《劳动法》基础上，进一步提高了保护标准，对劳动者采取"父爱式"保护方式。其绝大部分条文，都属于强制性法律规范，而非自治性法律规范。[①] 当前，《劳动合同法》过分强调其劳动权保护功能，在劳动合同规则的适用上，较少对用人单位加以区分。尤其是在农业领域，碍于中国农业产业化水平不高，农业用工主体多为家庭农场、专业合作社等小微型用工主体的客观现状，对农业劳动者施以劳动合同一体化规定，并不周延。因此，为实现农业领域的劳资利益平衡，立法应对农业领域适用的劳动合同规则，作出例外规定，以增强立法的灵活性。

1. 农业领域无固定期限合同适用规则的重塑：基于合理差别原则的分析

利益衡量的平衡性分析中，为实现实质公平，而对不同的利益主体进行差异性立法，并不违反平等对待原则。农业领域的劳动者，因自身特殊性，形成与其他行业不同的劳动者社群。为实现农业劳动者社群利益的合理保障，也应基于合理差异性原则，对其劳动合同规则（尤其是无固定期限合同规则）作出针对性、特殊性的法律规定。

劳动法倡导稳定就业，立法着重对不定期合同予以规范。当前一体保护机制下，我国劳动立法对无固定期限合同的适用有着严格的规定，

[①] 董保华：《不要立"贵族劳动者的保护法"》，《第一财经日报》2006年3月31日。

并且适用于所有劳动者。然而,这一僵化的规定,适用于农业领域,存在不足。农业领域的实际情况是,大部分农业用工主体规模小,生存困难,存续时间不长,未等到签无固定合同期限时,用工主体已经倒闭。而作为小微型用工主体的农业经营主体,需要更灵活的用工制度,因为其雇员辞职率较高。另一方面,作为劳动者的群体,尤其是大量临时性、季节性农业劳动者,其就业本身就具有不稳定性,难以符合无固定期限合同规定的情形。劳动法对无固定期限合同的严格规范,并不能有效规制农业领域小微企业用工关系。其原因在于,一方面,因为不仅农业劳动者难以符合无固定期限合同的签订情形,进而使无固定期限合同的完美规定束之高阁;另一方面,无固定期限合同过于严苛的规定,将限制小微型农业经营主体的发展。[①] 无固定期限合同的一体化适用,对用人单位用工自由构成制约,对劳动力的流动率也构成了限制,减损资方利益的同时,也间接损害了劳动者群体的就业数量利益。正如部分学者就指出《劳动合同法》合同期限规则的最主要问题在于,无固定期限规则的大力推行。[②] 冯彦君教授也提出,立法在无固定期限劳动合同的适用规则上,对不同的用人单位应进行区分治理,而区分的依据主要包括用人单位的行业与规模。第一,无固定期限合同应更多地适用于稳定性较强的行业。而稳定性较差的行业,应适当放松管制,赋予劳资双方更多的自主空间。第二,无固定期限应更多适用于规模较大的用人单位,而对小微型用人单位,应放松管制,适当给予用人单位更大的用工自主权。[③] 因此,为增强劳动力市场的自由程度,在分类调整理念下农业劳动者专门性保护规定的制定中,应对农业领域适用的无固定期限合同规则予以

[①] 谢增毅:《劳动法与小企业的优惠待遇》,《法学研究》2010 年第 2 期。
[②] 钱叶芳:《〈劳动合同法〉修改之争及修法建议》,《法学》2016 第 5 期。
[③] 冯彦君:《劳动合同期限分治的立法意义及其功能性回归》,《法学评论》2017 年第 5 期。

第六章 农业劳动者分类保护机制中利益调整的规则构建

改进。

第一,《劳动合同法》第 14 条中,需签订无固定期限合同的工作满 10 年或已签订 2 次定期合同的劳动者,应将其限定为继续性劳动者。

我国《劳动合同法》第 14 条列举了必须签订无固定期限合同的情形。然而,值得反思的是,以下两种情形的劳动者,是否也必须签订无固定期限合同:第一,工作满 10 年,但属于季节性、临时性、短期性的劳动者,或是签订以完成一定任务为期限的劳动者;第二,已签 2 次定期合同的季节性、短期性劳动者。对前述两种情况,不应当认定劳动者符合签订无固定期限合同的情形。因为不定期合同的适用应限于继续性劳动,而不包括季节性劳动、短期性劳动。故而,立法不仅应对无固定期限合同的适用情形进行规定,还应进一步对适用无固定期限合同的劳动性质予以规定,将其限定于继续性劳动。[①] 由此一来,不仅完善了立法规则,而且也减少了无固定期限合同,对普遍存在季节性、短期性用工的农业行业用工自由的束缚,合理降低了农业用人单位的用工成本。

第二,在符合无固定期限合同签订情形时,将立法中所采用的"强制缔约论"转化为"法定变更论"[②],并同时废止现行立法关于不签订无固定期限合同,支付"二倍工资"的罚则。意即,在农业用工关系主体出现《劳动合同法》第 14 条规定的应当签订无固定期限合同的情形时,法律应直接规定合同类型由原来的固定期限合同,变更为无固定期限合同。同时,鉴于立法已采用"法定变更论",推定定期向不定期之转换,因而,也应同步废止未签无固定期限合同的用人单位支付二倍工资的处罚

[①] 谢德成:《制度协同视野下无固定期限合同立法之修改》,《法学评论》2017 年第 5 期。

[②] 王显勇:《无固定期限劳动合同法律制度的完善路径》,《法学》2018 年第 12 期。

规定。①

第三,在农业领域重构无固定合同期限的适用规定。改变现行立法对应当签订无固定期限的条件限制,从限定"签订合同次数"转变为限定"劳动时间总长度",以增加立法的合理性。当前《劳动合同法》从劳动合同签订次数上界定无固定期限合同签订的法定情形,这一立法规定,不仅刺激了劳资双方增加签订的劳动合同长度,而且也导致用人单位与劳动者之间签订无固定期限合同的比例大大增加,双重作用下用人单位的用工自由被严重束缚。②为平衡用工灵活性与劳动者就业稳定性之间的矛盾,应改变立法规定,将限制签订固定期限劳动合同的次数,改为限定固定期限合同的期限总长度。这一举措更具合理性。有效缓解了合同签订次数立法限制下,头两次劳动合同期限的人为增加,给用人单位用工自由带来的束缚。从域外立法看,《法国劳动法典》就采用了这一规则。该法规定,劳资双方签订的固定期限合同总长度超过 8 个月的,二者应当订立无固定期限合同。③

2. 农业领域固定期限合同解除中经济补偿金支付的豁免:基于比例原则的分析

比例原则是法律为实现正义的目标,而将立法目的与立法手段相结合,进而确定利益调控的合理方案。比例原则要求立法在保护一方主体利益,而限制另一方主体利益时,限制的程度应符合比例,不能对另一方的利益构成较大的损害。在《劳动合同法》的解雇保护经济补偿金支付规则中,尤其应重视对比例原则的遵守。因为解雇保护本身,就是基于

---

① 参见《劳动合同法》第 82 条。
② 王甫希等:《〈劳动合同法〉对企业用工灵活性的影响——基于无固定期限劳动合同条款的研究》,《中国人民大学学报》2018 年第 1 期。
③ 王显勇:《无固定期限劳动合同法律制度的完善路径》,《法学》2018 年第 12 期。

第六章 农业劳动者分类保护机制中利益调整的规则构建

对劳动者利益的保护,而对用人单位的利益进行限制。当前一体保护机制对大部分情形下的劳动合同解除,都要求用人单位支付经济补偿金。而现有规定没有对不同类型的劳动合同解除予以区分,实则就是违反了立法手段与立法目的相适应的比例原则的相称性要求。如无固定期限合同与固定期限合同,二者的用工时间长短存在差异,合同性质也有着不同的定位与适用范围。固定期限劳动合同很多规则适用民法的规定,即使纳入劳动法之中,也应对其适用不同的法律规则。尤其在经济效益较差的农业领域,更应对两种合同的解除规则予以区分,在完善失业保险金的基础上,应豁免农业领域解除固定期限合同经济补偿金的支付,并降低经济补偿金和赔偿金支付的标准,以实现劳资利益平衡的需求。

综上,农业劳动者的专门性立法规定,可重点从劳动者就业利益保护规则,以及劳资利益平衡规则两个方面,加以构建。然而,进一步需要考量的是,实现农业劳动者的专门性规定的立法技术。

在分类调整的理念下,劳动法可以采用以下的立法技术,实现对农业劳动者专门规定:第一,在将来可能编纂的《劳动法典》[①]和现有的劳动基础法律(如《劳动法》《劳动合同法》等)中,对涉及农业劳动者适用的劳动基准、劳动合同规则作出原则上的"适用例外"规定,确定劳动法分类保护的理念。第二,在劳动基础法律作出原则上的例外规定的基础上,通过授权立法方式,对涉及农业劳动者劳动法适用的具体事项予以专门规定。

---

① 当前劳动法学界大量学者主张编纂《劳动法典》,以实现劳动立法的体系化与典章化。在《劳动法典》的制定中,立法也应对特殊性劳动者的保护问题予以回应。《劳动法典》可针对特殊性劳动者作出原则性的例外规定。参见涂永前:《论我国劳动法治的现代化与劳动法典的编纂》,《法学论坛》2023年第2期。王全兴:《我国〈劳动法典〉编纂若干基本问题的初步思考》,《北方法学》2022年第6期。王天玉:《劳动行为:劳动法典的逻辑起点》,《北方法学》2022年第6期。冯彦君:《劳动法法典化的三重困境》,《北方法学》2022年第6期。

对具有特殊性的农业劳动者的认定以及特殊的保护措施,也不适宜完全建构于《劳动法典》或《劳动法》《劳动合同法》等劳动基础法律之中。我国现行劳动基本法具有一体化保护特点,要实现一部具有单一性的劳动基本法向另一部具有差别性的基本法的转变,且要求内在逻辑严密、体系合理,需要较强的立法技术。故而,我国对农业劳动者的特殊保护规定,宜在劳动基础法中,先行确定"分类调整"理念和特殊劳动者的原则性例外适用规定,其后再重新分配立法权,通过"授权立法"的方式,制定与细化农业劳动者的特殊规则。

具体而言,可以采用以下方式:第一,在劳动基础性法律确立"分类调整"理念与做出例外性规定的基础上,授权国务院,通过行政法规的形式,对农业劳动者等应当实施特殊性保护的劳动者予以明确,并对其应该适用特殊性规定的范围予以确定。[①] 其中,应重点对农业劳动者的概念进行界定。以便在规则适用中,准确区分农业与非农业劳动者。如美国《公平劳动标准法》对农业劳动者劳动法的适用,作出较多例外规定的同时,也对农业劳动者这一概念就进行了明确的界定。将农业劳动者定义为"初级意义上的农业"[②]或"次级意义上的农业"[③]的农业劳动者。第二,国务院的劳动部门,在行政法规的基础上,进一步出台部门规章,对农业劳动者在劳动基准、劳动合同等方面适用哪些具体的特殊规则,予以细化规定,为实践中农业劳动者劳动法的适用提供指引。[④] 从域外

---

① 如在劳动关系认定、劳动基准、劳动合同等方面给予特殊规定。参见王天玉:《劳动法分类调整模式的宪法依据》,《当代法学》2018年第2期。
② 初级意义上的农业,是指"各种农事活动",包括"耕作土地"、奶乳制造业、任何"农产品"或园艺商品的生产、栽培、种植和"收获",以及饲养家畜、蜜蜂、毛皮动物或家禽。See 29 U.S.C. § 203(f)(2012).
③ 次级意义上的农业,主要指农民所实施的或农场经营活动中发生的行为。根据这一规定,受雇于一个农民或农场,且执行农业生产活动的雇员,才是次级意义上的农业雇员。See 29 U.S.C. § 203(f)(2012)。
④ 王天玉:《劳动法规制灵活化的法律技术》,《法学》2017年第10期。

立法看,美国在《公平劳动标准法》等劳动基准法之外,专门制定了《移民和季节性农业工人保护法》,以实现该国季节性农业雇员和农业移民劳动权益的保护。① 第三,司法机关在事实劳动关系认定中,针对农业行业的特点,在总结司法审判经验的基础上,就农业领域劳动关系的认定标准,出台专门性指导意见。申言之,通过劳动基础法"例外规定"和"授权立法"的方式,实现劳动法在规制农业用工关系中的针对性与灵活性。

第二节 特殊农业劳动者例外保护的利益调整规则

利益衡量理论,要求对所有利益主体平等对待,但是并不排除合理的差别化调整规定。这是对罗尔斯提出的"第二正义原则"的实践与体现。在农业领域内部,部分用工关系的双方主体具有特殊性。从农业劳动者看,存在大量的高龄劳动者,需要劳动法将其纳入保护范围的同时,对其适用与一般劳动者不同的例外性保护规定。而从农业用人单位看,存在大量小微型农业公司,以及存在家庭农场与专业合作社等性质具有特殊性的用人单位,需要劳动法在劳动者保护中,合理兼顾其经济利益,对其制定例外性用工规则。

---

① 该法明确雇主具有对临时性、季节性农业工人资料进行登记和保存的义务,以备劳动部门或其他用人单位的查询。这将有助于对农业雇主雇佣行为的监督,进而促进农业工人的工作条件的改善。此外,该法还对农业雇主在保障农业工人住宿与交通工具安全方面负有的责任进行了规定。实现了基础立法之上,对迁徙型与季节型农业工人予以特殊保护的目的。

一、已领社保金的农业劳动者的例外规定

农业高龄劳动者,在从属性上,与一般劳动者无异,在劳动中具有弱势地位。但是碍于其年龄原因或领取社保的原因,而被现行劳动法排除在劳动者保护范围之外。这对于具有从属性的高龄劳动者而言,有失公允。为此,劳动法应正本清源,从其从属性这一劳动者本质特点出发,对其劳动者身份的有无加以判断,进而让农业高龄劳动者回归劳动法保护的范围。

与此同时,也应注意到,回归劳动法保护的高龄劳动者,与一般性劳动者之间具有差异性,并基于利益衡量的比例原则和合理差别原则的要求,将这种差异性转化为二者在保护方式和保护标准上的差别。① 进而对农业高龄劳动者适用例外保护规定,以实现其就业利益的针对性保护,实现用人单位经济利益的合理兼顾。

在已领取社保的高龄农业劳动者就业利益保护中,《劳动法》应重点保护其底线利益,而将其他利益留给劳资双方自由协商。除了休息权益和职业安全利益等基本权益外,针对现实中高龄农业劳动者利益保护不足的状况,《劳动法》应重点对以下几个亟需保护的利益予以保障:

第一,重视其就业平等权的实现。

高龄劳动者因年龄而在就业中遭受歧视,不仅危害就业环境、阻碍就业公平,也妨碍高龄劳动者人力资本价值的发挥。我国在《宪法》中确立了平等原则,明确确认了劳动者享有的就业权,进而为禁止年龄歧视、实现劳动者平等就业权,提供了宪法上的根本法律依据。然而,为实现高龄劳动者的年龄歧视的禁止,我国应进一步细化立法,如制定反就

---

① 李娜:《退休再就业法律问题研究》,吉林大学 2013 年博士学位论文,第 107 页。

业歧视法、高龄劳动者就业促进法,完善《劳动法》《就业促进法》等法律中关于禁止年龄歧视的条款等。①

第二,重视其工资利益的保护。

劳动者工资利益的获得,是维持自身与家庭生存与生活的物质基础,是劳动者劳动的根本目的与重要目标。工资与劳动力的等价有偿交换,是市场经济下劳动力市场所遵循的价值法则。禁止就业歧视,尤其是年龄歧视,提高弱势劳动者的工资议价能力,实现高龄劳动者在就业中的同工同酬,成为劳动法加强高龄劳动者就业利益保护的重要目标。现行《劳动法》第46条和《劳动合同法》第11条、第18条,虽对劳动者同工同酬的劳动法保护目标进行了规定,但是在高龄劳动者就业领域却难以顺利实现。对此,立法有必要进一步出台针对性保护意见,明确用人单位应在综合评估高龄劳动者身体、资历、劳动强度的基础上,保护高龄劳动者同等条件下的同工同酬权益。

第三,维护其参加工伤保险的权利。

用人单位在劳动中,较少为高龄劳动者购买工伤保险。这源于现行劳动法对高龄劳动者身份的排除。然而,如前所述,劳动者身份与社保关系的主体资格之间并不具有同一性。在劳动者一体保护机制中,将二者混为一体,是对劳动灵活化发展趋势的忽视。唯有基于分类调整的理念,在农业劳动者分类保护机制中,将二者分离,才能实现农业领域广泛的高龄劳动者利益的合理保护。如德国和日本的工伤保险参保人员的范围,没有局限于受劳动法保护的劳动者一隅,而是将广泛的劳动者囊括其中。②

然而,在将高龄劳动者纳入工伤保险保护范围的同时,也应重视高

---

① 李涛:《高龄劳动者就业中年龄歧视的法律规制》,《江海学刊》2019年第1期。
② 李娜:《退休再就业法律问题研究》,吉林大学2013年博士学位论文,第108页。

龄劳动者因年龄与身体状况,与一般劳动者存在的差异性。进而在其工伤保险的适用上,采用以下的例外规则:一是,用人单位应为高龄劳动者缴付高于一般性劳动者的行业工伤费率。依据现行《工伤保险条例》的规定,各行业依据风险程度的不同,适用不同的工伤费率。① 当前,各行业工伤差别费率的制定与统计中,因用人单位较少为高龄劳动者购买工伤保险,其统计对象主要针对已获取劳动法保护的劳动者,而并不包括高龄劳动者。然而,高龄劳动者因年龄与身体的因素而发生工伤的几率,远远高于一般劳动者。故而,对于高龄劳动者适用本行业的普通工伤费率,并不合适,会导致用人单位缴纳的工伤保险费偏低。从长远看,劳动法应先为高龄劳动者的劳动者身份正名,以促使其被纳入到行业差别费率的制定统计对象之中,进而实现各行业工伤费率的合理化。二是,基于高龄劳动者工伤概率的统计,尽量减少高龄劳动者进入部分劳动强度大、身体敏捷度高的行业,以保护高龄劳动者的身心健康与节省社保赔付支出。②

第四,赋予其一定的解雇保护权利。

在日本,雇主在解雇高龄劳动者时,被要求为劳动者制定"书面再就业援助计划"。对此,雇主在解雇高龄劳动者之前,需留给劳动者一定的寻找新工作的时间;并为其再次就业提供培训。③ 循此,我国劳动法可借鉴日本在保护高龄劳动者上的部分经验,要求雇佣高龄劳动者达到一定数量的用人单位,在解雇高龄劳动者时,需为其制定书面的再次就业援助方案。为劳动者留出再次求职的时间,并为其提供可以证明资历水平的文件。

---

① 参见《工伤保险条例》第 8 条。
② 李娜:《退休再就业法律问题研究》,吉林大学 2013 年博士学位论文,第 108 页。
③ 刘勇:《高龄劳动者就业促进中的法律问题》,《法学》2012 年第 10 期。

第六章　农业劳动者分类保护机制中利益调整的规则构建

在劳动立法对农业领域高龄劳动者的保护作出变革之前,司法机关可基于利益衡量的分析,区分高龄劳动者利益诉求类型,在判决中作出不同的利益衡量。一方面,司法机关应对高龄劳动者提出的就业平等权、同工同酬、休息权益、职业安全、工伤保险等底线利益的保护诉求,予以重点保护,作出有利于劳动者利益保护的判决;另一方面,对高龄劳动者提出的双倍工资等保护诉请,司法机关则应在裁判的利益衡量中,侧重于用人单位利益的兼顾。

二、小微型农业公司、家庭农场、专业合作社中劳动者的例外规定

在一体保护机制下,所有的用人单位都适用相同的调整标准,导致了用工规模较小、用工性质特殊的用人单位的利益受损。劳动法在规制各类用人单位时,应针对其差异性,区分规制。尤其是针对小微型农业公司,依据其较弱的经济能力,以及较低的管理能力,对其实施一定的劳动法优惠待遇。[①] 这不仅有利于劳资利益关系的平衡,也有利于劳动者群体的就业数量的促进。[②] 此外,不仅规模较小的农业公司需要劳动法制定例外性适用规则,家庭农场、专业合作社因性质的特殊性,也需要劳动法在制定调整规则时,对其特殊性予以考量,合理兼顾这两类新型农业用工主体的经济利益。对于上述具有特殊性的用工主体进行差异化立法,并非要降低其所雇佣的劳动者的保护水平,而是在综合衡量劳资力量对比、考量劳资利益需求以及经济效益实际情况的基础上,针对其特殊性,进行的特殊性处理。具体而言,在小微型农业公司、

[①] 黄越钦:《劳动法新论》,中国政法大学出版社2003年版,第85页。
[②] Linder Marc. "The Small-Business Exemption under the Fair Labor Standards Act: The Original Accumulation of Capital and the Inversion of Industrial Policy." Journal of Law and Policy, 6.2(1998):403-536.

家庭农场、专业合作社与其雇佣的劳动者之间,劳动法应适用以下的例外规定:

(一) 劳动合同形式强制性要求的例外适用规则

《劳动合同法》第 10 条确立了劳动关系订立中,必须签订书面劳动合同的强制性规则。第 82 条进一步规定了不签订书面劳动合同,适用双倍工资的罚则。然而如第三章实证部分的表 3-2 所示,双倍工资的支付问题在农业长期性劳动者劳动争议中占有较高的比例,如家庭农场中 28.57%、专业合作社中 28.85%、农业公司中 45.45% 的此类劳动者主张支付双倍工资。而从农业长期性劳动者未签订劳动合同的情况看,家庭农场中 33.33%、专业合作社中 48.60%、农业公司中 48.81% 的长期性农业劳动者未签订劳动合同(如第三章表 3-1 所示)。依据现行劳动法规定,用人单位都应该为这些劳动者支付双倍工资。如此庞大的数字与比例,将给农业用人单位造成很大的经济压力。对此,我们应该反思的是,将书面劳动合同强制性规则及二倍工资罚则,适用于所有农业用人单位,是否具有合理性?将上述规则悉数适用于农业领域的小微型农业公司、家庭农场、专业合作社,存在不当。

1. "书面劳动合同"对劳动者就业质量利益的保障作用有限。这主要体现在:第一,"书面劳动合同"在证据功能上的局限性。当前之所以立法与司法都强调书面劳动合同,在于对其证据功能的强调。然而,过分强调书面合同的证据功能并不周延,是司法实践重形式、轻实质的体现,也是立法规定缺乏对具有经济依赖性的农业劳动者保护的体现。书面劳动合同对劳动关系具有重要性乃至决定性的证据作用,这一观点本身值得反思。因为不仅书面合同具有证据功能,其他的合同形式,如口

第六章　农业劳动者分类保护机制中利益调整的规则构建

头合同、证人证言、工资支付记录、考勤记录等①也可以起到证明的作用。此外,即使没有书面劳动合同作为证据,劳动关系的认定中,也可以利用劳动管理部门所保存的农业用工主体的职工名册、录用备案登记、就业备案登记、工资支付表、社保缴费记录等资料,对是否存在劳动关系予以认定。② 然而,当前我国司法机关在劳动关系认定中,上述资料的证明作用并未被有效发挥。③ 从域外立法看,美国为加强季节性农业劳动者及农业移民的劳动权益,由《农场劳动合同登记法》(FLCRA)发展而来的《移民和季节性农业工人保护法》,规定农场承包商必须保留雇佣的每个季节性农业工人及移民农业工人的用工资料,以备劳动部门审查或其他用工主体的查询。其法定的保存期限为3年,从雇佣期结束时算起。其需要保存的资料包括支付工资的依据、计件的数量、工作小时数、工资总收入、扣留的具体款项和每笔扣缴款项的用途、净薪酬等。④ 第二,"书面劳动合同"在信息告知功能上的可替代性。书面合同除了具有证据功能,另一重要的作用就在于明确用工双方的权利义务,让劳动者知晓自身的权利,从而维护自身的合法权利。然而,明确双方权利义务,提高农业劳动者的自身认识,并非只有书面劳动合同可以起到这一作用,还可以通过立法加强用工主体的用工信息披露责任予以实现。对此,欧盟及美国的立法规定值得借鉴。欧盟早在1991年就通过了《雇主对有关雇员合同或劳动关系条件的告知义务指令》,规定雇主应当在建立劳动关系之日起2个月内,披露劳动主体信息、工作的时间和地点、工作的具体内容、工作的起止时间、工资标准、福利待遇等用工信息。而雇主用工信息的披露方式除了书面劳动合同、聘用协议外,还可以采取

---

① 参见《关于确立劳动关系有关事项的通知》(劳社部发[2005]12号)。
② 范围:《劳动合同形式强制的反思与完善》,《中国人民大学学报》2018年第1期。
③ 参见(2014)鄂茅箭民一初字第02514号案件判决书。
④ See 29 U.S.C. § 1821(d),(e)(2012); § 1831(c),(d)(2012).

其他的形式。对于上述指令,欧盟多国予以遵守并转化为国内立法。如德国在此基础上,进一步对违反这一义务将承担的损害赔偿责任予以规定。① 而在美国,《移民和季节性农业工人保护法》要求"农业承包商、农业雇主以及农业协会"必须以英语或农业工人熟悉的其他语言,在醒目位置,向农业工人披露实际工作地点、支付的工资、聘期、提供的交通、员工福利、失业保险以及工人具有的法定权利等信息。② 通过对雇主用工信息单方面披露责任的强制性规定,有效解决了劳资双方用工过程中的信息不对称,有利于农业劳动者权益的维护。

2. 农村"熟人社会"的场域是书面劳动合同对劳资利益关系矫正功效的重要掣肘因素。当前返乡创业、就业的时代背景下,很多新型农业经营主体的雇主为本地返乡创业人员,而被其雇佣的农业劳动者也多为本村村民。因此,二者处于熟人社会的场域之中,使其与商品社会中的陌生人关系有所不同。约束双方的社会规范,很大程度上是双方熟悉多年进而"习"出来的礼俗和信任感。不仅农村地区农业习惯中较少签订书面协议,即使双方签订了书面劳动合同,其最终的结果可能也不一定对劳动者有利。因为农业劳动者文化水平一般较低,若要签订书面劳动合同,合同内容也更可能作出有利于用工主体——这一合同拟定方的规定。

3. 利益衡量视角下"双倍工资"处罚规则一体化适用的非理性。第一,未签订书面劳动合同之二倍工资处罚规则的一体化适用,违反了利益衡量中的合理差别原则。利益衡量中,为实现实质正义,需要在平等

---

① 范围:《劳动合同形式强制的反思与完善》,《中国人民大学学报》2018 年第 1 期。
② Quisenbery Marion. "A Labor Law for Agriculture: The Migrant and Seasonal Agricultural Workers' Protection Act." South Dakota Law Review, 30.2(1985):311-325.

对待原则之外,实现差异化立法,以实现对弱势主体利益的保护。在用人单位内部,小微型公司因规模小、资金少,而在劳动者一体化规制标准适用中,成为弱势群体。家庭农场、专业合作社也因自身性质的特点,需要劳动立法予以特殊考量。但是,现行未签订书面劳动合同而支付二倍工资的处罚规则,并未对小微型公司、家庭农场、专业合作社予以例外规定。按照现行劳动法规定,用人单位至少面临给付劳动者11个月的"双倍工资"的惩罚,且劳动者工资无上限规定。这对于小微型农业用人单位而言,已然是沉重的负担。劳动立法过于严苛的处罚规定,给这些农业经营主体带来较大的用工压力,有违劳资利益的平衡。第二,未签书面劳动合同之二倍工资处罚规则的一体化适用,违反了利益衡量中的比例原则。如《劳动合同法》第85条,将违反给付劳动者报酬等主合同义务的处罚标准,仅规定为50%到1倍的赔偿金。而未签订书面合同,并非主合同义务,但是法定的处罚标准却远远高于违反主合同义务的处罚。① 因此,不签订劳动合同给予用人单位二倍工资的处罚规定,违反比例原则,增加了经济效益本身较差的农业用人单位,尤其是小微型农业用工的用工负担。而从另一方面看,合同的签订行为本身为双方行为,而劳动立法最终将不签订书面劳动合同的结果由用人单位单方承受,存在明显的不合理。②

基于上述原因,立法应考虑对小微型农业公司、家庭农场、专业合作社等农业用人单位,豁免其必须在用工之日起1个月内签订劳动合同的规定,以及不签订书面劳动合同的二倍工资的处罚规定,以增加用工的灵活性。

---

① 谢增毅:《用工成本视角下的劳动合同法修改》,《法学》2017年第11期。
② 范围:《劳动合同形式强制的反思与完善》,《中国人民大学学报》2018年第1期。

（二）资方劳动合同解除权限制的例外规则

解雇保护制度，是立法平衡用人单位用工自主权与劳动者职业安定权的重要规则，是国家干预与纠正劳资利益关系的重要体现。虽然劳动法限制用人单位劳动合同解除权的行使，具有合理性。但是现行劳动法解雇保护的严苛规定，难以适用于农业领域的小微型农业公司、家庭农场及专业合作社。这些用人单位，规模小、人员少、抗风险能力弱，需要建立更为灵活的用工制度。立法应在现行解雇保护制度之外，对其适用例外的规则。在劳动合同解除规则及经济补偿金的适用规则等方面，对这些主体进行特殊的规定。对于解雇保护，很多国家仅对具有一定规模的用工主体才适用。如《德国劳动法》规定，从 2004 年起，多于 10 人的工厂才适用解雇保护法第 1—15 条；而在人数的计算上，若存在非全日制劳动者，则按工作时间的比例折算人数。① 再如意大利，将解雇保护规定的适用对象限定为，市区范围超过 16 名雇员或全国范围超过 60 名雇员的用工主体。②

与解雇保护密切相关的经济补偿金制度，也是影响用人单位用工成本，影响市场灵活性的重要制度。我国的经济补偿金规定并不太合理，需要支付经济补偿金的事项较多且数额较高。在经济补偿金的适用对象上，也未对用人单位做任何区分。如意大利立法就规定，只有至少拥有超过 50 名雇员的私人企业才支付经济补偿金与赔偿金。③ 是故，我国可以借鉴其他国家的做法，改革现行经济补偿金的支付制度，尤其要对小微型农业公司、家庭农场、专业合作社等农业用人单位，豁免适用解

---

① 沈建峰：《德国法中按企业规模对劳动关系分类处理的技术与方法》，《中国人力资源开发》2017 年第 5 期。
② 粟瑜：《劳动关系从属性理论研究》，湖南大学 2016 年博士学位论文，第 113 页。
③ 粟瑜：《劳动关系从属性理论研究》，湖南大学 2016 年博士学位论文，第 113 页。

雇保护规则及支付经济补偿金的规定。在实现其用工的灵活性、谋求更大的生存空间的同时,促进就业,为农村地区提供更多就业机会,增进劳动者群体的就业数量利益,减少农村贫困。

(三) 社会保障的例外适用规则

对于农业劳动者,基于农业行业工作的危险性,应积极推动社会保障制度在农业领域的覆盖,将更多的农业劳动者纳入社会保障体系。但是提高农业劳动者社会保障的覆盖率时,应依据分类调整理念设置劳动者社会保障的差别化规则。其中,区分农业用人单位的规模,对小微型农业用人单位在社保缴费上给予一定优惠,是分类保护机制中实现劳动者就业利益与用人单位经济利益平衡的重要一环。

从其他国家或地区的立法来看,日本早在 1965 年就修改了《劳动者灾害补偿保险法》。一方面,该法规定使用农业机械及有雇工的企业可以参加农业劳动伤害保险;另一方面,仅要求雇工 5 人以上的农业法人必须强制加入,而自营业者可以选择加入。[①] 在美国,其联邦失业法第一个永久性扩展到农业员工的法案,于 1978 年 1 月 1 日生效,其覆盖范围仅为:一年内拥有 10 个以上雇员的农业雇主或一个季度内支付现金工资超过 20000 美元的农业雇主。[②] 而我国的部分地区规定受雇人数超过 5 人的农场、牧场、林场、茶场等用工主体,才对其实施强制性社会保险制度,雇佣人数不足 5 人的用工主体则自愿参加保险。[③] 针对以上不足,我国国家层面的社会保险立法,应改变当前社会保险与劳动关系的认定相挂钩的现状,进而对现行社会保险制度作出以下的变革。

[①] 粟瑜:《劳动关系从属性理论研究》,湖南大学 2016 年博士学位论文,第 113 页。
[②] Pederson Donald B. "Agricultural Labor Law in the 1980's." Alabama Law Review, 38 (1986): 663-699.
[③] 谢增毅:《劳动法与小企业的优惠待遇》,《法学研究》2010 年第 2 期。

第一,在小微型农业用人单位完善替代制度的基础上,允许其豁免适用社会保险的部分强制性规定。① 如《工伤保险条例》第 2 条要求用人单位为雇工购买社会保险。然而,这一规定在农业雇佣领域缺乏实际可操作性。② 对此,则可考虑通过以下途径予以替代:将非典型劳动者的工作时间按小时或天数折抵成一定比例,用人单位按折抵的比例缴费;区分农业领域不同的用人单位,采取不同的要求,分类管理;③免除小微型农业用人单位为临时性、季节性农业劳动者强制购买工伤保险义务,但要求其通过购买商业保险等方式予以替代。④

第二,在社保的缴费制度上,应设置不同的缴费等级,供不同规模、性质的农业用人单位及不同类型的农业劳动者选择,从而实现农业劳动者保护和兼顾用人单位经济利益的双重目标。

---

① 粟瑜、王全兴:《我国灵活就业中自治性劳动的法律保护》,《东南学术》2016 年第 3 期。类似观点参见马洪伟:《试论中国家庭农场的法律规制》,《河南师范大学学报(哲学社会科学版)》2014 年第 3 期。

② 《工伤保险条例》第 2 条的规定,工伤保险的用工主体除了应当为"职工"购买工伤保险外,也应当为雇工购买工伤保险。但是,在农业领域,实践中农业用工主体为雇工购买工伤保险却往往缺乏实际可操作性。因为农业用工主体雇佣的劳动者多为临时性、季节性劳动者,按日计酬、就业不具有稳定性,无法计算应该购买工伤保险的人数,也无法如标准劳动关系一般按工资比例按月购买工伤保险(按日计酬农业雇工因工作天数无法估计,进而造成工伤保险的月工资缴费基数无法确定)。

③ 一般大型农业用人单位会依现行立法规定,为农业劳动者参保缴费。但是,小微型农业公司、家庭农场、专业合作社,则可通过设立"工伤基金"账户的方式为劳动者参保缴费,由用人单位每年存入一定比例的盈利的同时,由国家政府拨付相应的项目经费,用于优先支付雇工工伤发生时的人身损害赔偿,不足部分再由用人单位予以补充。国家对小微农业用人单位的补偿,也是在农业产业化进程中,为加强农业劳动者利益保护,依据整体利益最大化原则,对利益受损方所做的应有补偿。参见唐军:《新型农业经营主体之法治思考:理念检视与路径选择》,《农村经济》2018 年第 1 期。

④ 虽然,当前最高人民法院通过公报案例的形式,否定部分用人单位为节省用工成本,购买商业保险以替代社保的做法。认为即使购买了商业保险也不免除其购买社保的义务。但是这种购买商业保险的行为,却是对小微型农业用人单位豁免社会保险责任的可能性替代和有力补充。参见最高人民法院公报(2017)粤民例字第 1 号案例。

(四) 其他的例外适用规则

除了劳动合同、解雇保护、社会保障等例外性规定外,劳动法还应在最低工资等劳动基准方面,对小微型农业用人单位进行特别的规定。如韩国仅将雇员人数在 5 人以上的雇主纳入劳动基准法的覆盖范围,并且还将只雇佣亲属的用工主体排除在外。[①] 这为我国家庭农场劳动法例外规则的适用提供了一定的依据。再如上文所述,美国《公平劳动标准法》基于雇主与雇员利益的平衡,豁免了用工量较小的小微型农业雇主最低工资的适用(即每季度用工量不超过 500 个工日的农业雇主)。[②] 加拿大魁北克省和菲律宾,也在小微型农业用工主体的最低工资的适用上,有着特殊的规定。

第三节 从属性不同的农业劳动者分类保护的利益调整规则

国家基于劳动者在劳资博弈中的不利地位,而介入到劳资利益关系之中,对其予以矫正。然而,国家矫正的程度尤为关键,确定合理的倾斜性保护程度应成为劳动法制的理性。在农业劳动者内部,农业典型劳动者与非典型劳动者因从属性不同,而成为两个不同的劳动者社群。为满足不同劳动者社群就业利益合理保护的要求,和实现农业领域内部不同劳资利益关系平衡,劳动法有必要对这两种劳动者构设差异性保护规则。

[①] 黄乐平:《劳动法弹性规制中小企业之比较研究》,《华北电力大学学报(社会科学版)》2017 年第 4 期。沈建峰:《德国法中按企业规模对劳动关系分类处理的技术与方法》,《中国人力资源开发》2017 年第 5 期。

[②] See 29 U.S.C. § 213(a)(6)(2012).

从立法现状看,现行劳动法一体保护机制下,农业领域典型与非典型劳动关系中,农业劳动就业利益保护的内外部利益失衡情况并不相同。劳动法更应针对具体情况,在分类保护机制的构建中,侧重于两种劳动关系下农业劳动者就业利益的不同方面的保护。

一、典型劳动者利益保护规定:从求质量到重均衡的转变

经济发展的水平是劳动者就业利益实现的基础。劳动者就业利益与用人单位经济利益的平衡是劳动法需要实现的目标之一。在典型劳动者保护中,一体保护机制关于利益冲突的法律调整规则,过分突出了劳动者就业质量利益的保护功能,尤其是物质利益的保护功能,而弱化了其利益均衡的功能。这成为了经济发展中的一大制度问题。在分类保护机制的构建中,应推动立法从单纯强调劳动者就业质量利益保护的角色定位,向合理平衡劳资利益关系的角色转变。为实现这一目标,立法可以考虑从以下几个方面作出调整。

(一)就业质量利益保护从单重"物质"到"物质""精神"并重

法律从本质上看,是对利益的调整与分配。劳动法调整的重要目的,即在于合理平衡劳动者就业利益保护中的内外矛盾。为构建合理的利益冲突法律调整机制,法律不仅需要在劳动者就业质量利益保护中,遵守比例原则、整体利益最大化原则、合理差别原则,确定合理的劳动者利益保护水平,还需要在保护内容上,平衡物质利益与精神利益保护的关系。

第六章　农业劳动者分类保护机制中利益调整的规则构建

1. 现行劳动者保护机制仅关注劳动者物质利益的保护,而忽略精神利益的保护,进而导致制度缺陷。虽然劳动者一体保护机制,为纳入劳动法保护的劳动者,构设了较高水平的保护标准。但是这些保护标准,将物质利益作为了保护重点。理论界关于劳动合同法等立法保护标准高低之争的争论根源,也主要围绕物质利益展开,如指责《劳动合同法》是导致经济下行的重要原因。甚至从劳动立法制度的调试方向上看,也将劳动法调整物质利益的分配,作为了实现劳资利益关系的主要路径。现行劳动立法偏重于物质利益的保障,而忽略了劳动者就业质量保护中的精神利益保护。如劳动者自我价值实现的满足感,以及就业中的归属感。[①] 劳动者精神利益的保护需求,用人单位经济发展所必需的精神源泉,皆因制度在劳动者利益保护内容上的不均衡,而无法得到满足。劳动法就业利益保护的目标与促进经济发展、维护劳资利益平衡的目标,也因劳动者精神利益保护的欠缺而难以实现。

现行劳动者保护机制侧重于物质利益的保护,而疏离于劳动者精神利益的维护,不仅不利于劳动者就业利益保护的整体目标的实现,也不利于用人单位经济利益的兼顾,有碍于经济的发展。用人单位经济效益的获得,国家经济的发展,从根本上看,依赖的路径在于自主创新,而非低廉的劳动力成本。而创新能力的来源,从根本上看,还是来源于"人"。一方面,需要劳动者具有良好的精神面貌,具备勤勉、忠诚、归属等职业精神,以支撑创新实践活动开展;另一方面,需要用人单位对劳动者加大培训支持,提高劳动者创新水平。

2. 为满足农业领域典型劳动者精神利益需求,提升农业劳动者的劳动积极性,立法应重视以下几个方面的改革:第一,加强与精神利益相关

---

① 李敏华:《劳动法律规制中就业目标与经济目标实现的理性》,《法学杂志》2017年第6期。

的劳动者就业平等权的保护。反对对农业劳动者等基层劳动者的就业歧视,以及对农业领域次级劳动力①的就业歧视,实现劳动者人格上的平等与尊重。第二,加强与精神利益相关的劳动者民主管理权的实现。职工是用人单位经营管理的重要利益相关人,法律赋予了职工通过参加职工代表大会,参与企业管理的权利。通过完善职工民主参与制度,保障职工在制定劳动规章制度中的参与权,建立人性化的用工管理机制②,可以提升劳动者主人翁意识,让劳动者在精神层面获得尊重与满足。进而提高劳动者劳动的积极性,实现用人单位的经济增长目标。③从我国现行立法看,尽管我国《劳动合同法》第 4 条规定,企业在决策事关劳动者切实利益事项时,职工享有参与权与"平等协商确定"的权利。但是,该条并未采纳《劳动合同法》一审稿中的"劳资共决"模式,而仅仅认定劳动者对规章制度具有讨论、提交意见的权利。对此,立法应对讨论、建议的后果做进一步的救济路径规定,以完善集体协商制定规章制度的程序规定。④ 第三,加强与精神利益相关的劳动者团结权的保护。推动农业劳动者群体工会组织的建立,增强劳动者的归属感,并大力发展与完善农业行业的集体协商制度,促进农业劳资双方利益共识的形成,实现劳动者的获得感。中国的集体协商制度,在农村地区的农业行业的开展尤其重要。利用农村的熟人社会的"关系"场域,通过协商与沟通,缓解劳资利益冲突,不仅有利于实现劳动者体面劳动,也有利于激发劳动者生产的动力,促进农业生产的发展。第四,加强与精神利益相

---

① 因性别、年龄等原因而成为次级劳动力。
② 大中型农业用人单位,雇佣的农业劳动者数量较多,规章制度也相对较多,尤其应完善职工在劳动规章制定中的参与制度。
③ 郝磊:《利益平衡视野下我国公司的职工参与权制度研究》,《国家行政学院学报》2011 年第 2 期。
④ 朱军:《〈劳动合同法〉第 4 条"平等协商确定"的再解读——基于劳动规章制度的中德比较》,《华东政法大学学报》2017 年第 6 期。

关的劳动者职业培训权的保护。重视农业劳动者的职业培训与职业教育,提升劳动者素质,为劳动者提供职业发展空间,在满足劳动者精神利益需求的同时,将有效提升企业自主研发能力、提高企业市场竞争力,实现用人单位的经济目标。① 第五,在劳动法中完善与民法人格权保护相衔接的规定,实现农业劳动者人格权——这一包含精神利益内容的权益的合理保护。② 此外,为加强农业劳动者精神利益的保护,除了劳动立法改革外,国家政策应大力推动农业专业合作社——这一成员互助性组织的发展。允许合作社雇佣的劳动者成为专业合作社的成员,赋予劳动者在合作社中的双重身份。从而构建劳动者与专业合作社的利益共同体,提升劳动者的归属感与幸福感,满足劳动者的精神利益需要。此外,在分类调整的指导思想下,国家政策还应引导用人单位与劳动者建立多元化的劳动关系,提高农业劳动者就业的稳定性,加强劳动者劳动过程中对企业的归属感。

(二) 平衡性视角下典型劳动者就业质量利益的分类保护

强调农业领域典型劳动者保护中利益保护重心的转移,并非是弃劳动者的就业质量利益于不顾。而是针对一体保护机制下典型劳动者保护中矫枉过正的缺陷,为平衡劳资利益关系,而实施的必要改革。农业领域典型劳动者保护中利益的平衡,需基于农业行业的特点,在立法中构建适合农业典型劳动者的劳动基准;需剔除劳动合同法中不周延的干

---

① 李敏华:《劳动法律规制中就业目标与经济目标实现的理性》,《法学杂志》2017年第6期。
② 如重视对劳动者个人信息权、隐私权的保护;重视女性占农业劳动者群体较大比例的客观现实;重视对职场性骚扰的防范;等等。

预规则①,在立法的留白范围内,由劳资双方根据行业特点、区域特点,制定有针对性的集体协定,进而实现农业用工关系法律的本土化治理。② 除了上述改革之外,实现典型劳动者保护中利益平衡最为重要的一点在于,依据劳资利益关系从属性的差异性,在劳动合同制度上,对典型劳动者进行再次分类保护。

农业领域不仅典型劳动者与非典型劳动者的从属性存在差异,典型劳动者之间也存在差异性。不同期限合同下的农业劳动者,因劳动关系持续时间的不同,与用人单位之间的从属性依次减弱。在劳动者保护机制的构建中,也应对不同的典型劳动者设计不同的法律保护规则。第一,在书面劳动合同的强制规则适用上,不定期合同与定期合同应适用不同的规则。从世界各国看,很多国家均对定期合同订立形式作出书面要求,而对不定期合同一般无形式要求。如德国《非全日制和固定限劳动合同法》就对上述原则予以规定,对固定期限合同的形式要件作出要求。若违反,将推定二者签订的合同为无固定期限合同。而法国的劳动法也有类似的规定。③ 因此,对于书面劳动合同的强制性规定,应对不定期合同与定期合同分类适用。对于无固定期限合同,应适用"法定变更论",在定期向不定期直接转化的前提下,废除不签无固定期限书面合同之二倍处罚规则。但是对于定期劳动关系,除小微型农业公司、家庭

---

① 李干、董保华:《劳动关系治理的变革之道——基于"增量"与"存量"的二重视角》,《探索与争鸣》2019 年第 1 期。

② 正如全国总工会早在 2016 年,就提出在工会的建设中,要将新型农业经营主体的劳动者纳入其中。其后,各地农村地区的工会建设也在积极响应。可见,破除劳动法关于农业典型劳动者过于刚性的保护规定,进而在农村地区新型农业经营主体完善工会建设的基础上,发挥乡缘优势,利用农村"熟人社会"的背景,促进集体协商,是实现农业劳资利益关系平衡的必要路径。这将有利于和谐劳动关系的构建,利益共同体的形成,促进农业经济快速发展的同时,有效提高农业劳动者待遇,保护劳动者劳动权益。

③ 范围:《劳动合同形式强制的反思与完善》,《中国人民大学学报》2018 年第 1 期。

农场、专业合作社外,则应要求双方必须以书面的形式签订劳动合同。定期劳动合同中的用工关系,一般持续时间较短,除了书面劳动合同这一劳动关系形式要件之外,难以通过用工关系的性质判断,将劳动者纳入劳动法保护范围。定期劳动合同也是实现农业领域非典型劳动者向典型劳动者转化的重要路径。域外很多国家,如智利、南非等国,重视临时性、季节性农业劳动者劳动合同的书面订立,正是源于对这类劳动者利益保护之考虑。① 第二,在解雇保护规则上,三类不同类型的劳动合同中的劳动者,应适用不同的保护规则。不定期合同与定期合同适用的对象与立法的定位,本身存在差异。不定期劳动合同关系中,劳动者因用工时间的长期性,对用人单位具有更强的依附性。故而,在解除劳动合同时,劳动者也应获得更多的保护与赔偿。而对于定期劳动合同中的劳动者,因劳动时间相对较短,在解雇保护与经济补偿金的支付上,不应对用人单位苛求过重的责任。②

二、非典型劳动者利益保护规定:从促数量到提质量的转变

2023年中央"一号文件"提出了在农业领域"加快完善灵活就业人员权益保障制度"的目标。③ 基于利益衡量的价值分析,劳动者就业利益是劳动法在解决劳资利益冲突中,应当优先保护的利益。然而,如本书第三章实证部分所示,农业领域大量的非典型劳动者,在当前一体保护机制下,难以纳入到劳动法的保护范围。因此,劳动法对于这些非典

---

① Activities B.F.W. "Background paper of the International Workers' Symposium on Decent Work in Agriculture." (2003). http://www.ilo.org/actrav/events/WCMS_112419/lang--en/.
② 王显勇:《无固定期限劳动合同法律制度的完善路径》,《法学》2018年第12期。
③ 参见中国政府网:《中共中央 国务院关于做好2023年全面推进乡村振兴重点工作的意见》,https://www.gov.cn/xinwen/2023-02/13/content_5741370.htm。

型劳动者就业利益的保护,应重点突出劳动法就业质量保护功能,以满足非典型劳动者安全性的利益保护诉求。

当前非标准就业形式快速发展的背景下,非典型劳动的形态多样。[①] 而《劳动合同法》明文规定的非典型劳动只有劳务派遣和非全日制用工两种,且我国劳动法对非全日制用工的适用范围较为狭窄。为实现劳动法对更多非典型劳动者就业质量利益的保护,立法应通过以下路径拓宽劳动法在农业领域的保护范围,构设合理的保护标准,进而与典型劳动者的保护标准形成区分。

(一) 非全日制劳动者保护范围的扩宽

我国现行立法将非全日制劳动者限定于工作时间不超过 4 小时/日和 24 小时/周以内的劳动者。这与国际劳工组织第 175 号公约,将非全日制用工认定为所有工作时间短于全日制劳动的用工[②],具有较大差别。两相比较,突显出我国劳动法关于非全日制用工规定范围的狭窄,进而导致可以纳入到非全日制用工进行保护的劳动者极少。[③] 我国的劳动立法中关于非全日制工作时间的规定经历了一个逐步减少的过程[④],立法本意在于打击用人单位借用非全日制用工逃避法律责任,限制非全日制的用工模式的使用,进而加强对劳动者的保护。[⑤] 但实际中,因非全日制用工工作时间的严格限制,大量非典型用工无法通过非全日制用工纳入劳动法保护。只能通过事实劳动关系认定标准——这

---

① 李干、董保华:《劳动关系治理的变革之道——基于"增量"与"存量"的二重视角》,《探索与争鸣》2019 年第 1 期。
② 班小辉:《非典型劳动者权益的保护研究》,法律出版社 2016 年版,第 24—25 页。
③ 李坤刚、乔安丽:《我国非全日制用工制度完善研究》,《江淮论坛》2015 年第 3 期。
④ 我国《劳动合同法》将原来的 30 个小时改为 24 小时。
⑤ 李坤刚、乔安丽:《我国非全日制用工制度完善研究》,《江淮论坛》2015 年第 3 期。

第六章 农业劳动者分类保护机制中利益调整的规则构建

唯一的途径,寻求劳动法的倾斜保护,但终因劳动关系认定标准的不完善,以及司法机关"防止劳动关系泛化"的思想,而与劳动法保护失之交臂。与我国劳动法对非典型劳动者保护的范围较为狭窄不同,美国《公平劳动标准法》中可获得最低工资等劳动基准保护的非典型农业劳动者较为广泛。对于从事农产品采摘、收割等劳动的临时性劳动者,只要一年内为雇主提供农业劳动的工作时间超过 13 周、14 周,就会被纳入该法的最低工资保护范围。[1]

完善非全日制用工制度,对于加强农业领域的临时性、季节性劳动者的保护,具有重要的意义。临时性、季节性农业劳动者因"工作时间"的特殊性而成为非典型劳动者,一些国家(如意大利[2])就在立法中将其纳入非全日制就业人员进行保护。欲择取他国的良规,加以发挥,我国法治革新却止步于现有非全日制用工制度的痼疾,而终不能实现季节性用工与非全日制用工法律规定的圆融一致。

非全日制用工形式是与农业领域的用工需求相适宜的制度之一。首先,无试用期和书面合同订立形式的要求,适合农业用工中的短期、临时用工需求。其次,较少受劳动合同解除规则的羁束,形式更为灵活,免除了劳动者离职经济补偿金规定的适用,节省了用工成本。再次,非全日制用工实现了大量临时性、季节性农业劳动者纳入劳动法保护的目标,使其在最低工资、劳动报酬支付等方面获得劳动法的保护。[3] 最后,非全日制用工形式还承认同一劳动者的多重用工关系[4],在保护劳动者基本权益的同时,促进劳动者经济收入的增加。

藉此,在具体的立法改革中,需要《劳动合同法》放宽非全日制劳动

---

[1] See 29 U.S.C. § 213(a)(6)(2012).
[2] Tiziano Treu, labour law in Italy, Kluwer law international, (2011): 52.
[3] 参见《劳动合同法》第 72 条规定。
[4] 参见《上海市高级人民法院劳动争议案件审理要件指南(一)》(2013 年)。

用工认定标准,突破现行 4 小时/日、24 小时/周的法律限制,将更多用工时间具有特殊性的农业劳动者纳入其中。

(二) 经济依赖性劳动者保护规定的增加

临时性、季节性农业劳动者中有一类劳动者,与用工主体保持较长时间的用工关系,具有一定的经济依赖性,但因用工关系中间存在间断,难以符合人格从属性的认定标准。这类经济依赖性劳动者,立法有必要在分类保护的理念下,对其实施部分的倾斜性保护措施。立法对经济依赖性劳动者就业质量利益的保护,有利于维护这一群体劳动者的集体利益。同时,也有利于实现农业非典型劳动关系中劳资利益的平衡,抑制农业用工主体规避劳动法、将用工成本外部化的行为;遏制隐蔽雇佣关系的蔓延势头和阻止自治性劳动的工具化现象;减少当前农业领域劳动关系与劳务关系严格分野带来的诸多问题。

纵观德国、日本、意大利等国,就对具有经济从属性的劳务工作者给予了适当倾斜性保护。[①] 对于具有经济依赖性的劳动者,尽管有学者认为应主要通过民法社会化的路径进行保护。[②] 然而,基于种种考虑,《民法典》对上述做法并未采纳。相较而言,在后民法典时代,时逢学界呼吁制定我国的《劳动法典》。值此契机,对经济依赖性的劳动者就业利益的保护,可通过劳动法扩充非典型劳动的保护种类的形式,予以完成。[③]

---

① 在日本,将具有经济从属性的劳动者称之为"契约劳动者",意大利将具有经济从属性的劳动者称之为"准从属性劳动者"。两国劳动法对其都进行了一定程度的倾斜式保护。参见田思路、贾秀芬:《契约劳动的研究——日本的理论与实践》,法律出版社 2007 年版,第107—112 页。
② 王全兴、粟瑜:《意大利准从属性劳动制度剖析及其启示》,《法学杂志》2016 年第10 期。
③ 沈建峰:《劳动的法典:雇佣合同进入〈劳动法典〉的论据与体系》,《北方法学》2022年第 6 期。

第六章 农业劳动者分类保护机制中利益调整的规则构建

随着不同时代中劳动的具体形态的变化,适时调整劳动法所规制的用工关系类型和保护的劳动者类型,是劳动法保持开放性,贴近现实的应有之义。① 通过劳动法对具有经济依赖性的准从属性劳动者的保护,打破当前劳动法全有或全无的保护方式,实现劳动者的分类保护目标。

劳动法中增加经济依赖性劳动者的保护规定,应重点做好以下两个方面的工作。

1. 对经济依赖性劳动者作出界定

对于经济依赖性劳动者,除了要求其"亲自履行劳动",还可以依据劳动报酬是否为劳动者"主要收入来源"等标准衡量劳动者对用人单位具有的经济依赖性。第一,将劳动者从用人单位中获得的劳动报酬在其总经济收入中的占比,作为认定标准。如德国、加拿大、西班牙等国,就分别将从雇主处获得的劳动收入,达到劳动者总收入的50%、80%、75%的劳动者,认定为经济依赖性劳动者。② 我国可以借鉴上述立法规定,并根据本土国情为经济依赖性劳动者确定合理的临界值判断标准。第二,将劳动者一年中在该用人单位从事的劳动时间的总长度,作为判断标准。如在美国,《公平劳动标准法》对该国临时性农业工人最低工资的保护规定中,要求计件农业收割雇员等非典型劳动者一年内从事农业劳动的时间须超过13周,部分棉花雇员和糖业雇员则须一年内工作14

---

① 劳动法规制的用工种类本身就随时代发展而变化。如1994年出台的《劳动法》重点在于打破计划经济时代的固定用工,对劳动合同予以推行,其保护对象重点在于标准劳动关系下的劳动者。而随着20世纪末和21世纪初非典型劳动的兴起,以及劳动合同制度施行后出现的不规范行为,2001年出台的《劳动合同法》,首次将"非全日制用工"和"劳务派遣用工"两个非典型劳动形式法定化并予以规范。在《劳动合同法》一审草案出台时,还曾一度取消非全日制用工的保护规定,而只对标准劳动关系下劳动者予以保护。参见董保华:《劳动合同立法的争鸣与思考》,上海人民出版社2011年版,第44—47页。

② 班小辉:《"零工经济"下任务化用工的劳动法规制》,《法学评论》2019年第3期。

周以上。而计件农业收割雇员要获得该法最高工时的保护,也要求一年内从事农业劳动13周以上。①

2.对经济依赖性劳动者制定保护措施

对于经济依赖性劳动者,劳动法应给予其一定的倾斜性保护。除了平等就业机会②、自由与尊严等人格利益③外,劳动法应重点对其以下就业利益予以保护:

第一,职业劳动安全与健康权益的保障。这是保障劳动者在安全的环境中工作,获得应有的劳动保护,保护劳动者生命健康权的必要要求。国际劳工组织相关决议中关于劳动者分层分类保护理论就认为职业健康与安全权利应适用于所有的职业性活动。④ 国际劳工组织的决议中也要求雇主必须为农业劳动者提供安全、健康的工作环境,以实现其体面劳动。⑤ 故而,在我国,《安全生产法》和《职业病防治法》应扩大适用

---

① See 29 U.S.C. § 213(a)(6)(2012).
② 早在2008年,国际劳工组织在日内瓦通过的《国际劳工大会第97届会议通过的决议》就规定,各国政府应在农村地区按《就业促进法》的要求开展工作,切实做好人力资源服务工作和就业促进工作。实施积极的就业促进政策,为农业劳动者就业提供平等的机会和待遇,消除针对农业劳动者的一切就业歧视。参见国际劳工组织官网:《国际劳工大会第97届会议通过的决议》,http://www.ilo.org/wcmsp5/groups/public/---ed_norm/---relconf/documents/meetingdocument/wcms_545673.pdf。
③ 从世界范围看,部分国家的农业劳动者,尤其是农业移民,被强迫劳动,甚至遭受虐待;而有的国家在农业劳动中还存在使用童工的情况。对此,《国际劳工大会第97届会议通过的决议》明确规定,禁止强迫性劳动,尤其是禁止诱发性债务劳动中的强迫劳动行为;同时,禁止使用童工,各国政府应确保《最低年龄公约(第138号)》在农业领域的使用。相关的资料可参见国际劳工组织官网:《国际劳工大会第97届会议通过的决议》,http://www.ilo.org/wcmsp5/groups/public/---ed_norm/---relconf/documents/meetingdocument/wcms_545673.pdf。
④ Alan Supiot. Beyond employment: changes of work and the future of Labour Law in Europe.Oxford:Oxford University Press,(2001):55.
⑤ 参见国际劳工组织官网:《国际劳工大会第97届会议通过的决议》,http://www.ilo.org/wcmsp5/groups/public/---ed_norm/---relconf/documents/meetingdocument/wcms_545673.pdf。

第六章　农业劳动者分类保护机制中利益调整的规则构建

范围,将具有经济依赖性的劳动者囊括其中。① 此外,具有经济依赖性的劳动者还应获得职业伤害保险或工伤保险的保护。

第二,工资利益、休息权益、社会保险权益的保护。首先,对其工资利益实施最低工资保护。这是保障劳动者通过劳动获得可以生存的物质利益,并且保障这种物质利益不会被雇主所克扣的重要手段。国际劳工组织1951年出台的《农业中确定最低工资办法公约》,对其成员国的农业劳动者工资利益保护提出了要求。虽然当前中国农村农业雇工工资有所上涨,但总体水平仍然低于最低工资②,且存在拖欠劳动报酬等问题。对农业劳动者的最低工资保护,也应扩张适用于具有经济依赖性的农业劳动者。其次,对其休息权益实施劳动法的工时保护。对劳动时间的控制,是实现劳动者身体健康的基础。当前大量农业劳动者劳动时间缺乏规范性,立法在完善特殊工时制度规定的前提下,应将保护范围覆盖到具有经济依赖性的农业劳动者。再次,对其社会保险权益予以保护。作为具有经济依赖性的农业劳动者,也应获得社会保险或其替代制度的覆盖。③ 但是在缴费制度上,社会保险应结合当事人意愿和实际情况,设置可选择的缴费标准。④ 而在小微型农业用工主体的社保制度

---

① 粟瑜、王全兴:《我国灵活就业中自治性劳动的法律保护》,《东南学术》2016年第3期。
② 参见《全国农产品成本收益资料汇编2015—2019》中各农产品雇工工价。各省最低工资数据参见中华人民共和国人力资源和社会保障部官网:《全国各地区小时最低工资标准情况》,http://www.mohrss.gov.cn/ldgxs/LDGXqiyegongzi/LDGXzuidigongzibiaozhun/,2022年2月7日访问。
③ 从立法制度上看,该类农业劳动者社会保险的参加,不仅仅是"可以"参加,而是"应当"参加。在农业劳动者对用人单位构成经济依赖性的情况下,用人单位与农业劳动者应分摊社保缴费,并将农业劳动者在个人缴费时无法购买的工伤保险,乃至生育保险、失业保险,一并购买。
④ 李干、董保华:《劳动关系治理的变革之道——基于"增量"与"存量"的二重视角》,《探索与争鸣》2019年第1期。

上,应给予一定优惠,允许其实施部分社保替代制度。①

值得注意的是,2021年人社部出台的《关于维护新就业形态劳动者劳动保护权益的指导意见》,也被誉为开启了劳动法的"三分法"时代。②强调对"不完全符合确立劳动关系情形下"的"准从属性"劳动者给予最低工资保护和职业伤害保障,这为包括农业劳动者在内的灵活就业人员获取劳动法的部分倾斜性保护措施提供了可能。但是,该法仅对"网约工"等新业态下劳动者予以保护,而实践中具有经济从属性的劳动者还有很多。立法应逐步完善规定,扩大保护范围,实现对包括农业领域在内的经济依赖性劳动者的保护。

第三,组建和参加工会权益的法律保护。享有结社自由,参加集体组织,进行集体协商,是劳动者实现体面劳动的重要路径,也是实现农村地区农业劳动者与用工主体公平、有效对话的必要手段。③ 为保护具有经济依赖性的农业劳动者,劳动法应在劳动者分类保护机制的构建中,将劳动法上抽象的"劳动者"概念进行具体的区分。将有权参与集体协商的劳动者资格,同具有劳动关系的劳动者,分离开来。经济依赖性农业劳动者,即使不符合人格从属性的认定标准,也应享有参加工会的权利。进而就工资、工时等事宜,通过集体协商的方式与用人单位签订劳动合同。④

---

① 粟瑜、王全兴:《我国灵活就业中自治性劳动的法律保护》,《东南学术》2016年第3期。类似观点还有马洪伟:《试论中国家庭农场的法律规制》,《河南师范大学学报(哲学社会科学版)》2014年第3期。
② 王天玉:《56号文开启"劳动法三分法"时代》,《法治日报》2021年7月28日第5版。
③ 参见国际劳工组织官网:《国际劳工大会第97届会议通过的决议》,http://www.ilo.org/wcmsp5/groups/public/---ed_norm/---relconf/documents/meetingdocument/wcms_545673.pdf。
④ 粟瑜、王全兴:《我国灵活就业中自治性劳动的法律保护》,《东南学术》2016年第3期。类似观点还有李干、董保华:《劳动关系治理的变革之道———基于"增量"与"存量"的二重视角》,《探索与争鸣》2019年第1期。

第六章　农业劳动者分类保护机制中利益调整的规则构建

第四,享有就业利益的行政救济权。国际劳工组织早在1969年就为加强劳动部门在农业领域的监督,而组织缔结了《农业劳动监察公约》(第129号)。具有经济依赖性的农业劳动者具有超越民事雇佣,而相似于劳动关系的特质。然而,政府的劳动部门对上述农业劳动者的行政保护,只应重点关注其基本权益的实现①,而涉及其他事项的用工纠纷,则应主要通过正常的司法程序处理。②

第五,赋予其部分劳动合同法上的权益。对于经济依赖性劳动者,与用工主体之间本身可能并没有劳动合同,而是基于从属性的考量,而给予其一定的倾斜性保护。因此,对经济依赖性劳动者难以完全适用《劳动合同法》关于劳动者保护的各项规定。但是鉴于其经济从属性的存在,可比照事实劳动关系下的劳动者,适用其中的部分保护规则。一是应该保护经济依赖性劳动者的知情权。劳动者应当对从事劳动的具体时间、地点、用工主体、劳动内容、工作可能面临的风险③以及享有的相关权利等事项,享有充分的知情权④,用工主体具有告知的义务。正如美国《移民与季节性农业工人保护法》的相关规定,农业承包商、农业雇主等用工主体享有以公告等形式告知劳动者上述信息的义务,否则将受到该法的惩处。《国际劳工大会第97届会议通过的决议》也对这一问

---

① 如保护其劳动过程中的人身安全利益、职业健康利益等;再如,对其最低工资权益的保护,以及对其获得按时足额的报酬支付权益的保护。

② 谢增毅:《超越雇佣合同与劳动合同规则:家政工保护的立法理念与制度构建》,《清华法学》2012年第6期。

③ 欧盟1991年第91/383/EEC号指令要求雇佣该临时性、兼职劳动者等非典型劳动者的机构,告知其工作带来的风险。参见罗杰·布兰潘:《欧洲劳动法》,付欣等译,商务印书馆2017年版,第221页。

④ 这种知情权在双方签订书面劳动合同的劳动者中,可能已经被书面劳动合同所告知,但是在缺乏书面劳动合同的事实用工关系中,劳动者却往往难以了解。有的经济学者通过实证研究发现劳动者对自身权利的了解,将有利于提高劳动者的保留工资,进而提高市场上的劳动力的价格。参见郭继强:《中国城市次级劳动力市场中民工劳动供给分析——兼论向右下方倾斜的劳动供给曲线》,《中国社会科学》2005年第5期。

题再次予以强调。① 二是依据法国的"四个同心圆"理论,经济依赖性劳动者也应获得部分类似解雇保护规则的保护。② 为平衡劳资双方的利益,解雇保护的程度应依据比例原则设置③,否则将加深劳动者就业利益保护与用人单位用工自由实现之间的矛盾。循此,可要求用人单位在解除与具有经济依赖性的准从属性劳动者的合同关系时,承担预先通知的义务。允许劳资双方就合同解除的条件、预告期等事项进行约定。

总之,通过扩展非典型劳动保护种类,增加对具有经济依赖性的农业劳动者的保护,可以实现三赢的局面:首先,对劳动者而言,实现了劳动者与多个用人单位的缔约,增加了劳动者经济收入,并满足了劳动者获取劳动法在最低工资、劳动报酬的支付等方面保护的期望;其次,对用人单位而言,满足了其用工的自由化、成本的低廉化的诉求;再次,对国家与社会而言,实现了就业率的增加、社会保障负担的减轻。

在立法关于经济依赖性劳动者保护规定出台之前,司法机关在裁判中,可依据利益衡量的分析,区分农业劳动者诉请保护利益类型的不同,作出不同的利益选择策略。第一,针对该类劳动者通过劳动关系认定,以实现自身职业劳动安全与健康、最低工资、工作时间、社会保险等权益保护的诉请,司法机关宜基于利益衡量,做出有利于劳动者利益保护的判决。第二,针对该类劳动者关于双倍工资、解雇保护之经济补偿金等增长性劳动合同利益保护的诉请,司法机关在裁判中,则应侧重于劳资利益的平衡性分析,强调用人单位经济利益的兼顾而谨慎保护。

---

① 参见国际劳工组织官网:《国际劳工大会第 97 届会议通过的决议》,http://www.ilo.org/wcmsp5/groups/public/---ed_norm/---relconf/documents/meetingdocument/wcms_545673.pdf。

② 田思路、贾秀芬:《契约劳动的研究——日本的理论与实践》,法律出版社 2007 年版,第 104—105 页。

③ 郝晶:《解雇保护司法救济之利益衡量——基于解雇案例的实证分析》,《兰州学刊》2013 年第 2 期。

第六章 农业劳动者分类保护机制中利益调整的规则构建

（三）季节工法律保护规定的增加

当前我国《劳动合同法》对非典型劳动规定的种类有限,在扩展法定的非典型劳动者范围时,季节工也应成为立法重点保护的劳动者之一。农业劳动多为季节性劳动,如本书实证部分所言,季节性农业劳动者却难以被认定为劳动法上的劳动者。在劳动法对季节工进行立法保护时,重点关涉两个问题:

第一,季节工的认定标准。对此,一些地方的司法实践中,清楚地对临时性劳动、短期性劳动与季节性劳动作出了界定,进而为完善国家层面的立法提供了经验。其具体规定如下:首先,将临时性劳动界定为劳动期限不超过 6 个月且不能预估确定终止时间的非持续性劳动。其次,将短期性劳动界定为劳动期限不超过 6 个月的,可以预估确定终止时间的非持续性劳动。再次,将季节性劳动界定为劳动期限短于 9 个月,受季节性生产影响的非持续性劳动。[①]

第二,季节工的保护标准。季节工作为非典型用工,劳动者的劳动时间比典型劳动者短,从属性也更弱。故而,立法在矫正季节性劳动的劳资利益关系时,基于利益衡量的比例原则,并不需要采用与典型劳动同样强度的干预措施,而只需实施部分倾斜性保护措施。如意大利,就将季节工作为"特定非项目式持续协同合作"劳动者[②],允许其参加工会,获得集体权利;让其享有解除合同的补偿费和预先通知等解雇保护利益;给予其养老、工伤保险等方面的保护。

[①] 黄越钦:《劳动法新论》,中国政法大学出版社 2003 年版,第 88 页。
[②] 王全兴、粟瑜:《意大利准从属性劳动制度剖析及其启示》,《法学杂志》2016 年第 10 期。

第四节　本章小结

本章在第五章确定农业劳动者分类保护机制利益调整思路的基础上,进一步对农业劳动者分类保护机制中利益调整具体规则的塑造予以研究。

一、农业劳动者,因农业行业的特殊性及用人单位的特殊性,而成为与其他劳动者不同的劳动者社群。立法基于分类保护理念,有必要对其进行专门性立法保护。从立法规定的内容来看,主要从两个方面展开。

（一）一方面,基于利益衡量的价值分析,劳动者利益属于优势利益,在劳动者分类保护机制的构建中,应将实现劳动者利益的保护作为首要的重点。通过扩大劳动法在农业领域的保护范围,让更多的具有从属性的劳动者获得劳动基准的保护,满足基层的农业劳动者对劳动法的核心利益诉求,提升整体性就业质量利益。

1. 重塑农业领域劳资利益关系之主体资格认定方式。第一,在劳动者资格认定方式上,劳动法应对劳动者内涵予以界定,对劳动者权利能力做宽泛的认定,将劳动者的实质内涵定位于劳动过程中的从属性。对已领取社保的劳动者适用"劳动关系回归说",但对其适用不同的保护规则。第二,在用人单位资格认定上,将雇佣行为作为认定用人单位的关键标准,改变当前正面列举式规定,而通过反面排除的方式,排除部分用人单位的资格。在上述立法改革之下,专业合作社应属于具有用人单位资格的用工主体。但是在劳资利益平衡的理念下,应基于专业合作社特殊性,构建例外的劳动法适用规则。

2. 重构农业领域劳资利益关系的从属性认定标准。首先,应设置多元化的考量因素以实现综合性劳动关系认定方式的构建,重视劳动关系认定中的行业性特点。其次,革新劳动关系持续性认定规则,重视劳动关系中断原因的考量,进而判断持续性的有无。最后,重视劳动关系认定中对劳动者经济依赖性的考察,在对劳动者的"主要收入来源"进行界定的基础上,通过工资收入占其经济收入的比例、每年的劳动时间总长度等因素,考察劳动者的经济从属性。

3. 在农业领域劳动关系认定中确立事实优先于合意的原则。基于农业募工和管理的特点,农业领域隐蔽雇佣关系成为阻碍劳动者纳入劳动法保护的重要障碍之一。据此,立法应做以下的制度改进:在劳动关系认定中强调事实优先于合意的原则的适用;在易发生劳务外包的劳务密集型行业,如农业、建筑、矿山等行业,加重发包方的责任,明确其用人单位的身份。

4. 重构农业领域劳动者程序利益的保护规则。对劳动关系认定的举证规则,适用特殊性规定。即在劳方证明二者存在经济从属性的前提下,推定劳资双方劳动关系的成立,进而由用人单位对不具有人格从属性进行举证,否则由其承担举证不能的责任。

(二) 另一方面,基于利益衡量的经济分析与平衡分析,在农业劳动者分类保护机制中,应重视对用人单位利益的兼顾,制定合理的农业劳动者保护标准,以实现劳资利益的平衡。

1. 构建农业劳动者劳动基准特殊性规定。劳动基准的水平,应在合理平衡劳动者就业利益和经济发展利益后作出。第一,关于工资利益保护的劳动基准特殊规定。在农业领域适用行业最低工资制度,以体现最低工资适用中,对不同行业用人单位经济实力的关照。豁免部分农业劳动者最低工资保护规定的适用。第二,关于休息权益保护的劳动基准特殊规定。完善现行特殊工时制度适用范围的规定①,规范特殊工时制度在农业领域的适用,并重视特殊工时制度下农业劳动者休息权益的保护。可以通过引入德国的"核心工作时间"制度,增加农业领域综合工时适用中的灵活性与合理性。

2. 构建农业领域的部分劳动合同例外规定。《劳动合同法》过分倚重劳动权保护功能,现有劳动合同规则,较少对用人单位加以区分,缺乏灵活性。第一,基于利益衡量的合理差别原则,有必要重塑农业领域无固定期限合同适用规则。第二,基于利益衡量的比例原则,可以豁免农业领域固定期限合同解除中经济补偿金的支付。

二、在农业劳动者内部,部分农业劳动者因主体特殊性,而需要劳动法对其构建例外性的劳动者保护规则。

(一)构建已领取社保的农业劳动者劳动法保护例外性规定。劳动法应对该类劳动者亟需保护的利益予以重点保护,并赋予劳资双方更大的自主协商自由。除了休息权益和职业安全利益等基本权益的保护外,应实现已领取社保的农业劳动者平等就业权的保障、工资利益的保护、参加工伤保险权利的维护、一定程度的解雇保护权利的享有等等。

(二)构建规模较小和性质特殊的农业用人单位劳动法例外性规定。第一,劳动法应针对用人单位规模的差异性,对于小微型农业公司,实施一定的劳动法优惠待遇;第二,劳动法应针对用人单位性质的特殊性,对农业领域的家庭农场、专业合作社两类用工主体适用特殊性劳动法规则。突出强调对这两类用工主体利益的兼顾,在劳动合同

---

① 如《办法》第2条将适用范围限定于"企业",无法囊括"专业合作社"等新型用工主体;《办法》第5条列举的适用于综合工时制度的农业劳动者范围有限,且兜底条款的内涵模糊。

形式、资方劳动合同解除权限制、社会保障等方面,对其适用例外性规则。

三、农业劳动者内部分类保护的利益调整需遵守相应的法律规则。劳动法利益调整的理性在于,立法对劳动者倾斜性保护程度的合理性。农业典型劳动者与非典型劳动者因从属性不同,而成为两个不同的劳动者社群。劳动法有必要对这两种劳动者构设差异性的保护规则,侧重于两种农业劳动者就业利益的不同方面,加以保护。

(一)将典型劳动者利益调整规定的重心,从仅强调就业质量的保护,转变为寻求质量、数量利益保护的均衡。分类保护机制的构建中,应做以下的立法调试:第一,改变过去仅重物质利益保护,而轻精神利益保护的不足,转而强调物质与经济利益保护的并重。第二,为实现劳资利益的平衡,除了适用农业劳动者劳动基准的特殊规定外,还应在劳动合同制度上,对定期合同与不定期合同进行区分调整。

(二)将非典型劳动者利益调整规定的重心,从仅重就业数量的增加,转变为重视就业质量的提升。针对当前农业非典型劳动者就业质量水平的低下,劳动法应突出就业质量保护功能,以满足非典型劳动者安全利益保护的诉求。扩宽非全日制劳动者保护范围,适用与全日制劳动不同的法律规则;增加经济依赖性劳动者保护规定,对其适用部分倾斜性保护规则;增加季节工法律保护规定,确定季节工的认定标准和保护标准。

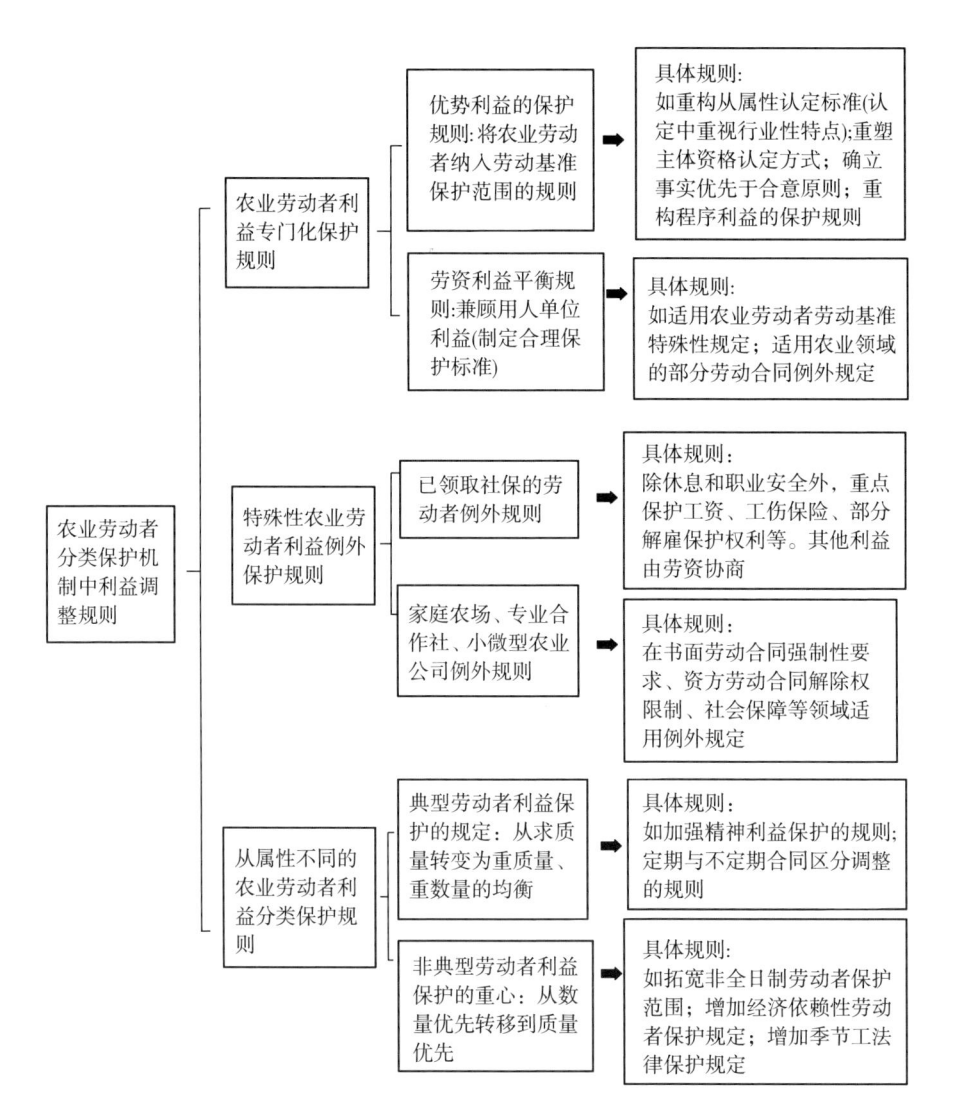

图 6-2 劳动法中农业劳动者分类保护机制的利益调整规则

结　　语

"强国必先强农,农强方能国强"。① 全面推进乡村振兴,实施农业强国战略,出发点与落脚点都在"人"这一主体上。在全面推进农业现代化进程中,农业劳动者作为"三农"队伍的重要生力军,其就业利益的适当保护,与用人单位利益的合理平衡,对促进农业经济发展至关重要。强调农业劳动者人权的维护和体面劳动的实现,也是农业现代化的应有内涵。依据利益衡量的分析,重构农业劳动者保护机制,推动保护机制从一体到分类的转型,实现产业化背景下农业劳动者就业利益的保护、农业劳资利益的平衡:有利于"农村空心化"背景下农业雇工难问题的解决,实现农业劳动力持续性供给;有利于农业领域和谐劳资关系的促成,构建关系契约下劳资利益共同体;有利于农业生产中雇工监管难问题的解决,提高农业劳动生产效率;有利于国家就近就业政策的落实,纾解城市就业难的困境,促使农村劳动力的回流;有利于农业领域粗放式发展方式向集约式发展方式的转变,促进经济发展;有利于更好地服务国家乡村振兴战略的落地和实施;有利于劳动者收入的增加,实现共同富裕。

农业产业化背景下,农业劳动者保护机制的规定涉及到农业劳动者

---

① 参见中国政府网:《中共中央 国务院关于做好 2023 年全面推进乡村振兴重点工作的意见》,https://www.gov.cn/xinwen/2023-02/13/content_5741370.htm。

与用人单位双方利益的分配问题,将利益衡量理论引入农业劳动者保护机制立法分析之中,是劳动法合理平衡二者利益关系和恰当保护农业劳动者利益的应然之举。这需要在构建农业劳动者保护机制的利益选择过程中,遵循利益衡量的方法,实现劳资利益的平衡。依据价值权衡分析,对具有生存利益属性、社会利益属性的农业劳动者就业利益优先保护。依据经济权衡分析,重视对用人单位守法成本的考量,降低受损方利益的损害。依据综合平衡分析,在遵循比例原则、整体利益最大化原则、合理差别原则下,合理兼顾用人单位经济利益。

然而,从利益分析的角度,检视现行劳动法一体保护机制,发现这一机制,并不符合利益衡量分析下农业劳动者保护机制应然的利益选择方式,无法实现农业劳资利益的合理平衡。正如本书实证部分所示,该机制的利益保护单一性规定,未关注农业劳动者的特殊性,引致其就业利益保护的不足。这可从农业劳动者,因农业领域灵活用工严重、劳动合同签订率低、事实劳动关系认定率低、内部保护情况存在差异性等问题,而难以通过劳动关系认定获得劳动法保护的客观现实,体现出来。

循此,针对农业劳动者的特殊性,有必要引入利益衡量理论,重构农业劳动者保护机制,推动单一保护机制向分类保护机制的转变。基于利益衡量理论的价值、经济与平衡分析,构建农业劳动者分类保护机制,是符合农业劳动者保护机制中的利益衡量要求,实现劳动法农业劳资利益平衡目标的一条可行性路径。

农业分类保护机制的利益调整制度,包括两个重要的方面:利益主体区分制度和利益保护标准区分制度。这两个制度的构建,都需要以利益衡量为指导。一方面,在利益主体区分制度中,以劳资利益关系主体行业为分类标准,建立农业劳动者的专门性保护规定;对具有主体特殊性的部分农业劳动者,实行例外性保护规定;以劳资利益关系的从属性

结　语

为分类标准,对农业领域典型与非典型劳动者进行区分保护。另一方面,在利益保护标准区分制度中,强调劳动基准保护在农业劳动者专门保护中的核心地位,并以劳动基准的特殊性规定与劳动合同规则的灵活性规定,作为劳资利益平衡手段。在特殊性农业劳动者的例外性保护中,合理平衡劳资利益关系,重点对已领取社保金的农业劳动者亟需保护的利益加以保护,对小微型农业公司、家庭农场、专业合作社实施劳动法优惠性待遇。在从属性不同的农业劳动者分类保护中,改变现行立法仅重视典型劳动者物质利益保护的缺陷,对就业数量的增长形成制度激励;重视对非典型劳动者就业质量利益的保护,实现其安全性利益诉求的满足。

劳动者分类保护机制在具体规则构建上,首先,重视农业劳动者专门性保护规定的设置。改革现行劳动关系认定标准,完善持续性认定规则,重视对劳动者经济依赖性考察,采取多元化的考量因素综合认定劳动关系,加强农业劳动者就业利益的保护。构建针对农业劳动者的劳动基准特殊性规定和劳动合同规则灵活性规定,以实现劳动法农业劳动者保护规定的针对性、本土性与准确性。其次,在部分特殊农业劳动者例外保护中,重点对已领取社保金劳动者享有的工资、休息、职业安全、工伤保险与部分解雇保护权益予以保障。对小微型农业公司、家庭农场、专业合作社,执行劳动合同形式、资方劳动合同解除权限制、社会保障等方面的例外规定。再次,在不同从属性的农业劳动者分类保护中,通过增强典型劳动者保护的灵活性,强调精神利益保护,以促进典型劳动者群体就业数量的增加。通过扩宽非全日制劳动者保护范围、增加经济依赖性劳动者保护规定、增加季节工法律保护规定等方式,加强非典型劳动者就业质量利益的保护。

对于农业劳动者的保护问题,当前学界关注较少。本书的研究无疑是抛砖引玉,旨在引起更多学者对农业领域劳动者保护问题的关注。本书在以下两个方面,可能存在进一步深入研究的空间:一方面,农业内部经济发展存在不均衡性,将来的研究中,有必要基于农业经济数据的分析,对农业不同领域的农业经济水平、产业化发展程度,做进一步的实证分析,以准确指导劳动法在农业不同领域的劳资利益调整方案;另一方面,本书在农业劳动者分类保护机制的构建中,主要是从定性的角度对农业劳资利益关系进行利益衡量。故而,在将来的研究中,可在具体领域,通过定量研究的方式,为劳动法确定具体农业劳动者倾斜性保护程度提供借鉴。上述未竟问题有待未来进一步地深入研究。

参考文献

一、中文著作类

[1] 博登海默:《法理学:法律哲学与法律方法》,邓正来译,中国政法大学出版社 2017 年版。

[2] 班小辉:《非典型劳动者权益保护研究》,法律出版社 2016 年版。

[3] 北京市劳动和社会保障法学会:《用人单位劳动争议前沿问题与实践》,法律出版社 2010 年版。

[4] 程延园:《劳动关系》,中国人民大学出版社 2016 年版。

[5] 董保华:《劳动合同立法的争鸣与思考》,上海人民出版社 2011 年版。

[6] 陈金钊:《法理学》,山东大学出版社 2008 年版。

[7] 常凯:《劳动合同立法理论难点解析》,中国劳动社会保障出版社 2008 年版。

[8] 曹可安:《中华人民共和国劳动合同法实务 100 讲》,京华出版社 2007 年版。

[9] 董保华:《社会法原论》,中国政法大学出版社 2001 年版。

[10] 段匡:《日本的民法解释学》,复旦大学出版社 2005 年版。

[11] 黄越钦:《劳动法新论》,中国政法大学出版社 2003 年版。

[12] 黄宗智:《中国的隐形农业革命》,法律出版社 2010 年版。

[13] 卡尔·拉伦茨:《法学方法论》,黄家镇译,商务印书馆 2020 年版。

[14] 梁上上:《利益衡量论》,北京大学出版社 2021 年版。

[15] 梁慧星:《裁判的方法》,法律出版社 2021 年版。

[16] 梁慧星:《民法解释学》,法律出版社 2022 年版。

［17］理查德·A.波斯纳:《法理学问题》,苏力译,中国政法大学出版社2005年版。

［18］罗斯科·庞德:《法理学》,廖德宇译,法律出版社2007年版。

［19］罗杰·布兰潘:《欧洲劳动法》,付欣等译,商务印书馆2017年版。

［20］李璐:《论利益衡量理论在民事立法中的运用:以侵权立法为例》,中国政法大学出版社2015年版。

［21］李秋香:《劳动政策与分析》,华东理工大学出版社2010年版。

［22］刘玉照:《乡村工业化中的组织变迁——从家庭作坊到公司经营》,上海人民出版社2009年版。

［23］刘权政:《当代中国农民经济利益问题研究》,光明日报出版社2019年版。

［24］刘少军:《法边际均衡论:经济法哲学》,中国政法大学出版社2017年版。

［25］吕红、金喜在:《转型期中国灵活就业及其制度创新问题研究》,吉林人民出版社2008年版。

［26］雷蒙德·瓦尔特曼:《德国劳动法》,沈建峰译,法律出版社2014年版。

［27］毛育刚:《中国农业演变之探索》,社会科学文献出版社2001年版。

［28］牛若峰:《当代农业产业一体化经营》,江西人民出版社2002年版。

［29］苏力:《法治及其本土资源》,北京大学出版社2015年版。

［30］田思路:《外国劳动法》,北京大学出版社2019年版。

［31］田野:《非典型劳动关系的法律规制研究》,中国政法大学出版社2014年版。

［32］温铁军:《八次危机》,东方出版社2013年版。

［33］王涛等:《吉林省特色城镇化与农业产业化协同发展研究》,北京理工大学出版社2018年版。

［34］吴从周:《概念法学利益法学与价值法学:探索一部民法方法论的演变史》,中国法制出版社2011年版。

［35］王利明:《法律解释学导论:以民法为视角》,法律出版社2009年版。

[36] 王全兴:《劳动法》,法律出版社2017年版。

[37] 吴香香:《请求权基础:方法、体系与实例》,北京大学出版社2021年版。

[38] 沃尔夫冈·多伊普勒:《数字化与劳动法——互联网、劳动4.0和众包工作》,王建斌、娄宇译,中国政法大学出版社2022年版。

[39] 徐军:《当代中国自由择业知识分子及其政治参与研究》,武汉大学出版社2018年版。

[40] 杨炼:《立法过程中的利益衡量研究》,法律出版社2010年版。

[41] 杨仁寿:《法学方法论》,中国政法大学出版社2013年版。

[42] 阎天:《美国劳动法的诞生》,中国民主法制出版社2018年版。

[43] 闫冬:《劳动法的时代序章:社会化小生产时代的劳动保护研究》,中国法制出版社2020年版。

[44] 郑尚元:《社会保障法》,高等教育出版社2019年版。

[45] 张玉堂:《利益论:关于利益冲突与协调问题的研究》,武汉大学出版社2001年版。

[46] 张斌:《利益衡量论——以个体主义方法论为视角的现代立法研究》,海天出版社2015年版。

二、中文期刊类

[1] 班小辉:《"零工经济"下任务化用工的劳动法规制》,《法学评论》2019年第3期。

[2] 蔡琳:《论"利益"的解析与"衡量"的展开》,《法制与社会发展》2015年第1期。

[3] 曹燕:《反思与重构:劳动者权利概念的类型化研究》,《河南财经政法大学学报》2013年第1期。

[4] 蔡小慎等:《可持续生计视角下我国就业扶贫模式及接续推进乡村振兴对策》,《学习与实践》2021年第5期。

[5] 曹斌:《小农生产的出路:日本推动现代农业发展的经验与启示》,《农村经济》2017年第12期。

［6］陈昭玖、胡雯：《农业规模经营的要素匹配：雇工经营抑或服务外包——基于赣粤两省农户问卷的实证分析》，《学术研究》2016年第8期。

［7］陈靖远：《事实优先原则的理论展开与司法适用——劳动法理论中的一个经典问题》，《法学家》2021年第2期。

［8］陈义媛：《资本下乡：农业中的隐蔽雇佣关系与资本积累》，《开放时代》2016年第5期。

［9］董保华：《"隐蔽雇佣关系"研究》，《法商研究》2011年第5期。

［10］董保华：《论劳动合同法的立法宗旨》，《现代法学》2007年第6期。

［11］冯彦君：《劳动合同期限分治的立法意义及其功能性回归》，《法学评论》2017年第5期。

［12］冯彦君：《劳动法法典化的三重困境》，《北方法学》2022年第6期。

［13］范晶波：《我国政府应对劳资冲突的法律机制研究——劳动监察的介入定位与制度创新》，《江苏社会科学》2012年第1期。

［14］范围：《劳动合同形式强制的反思与完善》，《中国人民大学学报》2018年第1期。

［15］傅端香：《美国最低工资标准行业就业效应分析》，《统计与决策》2019年第13期。

［16］苟正金：《我国最低工资立法思考》，《河南师范大学学报（哲学社会科学版）》2010年第1期。

［17］郭继强：《中国城市次级劳动力市场中民工劳动供给分析——兼论向右下方倾斜的劳动供给曲线》，《中国社会科学》2005年第5期。

［18］郭捷：《劳动合同法适用范围解析》，《法学论坛》2008年第2期。

［19］胡玉鸿：《关于"利益衡量"的几个法理问题》，《现代法学》2001年第4期。

［20］胡新建、郑曙光：《我国劳动法律制度调整的现实基础和立法趋向析论》，《理论导刊》2019年第5期。

［21］胡大武：《理念与选择：劳动法如何照耀家政工人》，《法律科学（西北政法大学学报）》2011年第5期。

［22］黄乐平：《劳动法弹性规制中小企业之比较研究》，《华北电力大学学

报(社会科学版)》2017年第4期。

［23］黄宗智等:《没有无产化的资本化:中国的农业发展》,《开放时代》2012年第3期。

［24］黄祖辉、王朋:《农村土地流转:现状、问题及对策——兼论土地流转对现代农业发展的影响》,《浙江大学学报(人文社会科学版)》2008年第2期。

［25］郝晶:《解雇保护司法救济之利益衡量——基于解雇案例的实证分析》,《兰州学刊》2013年第2期。

［26］郝磊:《利益平衡视野下我国公司的职工参与权制度研究》,《国家行政学院学报》2011年第2期。

［27］姜颖、沈建峰:《正确评估〈劳动合同法〉适时修改〈劳动法〉》,《中国劳动关系学院学报》2017年第3期。

［28］纪晓岚、程秋萍:《职业分化视角下"有地居民"的身份认同——基于NL村的调研》,《理论月刊》2015年第12期。

［29］金劲彪、郭人菡:《毕业实习大学生劳动权益保护的法理反思:基于各层次利益衡量的视角》,《教育发展研究》2020年第3期。

［30］梁上上:《公共利益与利益衡量》,《政法论坛》2016年第6期。

［31］梁上上:《制度利益衡量的逻辑》,《中国法学》2012年第4期。

［32］李喜燕:《实质公平视角下劳方利益倾斜性保护之法律思考》,《河北法学》2012年第11期。

［33］李敏华:《劳动法律规制中就业目标与经济目标实现的理性》,《法学杂志》2017年第6期。

［34］李雄:《论我国劳动合同立法的宗旨、功能与治理》,《当代法学》2015年第5期。

［35］李雄:《劳动者公平分享改革发展成果的困境与出路》,《河北法学》2008年第1期。

［36］李路路:《制度转型与分层结构的变迁》,《中国社会科学》2002年第6期。

［37］李坤刚、乔安丽:《我国非全日制用工制度完善研究》,《江淮论坛》2015年第3期。

[38] 李干、董保华:《劳动关系治理的变革之道——基于"增量"与"存量"的二重视角》,《探索与争鸣》2019年第1期。

[39] 李文溥、陈贵富:《工资水平、劳动力供求结构与产业发展型式——以福建省为例》,《厦门大学学报(哲学社会科学版)》2010年第5期。

[40] 李娟:《农业劳动者职业转型中工匠精神的法律塑造》,《西北农林科技大学学报(社会科学版)》2019年第2期。

[41] 李涛:《高龄劳动者就业中年龄歧视的法律规制》,《江海学刊》2019年第1期。

[42] 林嘉:《审慎对待〈劳动合同法〉的是与非》,《探索与争鸣》2016年第8期。

[43] 刘祖云:《社会分层的若干理论问题新探》,《江汉论坛》2002年第9期。

[44] 刘贯春等:《最低工资制度如何影响中国的产业结构?》,《数量经济技术经济研究》2018年第6期。

[45] 刘勇:《高龄劳动者就业促进中的法律问题》,《法学》2012年第10期。

[46] 鲁先凤:《中国现阶段农业雇工的特征与成因简析》,《理论月刊》2008年第12期。

[47] 劳东燕:《法益衡量原理的教义学检讨》,《中外法学》2016年第2期。

[48] 马特:《权利冲突中的利益衡量与动态抉择——以罗伊诉韦德案为例》,《江西社会科学》2014年第8期。

[49] 马洪伟:《试论中国家庭农场的法律规制》,《河南师范大学学报(哲学社会科学版)》2014年第3期。

[50] 马小勇:《家庭禀赋、个人特征与农户劳动力资源配置》,《贵州社会科学》2017年第10期。

[51] 苗连营、郑磊:《立法的偏颇及其矫正——以〈劳动合同法〉为分析考察对象》,《学习与探索》2010年第3期。

[52] 倪雄飞:《论小微企业劳动关系的法律调整——以〈劳动合同法〉属性为视角的分析》,《法学论坛》2023年第2期。

[53] 彭杰、王瑶:《我国当前劳资利益衡平模式研究》,《社会科学研究》2015年第3期。

[54] 彭小坤:《略论保险个人代理关系与劳动关系》,《武汉大学学报(哲学社会科学版)》2009年第2期。

[55] 潘璐、周雪:《资本农场中的农业雇工:剥夺与异化——对四川葛村资本农场的实地研究》,《中国农业大学学报(社会科学版)》2016年第2期。

[56] 潘峰:《论劳动者隐私权的法律保护:一个分析框架》,《河北法学》2008年第7期。

[57] 秦国荣:《劳动法上用人单位:内涵厘定与立法考察》,《当代法学》2015年第4期。

[58] 钱叶芳:《〈劳动合同法〉修改之争及修法建议》,《法学》2016第5期。

[59] 孙宪忠:《民法典总则编"法律行为"一章学者建议稿的编写说明》,《法学研究》2015年第6期。

[60] 孙学致:《合同法的局限:一个劳动关系的视角》,《当代法学》2007年第6期。

[61] 沈同仙:《〈劳动合同法〉中劳资利益平衡的再思考——以解雇保护和强制缔约规定为切入点》,《法学》2017年第1期。

[62] 沈建峰:《劳动的法典:雇佣合同进入〈劳动法典〉的论据与体系》,《北方法学》2022年第6期。

[63] 沈建峰:《劳动法作为特别私法——〈民法典〉制定背景下的劳动法定位》,《中外法学》2017年第6期。

[64] 粟瑜、王全兴:《我国灵活就业中自治性劳动的法律保护》,《东南学术》2016年第3期。

[65] 尚海涛、龚艳:《农业雇佣习惯法的渊源探析》,《甘肃政法学院学报》2010年第4期。

[66] 宋夏瀛洁、李西霞:《民法典编纂应回应现实关切——使雇佣合同与劳动合同规范化与体系化》,《河北法学》2017年第4期。

[67] 苏力:《"海瑞定理"的经济学解读》,《中国社会科学》2006年第6期。

[68] 索瑞霞等:《农村剩余劳动力估算的工日法的分析与改进研究》,《数

学的实践与认识》2011年第3期。

[69] 石超:《自主性视角下的平台经济非典型劳动者保护》,《河北法学》2020年第6期。

[70] 涂永前:《应对灵活用工的劳动法制度重构》,《中国法学》2018年第5期。

[71] 唐军:《新型农业经营主体之法治思考:理念检视与路径选择》,《农村经济》2018年第1期。

[72] 唐萍萍、李世平:《兼业农业工人存在及发展研究——基于陕西省中部的实证研究》,《西北人口》2011年第2期。

[73] 覃有土、韩桂君:《略论对弱势群体的法律保护》,《法学评论》2004年第1期。

[74] 王全兴:《我国〈劳动法典〉编纂若干基本问题的初步思考》,《北方法学》2022年第6期。

[75] 王天玉:《劳动法规制灵活化的法律技术》,《法学》2017年第10期。

[76] 王天玉:《劳动行为:劳动法典的逻辑起点》,《北方法学》2022年第6期。

[77] 王显勇:《无固定限劳动合同法律制度的完善路径》,《法学》2018年第12期。

[78] 王昭:《增强我国劳动力市场灵活性之社会法学分析》,《河南财经政法大学学报》2022年第4期。

[79] 王秋梅:《〈资本论〉利益理论与当代和谐劳资利益关系的构建》,《广西师范大学学报(哲学社会科学版)》2012年第4期。

[80] 王丽娟、王莹:《高校实习生劳动权益保护的二元法律构造》,《学海》2014年第6期。

[81] 王中文:《劳合·乔治与英国农业工人最低工资制度的确立》,《湖北社会科学》2008年第1期。

[82] 汪淳玉:《跨国农业女工:流动规律、劳动状况及其农政变迁意涵》,《妇女研究论丛》2022年第3期。

[83] 汪新蓉:《劳资关系中的劳动者权利保护路径研究——以利益组织化

为分析视角》,《社会主义研究》2015年第2期。

［84］吴艳东、廖小丹:《精神利益与精神富裕:中国式现代化道路的文明特征》,《西南大学学报(社会科学版)》2023年第2期。

［85］谢鸿飞:《民法典与特别民法关系的建构》,《中国社会科学》2013年第2期。

［86］谢德成:《制度协同视野下无固定期限合同立法之修改》,《法学评论》2017年第5期。

［87］谢增毅:《平台用工劳动权益保护的立法进路》,《中外法学》2022年第1期。

［88］向倩雯:《农村空心化背景下的农业雇工现状与特征简析》,《中国农业资源与区划》2016年第11期。

［89］向云等:《老龄化、兼业化、女性化对家庭生产要素投入的影响——基于全国农村固定观察点数据的实证分析》,《统计与信息论坛》2018年第4期。

［90］徐智华、潘胜莲:《从分离到融合:劳动者分层保护视域下的非典型劳动者保护路径》,《广西大学学报(哲学社会科学版)》2020年第2期。

［91］阎天:《供给侧结构性改革的劳动法内涵》,《法学》2017年第2期。

［92］严海蓉、陈义媛:《中国农业资本化的特征和方向:自下而上和自上而下的资本化动力》,《开放时代》2015年第5期。

［93］杨炼:《论现代立法中的利益衡量》,《时代法学》2010年第8期。

［94］杨欣:《美国最低工资与生活工资制度比较》,《中国劳动关系学院学报》2011年第5期。

［95］易继明:《历史视域中的私法统一与民法典的未来》,《中国社会科学》2014年第5期。

［96］叶小兰:《论我国劳动者分层保护的疏失与完善》,《江苏社会科学》2020年第6期。

［97］于丽等:《委托——代理关系下农业工人的劳动防护问题研究》,《中央财经大学学报》2016年第7期。

［98］余净植:《"利益衡量"理论发展源流及其对中国法律适用的启示》,《河北法学》2011年第6期。

［99］张伟强:《利益衡量及其理论的反思——一个经济分析的视角》,《法学论坛》2012 年第 4 期。

三、外文文献

［1］Activities B.F.W."Background paper of the International Workers'Symposium on Decent Work in Agriculture."（2003）. http://www. ilo. org/actrav/events/WCMS_112419/lang--en/.

［2］Activities B.F.W."Top on the agenda: Health and safety in agriculture." ILO, Geneva, Labour Education, 118/119,（2000）:18.

［3］Alan Supiot. Beyond employment: changes of work and the future of Labour Law in Europe. Oxford: Oxford University Press,（2001）:219-220.

［4］Berkeley Hill & Sophia Davidova. Understanding the common agricultural policy. London: Earthscan,（2011）:6.

［5］Bitter Harvest. "Child Labour in Agriculture." ILO Bureau for Workers' Activities（ACTRAV）, Geneva,（2002）:4.

［6］Barkin S. "New Labor Relations Policies and Remedies Suggested by Different Industrial Settings." Labor Law Journal 2(1963):166.

［7］Bruce C. J.&W. A. Kerr. "The Determination of Wages and Working Conditions in the Agricultural Sector: Three Alternatives." Canadian Journal of Agricultural Economics/revue Canadienne Dagroeconomie 31. 2(2010):177-196.

［8］Bernd Mueller & Man-Kwun Chan. "Wage Labor, Agriculture-Based Economies, and Pathways out of Poverty." United States Agency for International Development, Monday, March 9,（2015）:56-61.

［9］Castro M. "Changing patterns of agricultural production, employment and working conditions in the Ugandan sugar industry." IUF/ILC, Geneva - Rome,（2003）:3-20.

［10］Fashoyin T., A. Herbert & P. Pinoargote."Uganda: multinational enterprises in the plantation sector: labour relations, employment, working conditions and welfare facilities." Ilo Working Papers (2003):1-83.

责任编辑：茅友生
封面设计：王春峥

图书在版编目(CIP)数据

农业劳动者保护机制研究：以利益衡量为视角 / 邓旭著． -- 北京：人民出版社，2025.7． -- ISBN 978-7-01-026649-7

Ⅰ．D922.504；F323.6

中国国家版本馆 CIP 数据核字第 2024ZA8716 号

农业劳动者保护机制研究
NONGYE LAODONGZHE BAOHU JIZHI YANJIU
——以利益衡量为视角

邓　旭　著

人 民 出 版 社 出版发行
(100706　北京市东城区隆福寺街99号)

北京新华印刷有限公司印刷　新华书店经销
2025年7月第1版　2025年7月北京第1次印刷
开本：710毫米×1000毫米 1/16　印张：21
字数：328 千字　印数：0,001-5,000 册

ISBN 978-7-01-026649-7　定价：128.00元

邮购地址 100706　北京市东城区隆福寺街99号
人民东方图书销售中心　电话 (010)65250042　65289539

版权所有·侵权必究
凡购买本社图书，如有印制质量问题，我社负责调换。
服务电话：(010)65250042